V&R

Wie Brot
und Wein

Das Neue Testament Kindern erzählt

Von Martina Steinkühler

Vandenhoeck & Ruprecht

Neben dem Haupttext stehen Zitate; sie entstammen der Lutherbibel, revidierter Text 1984, durchgesehene Ausgabe in neuer Rechtschreibung © 1999 Deutsche Bibelgesellschaft Stuttgart.

Abbildungsverzeichnis

Umschlagabbildung: Beduinenmädchen, © Norbert Dennerlein, Seelze

Für die Abbildungen im Innenteil danken wir:

Hartmut Gericke, Hardegsen: 47, 120, 138

Magdalene Pusch, Morsum: 78, 176

Wolfgang Pusch, Morsum: 27, 88, 148

Norbert Dennerlein, Seelze: 3, 30, 58, 123, 125, 128, 146, 154, 156, 184, 186, 191, 202, 231, 250, 255, 272, 275

Sigrid Seiler, Stade: 10, 12, 17, 32, 38, 70, 72, 83, 104, 109, 112, 114, 135, 170, 182, 194, 210, 215, 240, 267

Bibliografische Information der Deutschen Bibliothek

Die Deutsche Bibliothek verzeichnet diese Publikation in der Deutschen Nationalbibliografie; detaillierte bibliografische Daten sind im Internet über <http://dnb.ddb.de> abrufbar.

ISBN 3-525-61587-6

Printed in Germany.
Gestaltung: Rudolf Stöbener, Göttingen
Satz | Lithografie: Weckner Fotosatz GmbH | media+print, Göttingen
Druck und Bindung: Quensen Druck+Verlag GmbH, Lamspringe

Gedruckt auf alterungsbeständigem Papier.

Inhalt

Siehe, spricht Gott, das ist mein Sohn …

… der gekommen ist, um euch zu mir zurückzubringen:
Euer König, „ein Gerechter und ein Helfer, arm und reitet auf einem Esel" (Sacharja 9,9).

Wenn wir von Gott und Christus erzählen, geht es um dieses Wunder: Der die Welt in Händen hält, beugt sich zu den Menschen herab; er wird wie sie, er liefert sich ihnen aus. Es geht um den Geist der Liebe Gottes und um die Freiheit zum Leben, die er unseren Kindern und uns allen schenkt.

So erzählen es die Geschichten des Alten Testaments. So bekräftigt und vollendet es die Gute Nachricht des Neuen Testaments. Gottes eigener Sohn hat es sich nicht gut gehen lassen mit seiner Göttlichkeit. Er verzichtete auf seine Macht, er ließ sich verspotten, schlagen und töten. Und gewann so das Leben für sich und für alle Menschen.

Wer Kinder mit Jesus bekannt machen will, darf nicht stehen bleiben bei dem netten Mann aus Nazareth, der geflügelte Worte spricht, erbauliche Geschichten erzählt und gut ist zu Armen und Kranken. Es genügt auch nicht, einen engelgleichen Gottessohn zu bestaunen, der unangefochten über Stock und Stein und über Wasser wandelt. Zwischen Weihnachten und Ostern erleben wir mehr als ein Vorbild wahrer Menschlichkeit und mehr als die Stippvisite eines Gottes. Wir erleben das Wunder, dass der, der *alles* kann, sich dazu entscheidet zu dienen und zu leiden. Der Staub des Weges gehört zu seinem Leben, Schweiß und Blut, und ebenso das Geheimnis seines Leidens und Sterbens.

Kreuz, Grab und Auferstehung – zu sperrig, zu schwer, zu düster? Die ersten Christen wussten, wie man damit umgeht: Im warmen Licht der Ostersonne, geborgen in seiner Liebe vertrauen wir darauf, dass die „Schlüssel des Todes und der Hölle" bei Jesus Christus auf ewig in guten Händen sicher verwahrt sind.

Die Geschichten von Jesus und den ersten Christen, von einer Theologin und Mutter neu nacherzählt, klingen anders als gewohnt. Sie erzählen aus der Perspektive des Osterwunders, lassen sich berühren vom Paradox des aus Liebe leidenden Gottes und setzen sich mit Verstehenshindernissen mutig auseinander – im Vertrauen darauf, dass niemand zu jung ist, um den Glanz der Wahrheit zu spüren:

„Wer das Reich Gottes nicht empfängt wie ein Kind, der wird nicht hineinkommen" (Mk 10,15).

Hardegsen, im März 2005
Martina Steinkühler

Die Stoffe

Die Gute Nachricht

Die Hoffnung auf den neuen David, den *Gesalbten Gottes,* der die Kinder Israels erlösen wird, wächst insbesondere in der Zeit zwischen den beiden Testamenten.

Die Auferstehungsfreude ist ohne den dunklen Hintergrund von *Passion und Kreuz* nicht zu verstehen, und so ist der erste Jesus-Bericht die Geschichte von Gethsemane bis Golgatha.

Jesu Leben

Die ersten drei Evangelien erzählen Jesu Leben unter unterschiedlichen Blickwinkeln, Fragen und Voraussetzungen.

Markus hat außer dem Passionsbericht eine Sammlung von Jesu Worten vorgelegen. Er entwickelt selbstständig Weg- und Zeitschema und passt die einzelnen Traditionsstücke ein. *Sein Fokus:* Der Gottessohn verbirgt seine Göttlichkeit und ringt darum, ein wahrer Menschensohn zu sein. Er heilt mit Wort und Tat aus Liebe zu den Menschen.

Matthäus kennt vermutlich Markus; außerdem andere Überlieferungen („Sondergut"). Genealogie, Weise aus dem Morgenland, Bergpredigt, Missionsbefehl kommen hinzu. *Sein Fokus:* Der Gottessohn ist der verheißene Gesalbte: König und Richter. Die Nahen erkennen ihn nicht, wohl aber manch ferner Stehende. Jesus heilt zeichenhaft, um die Menschen zur *Richtungsänderung* zu bewegen: Auf die innere Einstellung kommt es an.

Die Erzählidee

„Er ist wahrhaftig auferstanden"
Der Apostel Paulus steht am Anfang. Er reflektiert die Gute Nachricht von der Auferstehung von außen (als Jude) und von innen (als Christ).

Erzählt wird beides, Osternacht wie Passion, *als liturgische Begehung* in einer Urgemeinde. Daraus erwächst das Interesse an Jesu Leben vor dem Tod.

Für Kinder ab 8; Osternacht/Passion ab 6

Aus den „Schreibstuben" der Evangelisten

Niemand kennt die Persönlichkeiten der Evangelisten wirklich; hier wird nach der Wahrscheinlichkeit ausgemalt.

Es beginnt mit dem ältesten, dem Markusevangelium. Es ist nahezu komplett vorgestellt, von Matthäus und Lukas wird dann das Sondergut herausgehoben.
Markus, seine Tochter, Frau und Freunde (fiktiv) entwickeln eine Vorgeschichte der Passion.

Für Kinder ab 8; in Auswahl ab 6

Matthäus und seine Frau (fiktiv) „verbessern" und ergänzen Markus.
Die hohen Predigtanteile des Evangeliums werden narrativ unterstützt durch die Erzählung vom Römerschwert (fiktiv), die Freundschaft der Jünger Matthäus und Thaddäus (fiktiv) sowie die Auseinandersetzung der Schriftgelehrten Jehuda und Manassem (fiktiv).

Für Kinder ab 10

Die Stoffe

Lukas kennt Markus – Matthäus eher nicht. *Sein Fokus:* Der Gottessohn wird niedrig und schwach geboren, aber in *göttlichem Glanz*. Er ist gekommen, *zu suchen, was verloren ist* (barmherziger Samariter, verlorener Sohn; Zachäus u.a.); dafür gibt er sich selbst verloren.

Die ersten Christen

Die Apostelgeschichte scheint ein zweiter Bericht des Evangelisten Lukas zu sein, zusammengesetzt aus verschiedenen Reiseberichten, vielleicht auch Briefen.
Wie ein roter Faden zieht sich durch die Berichte der Zusammenhang von Bedrohung, Widerstand und Überzeugungskraft der Christen.
Die „Helden" der abenteuerlichen Handlung sind Petrus und Paulus.

Worte des Gott-bei-uns

Johannes, der vierte Evangelist, hat gar nicht erst versucht, eine Jesus-Biografie zu schreiben oder gar den historischen Jesus zu charakterisieren. Sein Interesse gilt allein dem Gottessohn und seiner Aufgabe. Jede Handlung ist ein Zeichen, jedes Wort ist Lehre und zugleich Offenbarung.

Die Bibel endet mit einer Zukunftsvision, die Weltuntergangsszenarien und den Anfang eines neuen Himmels und einer neuen Erde beinhaltet. Im Mittelpunkt steht das „Lamm" – Schlüsselsymbol des Johannesevangeliums wie der Offenbarung, die ebenfalls einem Johannes zugeschrieben wird.

Die Erzählidee

Lukas nähert sich dem Jesus-Bild aus seiner Praxis: Er hilft Armen und Kranken um Jesu willen; seine Tochter (fiktiv) lehnt das ab. Entsprechend präsentiert Lukas „seinen" Jesus. Dabei setzt er Markus voraus; im Laufe der Dialoge konfrontiert die Tochter den Vater auch mit Matthäus.

Für Kinder ab 8; in Auswahl ab 6

Nach den Evangelien

Petrus hat mehr verloren als die anderen Jünger – seine besondere Nähe zu Jesus. Himmelfahrt ist für ihn die Erfahrung des Verlassenwerdens, die er ab Pfingsten zu bewältigen lernt. Es wird deutlich, dass er in die echte Nachfolge Jesu hineinwächst. Paulus-Briefe sind theologisch allzu gewichtig für Kinder. Briefen von seinen Reisen erlauben eine Annäherung.

Für Kinder ab 8

Die Weisheit der Kinder

Die dualistische Weltanschauung des Johannes bleibt hier unberücksichtigt; die philosophische Präexistenz-Christologie wird symboldidaktisch umgesetzt. In fiktiven Lehrer-Schüler-Disputen werden insbesondere die Ich-bin-Worte als Rätselworte eingeführt und bedacht.

Eine vorsichtige Annäherung kommt ohne Schlachtopfer-Metaphorik und Sündengewicht aus; auf der realen Ebene von Schmutz und Reinigung kann angedacht werden, was offen genug ist für spätere Deutungen.

Für Kinder ab 10

Wie ist Jesus?

So sehr hat Gott die Welt geliebt,
dass er seinen einzigen Sohn in die Hände der Menschen gab,
damit er ihnen zeigte, was das ist: Gottes Liebe.

Als die Römer die Welt regieren, auch Israel,
das Land von Abraham, Mose und David,
geht ein Mensch durch die Dörfer und Städte
und erinnert die Menschen an Gott.

Er erinnert an Gott, den Schöpfer und Freund,
der die Menschen liebt als seine eigenen Kinder.
Er erinnert an Gott in der Art, wie er spricht,
aber auch wie er handelt und lebt.

Er spricht freundlich, mit einem Lächeln,
er rührt an Leiden und Schmerz. Er macht
die Traurigen froh und die Kranken
heil und gesund. Er vertreibt böse Geister.

Er vertreibt böse Geister und zeigt seine Macht
um andere Menschen zu retten. Sich selbst aber
rettet er nicht, sondern lässt es geschehen,
dass sie ihn verfolgen, einsperren und töten.

Er lässt es geschehen und wehrt sich nicht.
Denn er weiß, den Tod selbst muss er besiegen,
indem er stirbt und wiederkommt, weil Gott
zu ihm sagt: Komm, mein Sohn, jetzt steh auf!

Gott sagt zu ihm, den er liebt als sein Kind:
Komm, steh auf – und Jesus, der tot war, kommt
neu ins Leben. Seht, ruft er laut, so handelt Gott!
Ich lebe – und auch ihr, ihr alle sollt leben.

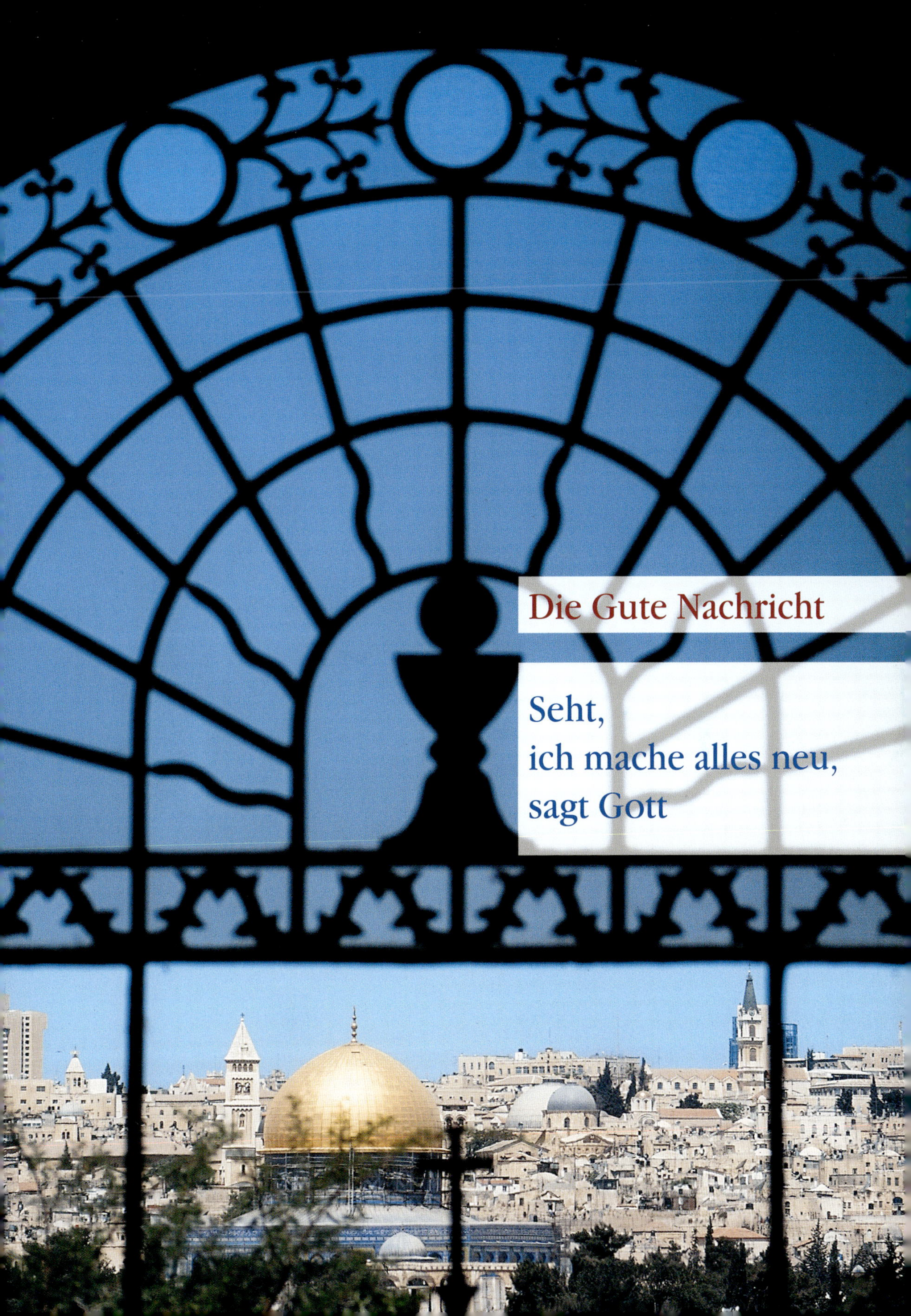
Die Gute Nachricht
Seht,
ich mache alles neu,
sagt Gott

Adam hat Gottes Garten verlassen
mit einem großen Schritt,
und es gibt kein Zurück.

Die Kinder haben den Vater verlassen,
und sie sind nicht wieder
nach Hause gekommen.

Menschen sind stark und schwach,
ängstlich und mutig,
sie leben und sterben.

Oh Gott, rufen sie dann. Wo bist du?
Wir fürchten den Tod und
dass wir verlieren!

Seht doch, sagt Gott, ich will euch zeigen:
Am Ende von Schmerz und
Tod ist Leben!

Der Apostel Paulus schreibt:

Ich bin gewiss,
dass weder Tod noch Leben,
weder Engel noch Fürstentümer
noch Gewalten,
weder Gegenwärtiges noch Zukünftiges,
weder Hohes noch Tiefes
noch keine andere Kreatur
uns kann scheiden
von der Liebe Gottes,
die in Christus Jesus ist,
unserem Herrn.

Römer 8, Verse 38 + 39

Paulus fragt nach Gott und wartet auf den Gesalbten

Paulus baut einen Turm. Er hat Scherben gesammelt
von Ziegelsteinen und stapelt sie vorsichtig auf.

Er murmelt dabei vor sich hin. Er gibt den Steinen Namen.
Er freut sich, dass es hält, und misst, wie hoch er kommt.

Und doch und doch, sagt er und schaut zum Himmel.
Er ist ja so viel höher. Wie können wir *ihn* je erreichen?

Da laufen lachend Kinder. Sie spielen Fangen, ungestüm.
Sie wirbeln Staub auf, machen Wind. Der Turm stürzt ein …

Und Paulus weint.

Was war das für ein Turm, fragt Gamaliel, der Priester,
als Paulus, sein Schüler, ihm die alte Geschichte erzählt.

Damals wollte ich zu Gott, sagt Paulus.
Die Steine waren meine guten Taten.

Gamaliel lächelt ihn an. Ist es nicht bis heute so?
Wie eifrig mühst du dich, Gott alles recht zu machen –
wozu, Paulus? Kommst du ihm näher?

Sind wir nicht Gottes Kinder, Meister, fragt Paulus,
und schulden ihm Achtung?

Haben nicht Gottes Propheten immer wieder gesagt:
Tut Gutes. Anders könnt ihr Gott nicht nahe kommen?

Paulus, sagt Gamaliel. Wenn Gott kommt,
wird dein Turm aus Scherben nicht bestehen.

Wie heißt es in den alten Schriften:
Gott sieht nicht, was vor Augen ist.
Gott sieht dir in dein Herz.

Paulus hat sich Täfelchen gemacht und darauf gekritzelt.

*So spricht Gott:
Eine kleine Weile war ich euch fern. Ihr wart zu blind und zu taub mich zu suchen. Aber das ist vorbei und soll nie mehr geschehen.
Traut meinem Wort!*

*So spricht Gott:
Wie David kommt ein neuer König, aus Bethlehem wie David. Ein König, der nicht schlägt noch schreit. Ein Herr des Friedens, der Gerechtigkeit und Milde. Und ewig wird er herrschen und über alle Menschen.*

*So spricht Gott:
Man nennt ihn Gottes eignes Kind, freundlicher als David und weiser noch als Salomo. Gesalbt mit Gottes heißen Tränen.*

Es sind die Worte der Propheten.
Die trägt er bei sich, wo er geht und steht.

Und jedes Mal, wenn er Soldaten oder Zöllner sieht
und Juden, die nach Gottes Wort nicht fragen,
dann schaut er seine Tafeln an und sagt:

Wie lange noch? Wie lange müssen wir noch warten?
Die Zeit vergeht. Gottes Propheten sind längst
stumm und Gottes Volk ist unterdrückt.

Herr, Gott, wenn du dein Wort noch halten willst:
Tu's jetzt, dass ich's erlebe. Dass ich nicht sterben
muss und glauben, dass die Hoffnung trügt.

Weißt du nicht, Paulus, sagt Gamaliel, als er ihn klagen hört,
so manche sagen heutzutage, der neue Gesalbte sei schon da!
Und Gott sei uns zum Greifen nah.

Da verziehen sich spöttisch Paulus' Züge. Sprichst du
von einem dieser Wanderlehrer, die Wunder tun und,
große Reden schwingend, armselig durch die Gegend ziehn?

Sag nicht, mein Meister, du nimmst so was ernst –
kaum, dass sie lesen können! Mit einem Fingerschnippen
tun sie Weisheit und Gebote ab. Verlogenes Gesindel!

Nicht wert, dass du sie nur erwähnst, im Gegenteil:
gefährlich, Meister! Denn was, wenn Gott, um ihrer
unbedachten Worte willen, uns allen böse ist?

Komm mit, sagt da Gamaliel.
Ich will dir etwas zeigen.
Ein Fest, dass heute Nacht die Christen feiern,
zu Ehren eines Jesus, den sie Christus nennen,
das heißt ja: den Gesalbten Gottes.

Die ersten Christen feiern Ostern

Heute Nacht beginnt der Ostermorgen.
Mit Julia, seiner Tochter, tritt Markus in den dunklen Raum.
Gott schafft das Leben neu.
Wann ist das Leben denn gestorben?, fragt Julia.

Jesus, Gottes Sohn, war tot und ist nicht tot geblieben.
Am dritten Tag kam er zurück ins Leben.

Gottes Sohn?, fragt Julia. Er müsste doch unsterblich sein.
Er kam als Mensch zur Welt, sagt Markus,
wehrlos, verletzlich, sterblich; wie alle, die das Leben lieben.

Jesus ist auferstanden. *Christus.*
Er ist wahrhaftig auferstanden.
Auferstanden von den Toten
am dritten Tag.
Gott hat ihn aufgeweckt und ihm gesagt:
Steh auf!

Gerade ist es noch dunkel gewesen.
Jetzt fällt der erste Sonnenstrahl schräg
durch das schmale Fenster.
Leben kommt in die kleine Gemeinde.
Sie haben den Osterruf angestimmt.

Jesus ist auferstanden. *Christus.*
Er ist wahrhaftig auferstanden.
Auferstanden von den Toten
am dritten Tag.
Gott hat ihn aufgeweckt und ihm gesagt:
Steh auf!

Markus und Julia stimmen ein und Markus spricht dann weiter:

Komm, steh auf, sagt Gott. Damit es alle sehen:
Der Tod kann meine Liebe nicht zerstören
und niemand muss ihn fürchten.
Im Leben wie im Tod macht Liebe alles heil.
Ich bin, der ich bin, und ich bin für euch da.

Julia versteht die Worte nicht. Sie spürt nur, dass sich alle freuen.
Aus Dunkelheit wird Licht. Die Nacht ist schon vorüber.
Der Ostertag bricht an.

Jesus ist auferstanden. *Christus.*
Er ist wahrhaftig auferstanden.
Auferstanden von den Toten
am dritten Tag.
Gott hat ihn aufgeweckt und ihm gesagt:
Steh auf!

Die Strahlen fallen auf das Kreuz. Vorn steht es, am Altar.
Es ist nicht leer. Da hängt ein Mann am Kreuz.

Der Mann ist Jesus, Gottes Sohn.
So viel weiß Julia schon.

Er kam vom Himmel auf die Erde, weil er sich
um Menschen sorgte und Gott ihm sagte:
Mach sie heil. Sie gehen uns sonst verloren.
Dann ist ganz Furchtbares geschehen:
Nicht Menschen – *Jesus* ging verloren.

Und Gott hat zugeschaut.

Nein, sagt Gott zu Julia, hab ich nicht.
Ich bin selbst auch gestorben,
da an dem Kreuz.

Julia sieht die Nägel.
Mit denen ist der Mann ans Kreuz genagelt.
Wie weh muss ihm das tun!

Da zu hängen am Kreuz.
Und das Leben macht sich langsam davon.
Träne für Träne. Blut für Blut.
Muss das sein?

Ja, sagt Gott zu Julia.
Ich muss alles leiden, was je ein Mensch gelitten hat.
Wie kann ich Menschen sonst verstehen?
Wie kann ich wissen, was sie fühlen,
was sie fürchten, was sie hoffen?

Dass alles heil ist, hoffen wir, sagt Julia leise.

Die Sonnenstrahlen werden wärmer.
Julia spürt sie im Gesicht.
Es ist wie Streicheln, wenn sachte Hände trösten.

Es ist ja alles heil, sagt Gott.
Jesus ist am Leben
und meine Liebe auch.
Traut doch auf mich.
Ich mein es gut.

Der Stein,
den die Bauleute verworfen haben,
ist zum Eckstein geworden,

ruft Markus laut. Dann steht die alte Lydia auf.
Hört, sagt sie, was mit dem Gottessohn geschah,
als er uns Menschen in die Hände fiel.

Lydia erzählt: Wie Jesus gefangen wird und wie er stirbt

Ein Weizenkorn muss in die Erde fallen und begraben werden.
Dann wächst es und bringt Frucht.
Wenn es nicht stürbe, würde es verdorren,
und niemand würde davon satt.

Am ersten Tag der Schöpfungswoche
kommt Jesus nach Jerusalem.
Hell zeigt sich Licht.
Um ihn sind seine Jünger, es sind zwölf.
Einer von ihnen bleibt im Dunklen,
Judas Iskariot.

Auf einem Esel reitet Jesus in die Stadt.
Hell strahlt das Licht, die Leute bleiben stehen und jubeln.
Gott-bei-uns, Gottes Sohn, willkommen!
Du bringst Leben.

Jesus ist auferstanden, rufen alle, die versammelt sind.
Er ist wahrhaftig auferstanden.

Am zweiten Tag der Schöpfungswoche
geht Jesus in den Tempel.
Ich suchte Gottes Haus, ruft er, und finde
einen Rummelplatz!
Hinaus, ihr Händler
und Geschäftemacher!

Jesus beleidigt Gott, sagen die Hohepriester.
Er tritt ihm viel zu nah
und darum muss er sterben.

Jesus hetzt die Leute auf, sagen die hohen Herren.
Er stiftet sie zum Aufstand an
und darum muss er sterben.

Jesus ist auferstanden, rufen alle, die versammelt sind.
Er ist wahrhaftig auferstanden.

Am dritten Tag der Schöpfungswoche
bleibt Jesus in Jerusalem.
Der Hohepriester sinnt bereits,
wie er ihm eine Falle stellt,
nicht anders auch die hohen Herren.
Ich werde sterben müssen, sagt Jesus seinen Jüngern.

Seht ihre Augen!
Sie sind zu ängstlich, mir zu trauen.
Ihr aber, seid getrost: Nach meinem Tod
ist nichts zu Ende.

Jesus ist auferstanden, rufen alle, die versammelt sind.
Er ist wahrhaftig auferstanden.

Am vierten Tag der Schöpfungswoche
geht Jesus nach Bethanien. Da trifft er eine
arme Frau. Sie salbt ihn mit Parfüm.
So wie man einen König salbt, sagt Judas.
Jesus schüttelt nur den Kopf.
So salbt man einen Toten.

Die Jünger weinen. Meister, nein!
Du könntest doch noch fliehen.
Doch Jesus weist sie scharf zurück.
Gott flieht nicht vor den Menschen.

Jesus ist auferstanden, rufen alle, die versammelt sind.
Er ist wahrhaftig auferstanden.

Am fünften Tag der Schöpfungswoche,
die Sonne geht schon unter,
lädt Jesus seine Jünger zu seinem letzten Mahl.
Er teilt mit ihnen Brot und Wein.

Wie Brot und Wein, sagt er, braucht ihr
zum Leben Liebe, Gottes Liebe.
Ich schenke sie euch.
Auch wenn ihr mich verlasst.

Jesus ist auferstanden, rufen alle, die versammelt sind.
Er ist wahrhaftig auferstanden.

Nein, Jesus, schreit Petrus, Jesu erster Jünger.
Nie kann ich dich verlassen.

Du *wirst* mich verlassen, sagt Jesus.
Bevor der Hahn zweimal kräht,
wirst du dreimal sagen:
Nein, zu Jesus gehöre ich nicht.
Das werdet ihr alle tun.
Denn ihr habt Angst.

Jesus ist auferstanden, rufen alle, die versammelt sind.
Er ist wahrhaftig auferstanden.

Als es Nacht geworden ist,
am fünften Tag der Schöpfungswoche,
geht Jesus nach Gethsemane,
beinahe schön wie Eden.
Auch er hat Angst, wie seine Jünger,
und bittet Gott um Hilfe.

Petrus, Johannes und Jakobus
hat er mitgenommen.
Er fürchtet sich allein zu sein.
Sie aber schlafen ein.

Jesus ist auferstanden, rufen alle, die versammelt sind.
Er ist wahrhaftig auferstanden.

Er bittet Gott um Hilfe.
Lieber Vater, *Papa,* geht es nicht anders?
Muss ich erst sterben,
um das Leben zu gewinnen?

Mein lieber Sohn, wir müssen beide sterben,
sagt Gott. Wie sollen sie sonst glauben,
dass wir den Toten nahe sind
und dass wir sie zum Leben führen?

Jesus ist auferstanden, rufen alle, die versammelt sind.
Er ist wahrhaftig auferstanden.

Soldaten kommen in den Garten
und Judas ist bei ihnen. Der, den ich küsse,
den müsst ihr verhaften, sagt er.
Und dann küsst Judas Jesus.

Jesus ist auferstanden, rufen alle, die versammelt sind.
Er ist wahrhaftig auferstanden.

Als Petrus sieht, dass die Soldaten
Jesus verhaften wollen,
greift er zum Schwert und kämpft.
Lass das, sagt Jesus. Ich werde mich nicht wehren.
Da lassen die Jünger
die Köpfe hängen und fliehen.

Jesus ist auferstanden, rufen alle, die versammelt sind.
Er ist wahrhaftig auferstanden.

Der Hohepriester verhört Jesus
und fragt ihn: Sagst du wirklich,
du bist Gottes Sohn?
Ich bin es, sagt Jesus. Der Hohepriester ist entsetzt.
Er beleidigt Gott, sagt er,
und darum muss er sterben.

Jesus ist auferstanden, rufen alle, die versammelt sind.
Er ist wahrhaftig auferstanden.

Draußen im Hof sitzt Petrus
und wartet voller Angst.
Und eine Magd erkennt ihn und ruft:
Das ist ja Jesu Jünger!
Petrus aber fürchtet sich und sagt:
Das bin ich nicht.

So geht es dreimal, bis ein Hahn kräht
und Petrus sich erinnert: Er hat
versprochen, Jesus niemals zu verlassen.
Und hat es doch getan.

Jesus ist auferstanden, rufen alle, die versammelt sind.
Er ist wahrhaftig auferstanden.

Am sechsten Tag der Schöpfungswoche,
als Gott die Menschen machte, steht Jesus
vor Pilatus. Das ist der hohe Herr aus Rom,
der in Jerusalem für Ordnung sorgt.

Sagst du wirklich, du bist der gesalbte König,
fragt er Jesus. Stellst du dich gegen den Kaiser?
Den Kaiser in Rom? Nein, warum?
Herr über Leben und Tod ist Gott allein.

Pilatus sagt: Der Mann macht keinen Aufstand.
Ich sehe nicht, warum er sterben soll.

Jesus ist auferstanden, rufen alle, die versammelt sind.
Er ist wahrhaftig auferstanden.

Das große Fest des Mose steht bevor.
Pilatus sagt: *Einen* Gefangnen geb ich frei.
Die andern müssen sterben. So wählt:
Wen wollt ihr haben?

Er denkt: Das Volk wird ihn für Jesus bitten.
Sie aber rufen: Barabbas!
Das ist ein schlimmer Mörder.

Jesus ist auferstanden, rufen alle, die versammelt sind.
Er ist wahrhaftig auferstanden.

Und was, fragt da Pilatus ratlos,
was soll ich denn mit Jesus tun?
Ich glaube nämlich: Er hat nichts getan.

Kreuzige, kreuzige ihn!
Denn er beleidigt Gott.
Ans Kreuz, ans Kreuz mit ihm!

Jesus ist auferstanden, rufen alle, die versammelt sind.
Er ist wahrhaftig auferstanden.

Da ist es um Jesus geschehen. Soldaten schlagen ihn.
Zum Spott machen sie ihm einen Königsmantel.
Sie krönen ihn mit Dornen.
Als Judas das sieht, weint er. Wehr dich!, denkt er.
Ich habe nur gewollt, dass du dich wehrst.
Dass du es allen zeigst!

Doch Jesus zeigt nur das: Er ist ein Mensch.
Er leidet, weint und wehrt sich nicht.

Jesus ist auferstanden, rufen alle, die versammelt sind.
Er ist wahrhaftig auferstanden.

Der sechste Tag der Schöpfungswoche
nimmt mühsam seinen Lauf. Der Gottessohn
muss selbst sein Kreuz zum Hügel tragen, wo man
Verbrecher an die Kreuze schlägt, nach Golgatha.
Und als er nicht mehr tragen kann,
muss einer helfen, der am Wege steht.

Jesus ist auferstanden, rufen alle, die versammelt sind.
Er ist wahrhaftig auferstanden.

Auf Golgatha nageln Soldaten
den Gottessohn ans Kreuz
und losen noch um seine Kleider.
Pilatus macht ein Schild, das sagt, wer Jesus ist:
König der Juden.

Jesus ist auferstanden, rufen alle, die versammelt sind.
Er ist wahrhaftig auferstanden.

Die, die ihn sehen, elend da am Kreuz,
die sagen so wie Judas: Jetzt sollte er es allen zeigen.
Warum nur wehrt er sich denn nicht?
Die neben ihm gekreuzigt werden,
die lachen über ihn und spotten und sagen so wie Judas:
Nun zeig es allen. Wehr dich endlich.

Nur einer sagt: Leg doch für mich
ein gutes Wort bei deinem Vater ein.
Und Jesus sagt: Das will ich tun.

Jesus ist auferstanden, rufen alle, die versammelt sind.
Er ist wahrhaftig auferstanden.

Und als es heiß ist, in der Mittagssonne,
am sechsten Tag der Schöpfungswoche,
und als die Schmerzen nicht mehr zu ertragen sind,
schreit Jesus laut. Dann stirbt er.

Und vor dem Inneren des Tempels, der Vorhang
reißt entzwei.
Die Sonnenstrahlen werden blass.
Die Welt ist totenstill, die Schöpfung weint.

Die Frauen am Kreuz –
die Mutter und die Schwestern Jesu –
zerreißen ihre Kleider und
verhüllen die Gesichter.
Tot.

Der Hauptmann, der am Kreuz gewacht hat, sagt:
Der Mensch war wirklich Gottes Sohn.
Nun ist er tot. Es geht nicht schlimmer.
Das Leben ist vorbei.

Jesus ist auferstanden, rufen alle, die versammelt sind.
Er ist wahrhaftig auferstanden.

Am siebten Tag der Schöpfungswoche,
als Gott einst ruhte, ist er tot.

Da ist ein reicher Mann mit einem schönen Felsengrab.
Darin will er einst liegen.
Doch als er Jesus sterben sieht,
sagt er: Mein Grab soll dieser Jesus haben.

Und so geschieht es, dass in eines reichen Mannes
Grab der Gottessohn begraben wird.
Und vor die Öffnung kommt ein schwerer Stein.
Das Leben ist vorbei.

Jesus ist auferstanden, rufen alle, die versammelt sind.
Er ist wahrhaftig auferstanden.

Am dritten Tag nach Jesu Tod,
am ersten Tag der neuen Schöpfung,
da gehen Frauen, Jesu Mutter, Jesu Schwestern,
zum Grab, um ihn zu salben.

Und überlegen noch: Wie kriegen wir
den Stein nur von dem Loch gewälzt?
Da liegt der Stein schon an der Seite,
das Grab jedoch ist leer.

Jesus ist auferstanden, rufen alle, die versammelt sind.
Er ist wahrhaftig auferstanden.

Ein Engel kommt und sagt den Frauen:
Was sucht ihr Jesus bei den Toten?
Da ist er nicht. Er lebt
und will, dass ihr den Jüngern sagt:
Er wartet schon in Galiläa, damit sie fortan seine Arbeit tun.

Jesus, der gestorben war, ist auferstanden: Christus.

Julia weint. Sie hat die traurige Geschichte zum ersten Mal vom Anfang bis zum Ende angehört.
Sei nicht traurig, Julia, flüstert Markus und streicht ihr übers Haar.
Es ist ja gut gegangen.

Paulus verfolgt Christen

Paulus schüttelt sich. Ja, wenn man Gedanken abschütteln könnte oder den Ruf, der in seinen Ohren hallt: Jesus ist auferstanden.

Dieser Jesus wäre Gottes Gesalbter gewesen?
Und ich, ich hätte ihn verpasst?
Nein, niemals, ganz unmöglich!

Der Stein, die Bauleute haben ihn verworfen …
Welch ein Stolperstein.

Ein Verbrecher am Kreuz, der *Papa* sagt zu Gott!
Ach, wenn man so was dürfte …
Nein, nie wieder will Paulus davon hören.

Jesus, ist es nicht am Kreuz bewiesen, dass Gott ihn straft,
dass Gott von ihm nichts wissen will?
Und keinen Finger rührt zu seiner Rettung?

Der Stein, die Bauleute haben ihn verworfen …
Er ist nichts wert. Man kann auf ihn nicht bauen.

Aber die Jünger, diese Schurken! Sie haben wohl den Toten
klammheimlich aus dem Grab geholt und lügen,
wenn sie rufen: Er ist auferstanden!

Der Stein, die Bauleute haben ihn verworfen …
Er ist stark und fest. Sie machen ihn zum Eckstein.

Paulus schüttelt sich.
Die Heiden würden spotten, für Juden ist's ein Anstoßstein.
Ihm liegt er schwer im Magen.

Nein, nie im Leben kann dieser Jesus der Gesalbte,
Christus, sein …

Der Apostel Paulus schreibt:

Wir aber predigen den gekreuzigten Christus, den Juden ein Ärgernis und den Griechen eine Torheit.

1 Korinther 1, Vers 23

Paulus sagt, er ist sich sicher: Die Christen sind gefährlich.
Seit dieser Osternacht, die ihm sein Lehrer zeigte,
ist Paulus auf der Hut und fordert laut und deutlich:
Strafe für jeden, der's mit Jesus hält!

Am schlimmsten, sagt er, sind die Jünger
und unter ihnen dieser Petrus,
der Fischer, den sie Felsen nennen.

Einst zogen die Jünger mit Jesus durchs Land.
Nun prahlen sie und nennen sich Apostel.
Von ihrem Christus seien sie ausgesandt,
zu heilen und zu predigen.
Der Fischer wirft sein Netz.

Welch eine Anmaßung, was für ein Unsinn!
Und immer dieser Aufruhr dort am Tempel …
Verhaftet sie! Und fort mit ihnen ins Gefängnis, sagt
Paulus eines Abends, als wieder Jubelrufe klingen.

Jesus, der gestorben war, ist auferstanden – Christus.

Die Priester und Gelehrten hörn auf ihn.
Die Jünger werden eingesperrt.
Gamaliel, sein Lehrer, ist gerade nicht dabei.

Träumt euren Traum noch heute Nacht zu Ende,
rät Paulus ihnen drohend. Denn morgen wird es ernst.

Die Apostel lassen sich nicht aufhalten

Am anderen Morgen treffen sich die Priester
und Gelehrten und sind bereit für das Verhör.
Allein Gamaliel ist noch nicht da. Wir warten nicht,
befiehlt der Hohepriester. Herbei mit den Gefangenen!

Da tritt ein Wächter vor ihn hin. Herr, sagt er, die Gefangenen,
ich kann sie dir nicht bringen.
Ein Engel muss sie freigelassen haben.
Kein Riegel ist zerbrochen. Und doch stehn die Gefängnistore offen.

Die Jünger, sagt man, predigen im Tempel …

Jesus, der gestorben war, ist auferstanden – Christus.

Das ist ja ungeheuerlich!, empört sich nicht nur Paulus.
Was wagen sie? Sie müssen unverzüglich sterben.

Ihr solltet klüger sein, sagt da Gamaliel. Er kommt
von draußen rein. Sein Blick hält seinen Schüler fest,
bis Paulus rot wird und die Augen niederschlägt.

Lasst euch zur Vorsicht mahnen, sagt Gamaliel,
folgt nicht dem blinden Eifer eines raschen Zorns.
Wir sagen: Jesus war ein Lügner, und dass er Gott beleidigt hat;
das Wort von seiner Auferstehung sei Betrug.

Gesetzt den Fall, wir haben Recht:
Gewiss wird sich die falsche Lehre selbst verzehren,
so wie ein Feuer aus dürrem, trocknem Stroh.

Wenn aber Wahrheit in den Worten steckt,
die Jesu Jünger lehren,
dann ist Gott selbst uns wieder nah gekommen.
Dann richten wir nichts an als Schaden!

Sollen die Leute von uns sagen: Wir seien gegen Gott?
Der Hohepriester schaut sich fragend um und sieht,
dass viele nicken. Sie wiegen nachdenklich die Köpfe.
So ganz verkehrt empfinden sie den Einwand nicht.

Dein Wort in Gottes Ohr, Gamaliel, spricht er.
Geb's Gott, dass nicht aus diesem bisschen Zunder
ein schlimmer Waldbrand sich entfacht.

Von da an geht der Schüler Paulus
Gamaliel, dem Lehrer, am liebsten aus dem Weg.
Er weiß nicht, was er denken soll.
Ist denn Gamaliel nicht *sicher?* Kann's sein:
Er sieht in dem, was diese Christen lehren,
einen verborgnen guten Sinn?

Unsinn, beruhigt sich Paulus. Das kann unmöglich sein.
Denn wäre wirklich Gottes Sohn zur Welt gekommen –
wer, wenn nicht wir, würde es wissen,
gelehrt und gottesfürchtig, wie wir sind?

Nein, sagt sich Paulus, alles Lüge!
Und besser wär's, es wäre endlich damit aus!

Stephanus stirbt für seinen Glauben

Ihr, schreit da auf einmal eine Stimme, ihr habt
Gottes Sohn ans Kreuz gebracht, weil ihr nicht auf ihn trautet!
Wann habt ihr je auf Gott vertraut?

Kinder Gottes, einst in Gottes Garten: Verlassen habt ihr Gott!
Israels Kinder, in der Wüste: Wie murrtet ihr und machtet
Gottes Freund das Leben schwer!

Israel und Juda, Gottes Töchter: Wann habt ihr
eures Vaters Stimme je gehört?

Nun, als die Zeit gekommen war, kam
Jesus Christus auf die Welt.

Ihr aber, aus Angst vor frischem Wind – ans Kreuz mit ihm,
dann ist er still …

Paulus tritt ans Fenster seiner Kammer. Draußen steht der
Mann, der schreit; um ihn versammelt Priester und Gelehrte.
Anscheinend ist es ein Verhör. Der Mann, der schreit,
ist Christ. Die ihn verhören, sind im Recht.

Wie kann der Mann es wagen! Nicht nur Paulus ist empört,
auch draußen im Hof hat man ihn unterbrochen!
Scharf sagt der Hohepriester: Stephanus,
kein Wort mehr will ich von dir hören!

Stephanus! Paulus hat den Namen schon gehört.
Ein Mann, der gern laut redet und immer nur
von diesem Jesus. Den er ganz offen Christus nennt,
den Gottessohn, den gottverheißnen König.

Einsperren, rufen draußen viele.
Einsperren muss man diesen Kerl!
Wie kann er's wagen, so von Gott zu reden
vor uns, die wir Gott lieben, ehren und verstehn!

Wie dumm ist er hereingefallen auf ein paar Lügen
und ein leeres Grab – und ist doch Jude, so wie wir.
Welch eine Schande, welche Frechheit!
Ans Kreuz mit ihm, dann ist er still!

Hastig verlässt Paulus seine Kammer.
Bloß nicht ans Kreuz, denkt er: Nie wieder.
Wer weiß, ob nicht am dritten Tag …

Ach, Unsinn, weist er sich zurecht. Das ist ja alles
ausgedacht. Mit Gott und Leben hat es nichts zu tun.

Nehmt ihm das Leben, sagt der Hohepriester gerade,
dass er nie wieder Gott und Gottes Kinder schmäht.

Paulus wird Zeuge, wie sie Stephanus vors Stadttor führen.
Sie heben Steine auf und werfen.

Ich sehe Jesus, ruft Stephanus laut, Jesus Christus.
Der Himmel ist offen. Er steht neben Gott
als König, als Richter, o unser Retter!

Still! Sei endlich still! Die Steine fliegen hart
und dicht wie Hagel und Stephanus steht still.

Er wehrt sich nicht. Wie Jesus, denkt Paulus,
auch wenn er's gar nicht denken will.
Die letzten Worte, die Stephanus spricht,
verfolgen Paulus noch im Schlaf.

Sei ihnen nicht böse, Gott. Sie wissen nicht, dass sie irren.

Und dann ein leises Gebet:
Komm mir entgegen, Gott, mit offenen Armen.

Und sie steinigten Stephanus;
der rief den Herrn an und sprach:
Herr Jesus, nimm meinen Geist auf!
Er fiel auf die Knie und schrie laut:
Herr, rechne ihnen diese Sünde nicht an!
Und als er das gesagt hatte,
verschied er.
Saulus aber hatte Gefallen an
seinem Tode.

Apostelgeschichte 7, Verse 59 + 60
und 8, Vers 1

Der Apostel Philippus tauft einen Afrikaner

Das Weizenkorn muss in die Erde fallen.
Gilt diese Weisheit auch für Stephanus?
Gewiss, sein Tod ist fürchterlich. Aber, hör zu, sagt ein Christ:

Wäre nicht Stephanus getötet worden, wer weiß, ob je
das Wort von Jesus Christus den Jordan überschritten hätte?

Die ersten Christen sorgen sich. Der Tod von Stephanus war nur der Anfang, flüstern sie. Von nun an werden sie uns jagen. Jerusalem ist nicht mehr sicher.

Der Hohepriester hasst uns. Die Römer fürchten uns. Und seht nun diesen jungen Pharisäer, Paulus, der eifert allzu sehr. Am klügsten ist es wohl, wir fliehen.

Sie packen ihre Sachen und schleichen heimlich aus der Stadt. In ganz Judäa und Samaria hört man nun Christen sagen:

Jesus, der gestorben war, ist auferstanden – Christus.

Und immer wieder sind es viele, die zuhören und Vertrauen fassen.

Philippus, einer der Apostel, gewinnt die Herzen in Samarien. Er wandert, wie er es von Jesus kennt, von Dorf zu Dorf, von Stadt zu Stadt. Nur einmal findet er sich unverhofft auf einer einsam öden Straße.

Was soll ich hier?, fragt er sich selbst, ich hab mich wohl verlaufen. Jedoch zugleich kommt es ihm vor, als sei er grad am rechten Ort. Als ob ein Engel ihn gerufen hat. Er hebt die Schultern und geht langsam im Staub des Straßenrands voran.

Da kommt ein Wagen angefahren, aus Norden, Richtung Süden. Der Schmuck, die Farben, Schnitzereien sind fremd und reich und afrikanisch. Und richtig, auch der Mann im Wagen ist fremd und reich und … schwarz.

Was soll ich hier, fragt sich Philippus wieder. Dem Fremden da muss ich vom Gottessohn nichts sagen. Der kennt ja nicht mal Gott. Da hört er, dass der Fremde leise liest – liest Worte von Jesaja, dem Propheten!

Wisst ihr, was meine Boten hoffen? Wenn sie von einem neuen David reden? Sie erhoffen weder Ruhm noch Reichtum noch einen neuen, prächtigeren Königsmantel. Sie hoffen nicht auf eine laute Stimme und nicht auf eine starke Hand. Sondern ersehnen einen Hirt und Heiler, der Liebe gäbe so wie ich.

Mein Hüter ist wie ich. Er reißt nichts aus, er lässt es wachsen. Und wenn es Unkraut ist – selbst Unkraut hat ja Blüten! Und wenn es nicht gedeiht – er wartet in Geduld und pflegt es. Mein Hüter ist wie ich. Er will das Leben, nicht den Tod. Euch schützt er, wenn es sein muss, mit dem Leben.

Verstehst du, was du liest?, fragt ihn Philippus.
Neugierig tritt er nahe an den Wagen.

Wer könnte das verstehen?, entgegnet ihm der Afrikaner.
Sieh, ich bin der Herr der Schätze unsrer Königin.
Wir schätzen Reichtum, Macht und Pracht.
Den Gott des Tempels in Jerusalem, den kennen wir seit Salomo.
Auch er liebt Macht und Pracht.

Nun aber reiste ich zum Tempel und fand dort diese Schrift.
Die sagt, dass Königsmäntel gar nichts zählen
und Achtsamkeit mehr gilt als alle Macht der Welt.

Mir scheint das so verrückt, es ist schon
wunderbar. Ich meine, wenn es wahr wär,
wär nichts mehr, wie es war!

Du hast es ganz und gar verstanden, sagt der Apostel
höchst erstaunt. Er ist längst auf den Wagen aufgesprungen
und sieht dem Fremden ins Gesicht.

Der Schwarze sieht ihn an. Ja, wie? Dann soll ich
darauf trauen? Auf diesen Hüter, der nicht will,
dass ich dem Unkraut wehre? Soll glauben, dass er sich nicht
wehrt? Ja, dass er sterben will, damit ich lebe?

Philippus lächelt. Das musst du nicht ins Leere glauben, sagt er. Es hat sich schon gezeigt. Hör, wenn du willst, was mir in den vergangenen Jahren begegnet und geschehen ist!

Da lässt der Schwarze Jesajas Worte liegen und hängt Philippus an den Lippen.

Die Geschichte des guten Hirten

Da waren Schafe, eine große Herde,
die hatten keinen Hirten. Doch Weide
gab es, grün und satt.

Auf dieser Weide aber war ein tiefes Loch.
Darin klang ab und zu ein
unheilvolles Grollen.

Das ist der Wolf, so sprachen sie.
Wenn er erst hungrig ist, wird er
uns alle holen.

Die Schafe beugten lieber vor.
Sie fütterten den Wolf, damit er, satt,
dort unten bliebe.

Sie opferten ihm je ein Schaf aus ihrer
eignen Herde. Was sonst kann einen
Wolf zufrieden stellen?

Natürlich hat es ihnen wehgetan.
Wer ahnt die Qual, Leben zu opfern,
das andre oder eigene?

Dann eines Tages kam ein Hirt, der hatte
Mitleid mit der Herde. Warum, sprach er,
seht ihr so traurig aus?

Wir fürchten dieses tiefe Loch.
Da haust ein Wolf und will uns fressen.
Wir geben, was wir haben.

Das braucht ihr nun nicht mehr,
sprach da der Hirte. Von heute an will ich
euch hüten und bewahren.

Als wieder mal das Grollen klang und
als die Schafe losten, wer von ihnen nun
das Opfer wäre …

da sprach der Hirte: Das bin ich.
Wer da grollt, das findet sich. Ich mache
ihn für immer satt.

Er legte seinen Stab beiseite und sprang
allein ins dunkle Loch.
Die Schafe sagten – traurig – danke.

Ja, sagt der Fremde, so habe ich's mir vorgestellt. Und doch ist es kein gutes Ende und außerdem ein Märchen, kein Beweis.

Noch nicht, sagt der Apostel. Aber das ist ja nicht das Ende.

Der Hirt kam wieder hoch
mit einer frohen Kunde:
Das ist kein Wolf, sprach er. Da ist
die gute Mutter Erde,
die euch die Weide wachsen lässt.
Sie frisst euch nicht, sie lädt euch ein.
Ihr dürft euch
über ihre Gaben freun.

Und dies, mein Freund, endet Philippus,
ist uns in den vergangenen Jahren
in Wahrheit hier geschehen.

Wir waren diese Herde, starr vor Angst vor Gott.
Doch dann ist Jesus, Gottes Sohn, gekommen
und hat die frohe Nachricht uns gebracht:

Dass Gott uns gar nicht strafen will, dass er
uns liebt, uns ruft und – auf uns wartet.

Und musste dieser Jesus denn wirklich in die Grube
springen?, fragt da der Mann auf seinem Weg.

Er hing am Kreuz, antwortet Philippus.
Er starb dort unter Qualen
und kam am dritten Tag zurück
und sagte laut zu allen:
Gott liebt das Leben, nicht den Tod!

Mir scheint das wirklich wunderbar, stammelt der Mann.
Hör zu, ich spür, ich trau dir. Und nun ist nichts mehr,
wie es war.

Der Apostel Paulus schreibt:

Wisst ihr nicht, dass alle, die wir auf Christus Jesus getauft sind, die sind in seinen Tod getauft? So sind wir ja mit ihm begraben durch die Taufe in den Tod, damit, wie Christus auferweckt ist von den Toten durch die Herrlichkeit des Vaters, auch wir in diesem neuen Leben wandeln.

Römer 6, Verse 3 + 4

Du kannst, wenn du es willst, den Weg mit Jesus gehen,
sagt da Philippus. Wir, die wir auf ihn trauen,
waschen als Zeichen unseres neuen Lebens
das alte Leben von uns ab.

Wie?, fragt der Mann begierig.
Wie kann denn das geschehen?
Mit Wasser und mit Gottes Segen.
Ich taufe dich und du bist Christ.

Ja, ruft der Mann und springt aus seinem Wagen.
Sieh doch, da ist ein Fluss!
Was hindert dich, mich auf der Stelle neu zu machen?
Ich weiß nicht, ob du genug weißt, sagt Philippus in Gedanken.

Jesus, der gestorben war, ist auferstanden – Christus.

Weißt du mehr?, fragt ihn der Mann.
Da lacht Philippus. Du hast Recht. Und taucht den Mann
und segnet ihn und sagt: Du bist getauft.

Zum Abschied singt der schwarze Mann und nimmt die
Worte wieder vor:

Mein Hüter
will das Leben, nicht den Tod.
Mich schützt er aus lauter Liebe
mit seinem eigenen Leben.

Als sie aber aus dem Wasser
heraufstiegen, entrückte der Geist
des Herrn den Philippus und
der Kämmerer sah ihn nicht mehr;
er zog aber seine Straße fröhlich.

Apostelgeschichte 8, Vers 39

Paulus begegnet Christus

**Er ist sich so sicher gewesen: Sein Weg ist richtig,
die Wege der andren sind falsch.
Er hat geglaubt, er kann sich alles erlauben, weil er Recht hat.
Doch dann, auf einmal, sieht alles aus wie neu …**

Der Stein, die Bauleute haben ihn verworfen:
Noch immer ist er nicht zu Staub zerfallen.
Paulus kann es gar nicht fassen:
das Kreuz, Verhaftungen, der Tod des Stephanus …
Der Stein, die Bauleute haben ihn verworfen:
Es hat ihn nicht zerschmettert.

Stattdessen läuft der Fischer weiter mit dem Netz umher
und fängt die Herzen vieler, die bisher auf die Priester trauten.
Und tauft – was immer dieser Unsinn sei …
Gott, fragt Paulus, siehst du das nicht?
Willst du es nicht verbieten?

Ich trau auf dich und deine Treue …
Ist das die Antwort, die Gott gibt?
Paulus verstärkt noch seinen Eifer.

Er jagt die Christen in Jerusalem und sperrt sie alle ein.
Er hört von Christen in Damaskus. Soll ich
sie holen zum Verhör?, fragt er den Hohepriester.

Gewiss, sagt der. Das kann nicht schaden.
Wenn du dir so viel Mühe machen willst.
Alles, sagt Paulus und macht sich auf den Weg,
alles will ich tun! Damit Gott sieht, ich bin treu.

Der Stein, die Bauleute haben ihn verworfen:
Ich bin es nicht. Es ist der andre, dieser Jesus …

Ja, ich, sagt plötzlich eine Stimme
und Paulus steht wie Stein.

Der Stein, die Bauleute haben ihn verworfen:
Nicht zerbröselt, nicht zerschlagen?
Herr, wie schaffst du das?

Weißt du, Paulus, ich bin kein Stein,
wie du sie kennst. Ich bin nicht starr und hart.
Was mich zum Eckstein und zum Grundstein macht,
das ist mein weiches Herz.

Es weicht, wenn du es trittst, tritt nicht zurück.
Es blutet, wenn du stichst, bleibt unbestechlich.
Es heilt, auch den, der tritt und sticht.

Gib lieber nach, du treuer Paulus,
ich weiche, wenn du willst, auch deine Härte auf.

Ich will nicht.
Paulus steht wie Stein.
Dann sinkt er in die Knie.

Hör mal, sagt Jesus, ich will mich dir zeigen.
Lass nur die Fesseln liegen.
Ich war schon gebunden. Das ist vorbei.

Als Jesus sagt, dass er sich zeigen will,
kneift Paulus beide Augen zu
und kriegt sie nicht mehr auf.

Seine Begleiter führen den blinden Paulus in die Stadt.
Sie haben nicht erkannt, was da geschehen ist,
und Paulus will nichts sagen.
Er hält die Augen fest geschlossen und weigert sich
zu essen und zu trinken.

Sie bringen ihn in eine Herberge und stehen ratlos da.
Was ist nun mit den Christen, Paulus, fragen sie.
Sollen wir schon Spuren suchen?
Paulus schüttelt stumm den Kopf.

Als er aber auf dem Wege war und in die Nähe von Damaskus kam, umleuchtete ihn plötzlich ein Licht vom Himmel; und er fiel auf die Erde und hörte eine Stimme, die sprach zu ihm: Saul, Saul, was verfolgst du mich?

Apostelgeschichte 9, Verse 3 + 4

Am dritten Tag klopft einer an die Tür.
Er trägt ein Kreuz am Hals.
Ein Christ, Herr, er verbirgt es nicht,
flüstert ein Diener Paulus zu.
Willst du, so kann ich ihn verhaften.
Doch Paulus schüttelt nur den Kopf und winkt ihn fort.

Ich heiße Hananias, sagt der Mann zu Paulus.
Der Herr sprach zu mir: Geh zu Paulus.
Er möchte sehen, doch er traut sich noch nicht.

Und du, du traust dich her zu mir?,
fragt Paulus, fast erschrocken.
Glaubst wohl, weil ich nicht sehen kann,
ich wäre ungefährlich?

Ich glaube einfach meinem Herrn,
der Wunder tut, wie er es will.

Du sprichst von Jesus, nehm ich an?

Jesus, der gestorben war, ist auferstanden – Christus.

Ich hab davon gehört, sagt Paulus vorsichtig.
Der Stein, die Bauleute haben ihn verworfen …
Ich weigere mich, darauf zu trauen, dass einer,
der weniger von Gott weiß als ich,
Gottes Sohn sei, sein Gesalbter …

Der Stein, die Bauleute haben ihn verworfen:
Er ist zum Eckstein geworden.
Jawohl, ich weiß es jetzt: Er lebt.
Und was er zu mir sagte …

Paulus hebt gereizt den Kopf. Was schweigst du?,
fährt er den Besucher an.
Bist du denn nicht gekommen,
um meine Augen mir zu öffnen?

Was soll ich dir sagen?, fragt Hananias. Ich höre ja:
Jesus selbst hat schon zu dir gesprochen.

Es war unklar genug, sagt Paulus. Es war …
alles, woran ich mich stoße. Er sprach von Milde
und von Freundlichkeit
und dass Gott unser *Vater* wäre,
den man lieben darf …

Der Stein – als Kind baute ich einen Turm aus
zerbrochenen Ziegeln. Das waren meine guten Taten.
Sie führten mich zu Gott.

Was ist aus dem Turm geworden?, fragt Hananias sacht.
Ein Lachen hat ihn umgeweht, sagt Paulus.
Auf einmal muss er lachen. Hananias, ist das die frohe Botschaft?
Lachen, Leichtsinn, alles Liebe?

Paulus, sagt Hananias, Jesus Christus starb am Kreuz.
Und er ist auferstanden, sagt Paulus erleichtert.
Ich beginne zu vertrauen …
… blind.

Jesus, der gestorben war, ist auferstanden – Christus.

Paulus schweigt. Und Hananias auch.

Hananias, sagt Paulus schließlich,
selbst, wenn ich auf Jesus trauen wollte,
ihr würdet mich nicht haben wollen.
Ich weiß, ihr liebt euch wie Geschwister.
Ich aber bin ein Feind.

Jesus Christus ist das Herz, sagt Hananias.
Wir alle leben von der Liebe, die er schenkt.
Wie könnten wir da anders als einander lieben?

Du gibst mir nicht die Hand.
Da hast du sie, sagt Hananias.
Du gibst mir keinen Kuss.
Da hast du ihn, sagt Hananias.
Du würdest mich nicht taufen.

Glaubst du, dass Jesus der Gesalbte ist und
auferstanden von den Toten?
Ja, sagt Paulus ohne Zögern. Bei Gott, fürwahr,
das glaube ich.

Mach deine Augen auf und komm, sagt Hananias.
Wie gern will ich dich taufen.

Nun aber bleiben
Glaube, Liebe, Hoffnung,
diese drei;
aber die Liebe ist die größte
unter ihnen.

1 Korinther 13, Vers 13

Und sogleich fiel es wie Schuppen
von seinen Augen und er wurde sehend;
und er stand auf, ließ sich taufen und
nahm Speise zu sich und stärkte sich.

Apostelgeschichte 9, Verse 18 + 19

Paulus baut einen neuen Turm

Er war gekommen, das Wort von Jesus Christus zu vernichten.
Nun sagt er es weiter.

Er sät es wie ein Weizenkorn
und es ist fruchtbar, wächst und wächst.

Denn ich, sagt Paulus, habe ihn gesehen – Jesus.
Und er ist anders, als ich dachte – Christus.

Paulus hat wieder einen Turm gebaut
mitten auf dem Marktplatz von Damaskus.
Seht mal, ruft er allen, die es hören wollen, zu.

Ich bin ein Mann, der Gott gefallen will.
Ich kenne alle Schriften und halte die Gebote.
Hier, seht: Ein jeder Stein ist ein Gebot!
Gott nicht verwechseln, ihm nicht nahe treten,
den siebten Tag der Schöpfung ehren.
Das Leben achten, die Ehe, des anderen
Hab und Gut. Den anderen nicht verletzen.

Ich bin ein Mann, der Gott gefallen will.
Ich halte eine Menge Regeln und achte das Gesetz.
Seht, hier: Ein jeder Stein ist eine gute Tat:
Ich bete täglich. Halte Fastenzeiten.
Ich geb den Armen milde Gaben.
Ich lese in den Schriften und geb mir Mühe
zu verstehen, was Gott von uns verlangt.

Wollen habe ich wohl,
aber das Gute vollbringen
kann ich nicht.
Denn das Gute, das ich will,
tue ich nicht; sondern das Böse,
das ich nicht will, das tue ich.

Römer 7, Verse 18b + 19

Ich bin ein Mann, der Gott gefallen will.
Doch seht nun meinen Turm: So hoch er ist,
er reicht doch niemals hoch genug um Gott
auch nur ein Schrittchen nah zu kommen.
So fest er ist, er ist doch niemals fest genug
im Sturm des Lebens zu bestehen. Und wisst
ihr, was der Fehler ist? Er ist aus *toten* Steinen!

Denn nur, was lebt, kann wachsen und
nur, was Hände hat, kann sich verbinden
und halten, wenn es schwierig wird.
Steine töten. Ich habe es gesehen!
Was fehlt, das sind nicht noch mehr Steine.
Mir fehlte einer, der den Stein
vom Grab weg wälzt.

Paulus stößt den Turm mit einem
Fußtritt um. Die Steine liegen lose.
Seht doch: So sind sie besser angeordnet,
so kann man jeden einzeln sehn.
Ihn nehmen und bedenken und mit
ihm machen, was dem Leben dient.
Ich habe auch schon einen Plan …

Er bückt sich. Legt aus Steinen
fast spielerisch ein Kreuz.
Ein Kreuz quer über alle Härte, sagt er,
und Unbarmherzigkeit. Ein Kreuz
der Liebe, die nicht aufgibt, nicht
tötet und nicht stirbt. Die selbst im Tod
zum Leben führt.

Jesus, der gestorben war,
ist auferstanden – Christus.

Ich habe ihn verkannt.
Nun weiß ich, wer er ist.
Und sprech zu Gott:
Mein Vater!

Paulus predigt in Damaskus,
bis Priester und Gelehrte ihn verfolgen,
so dass er fliehen muss.

Er rettet sich nach Cäsarea, nach Tarsus und
Antiochia. Und predigt immer weiter
von Jesus, dem Gekreuzigten, der,
anders als erwartet, doch der Gesalbte Gottes ist.

Jesus, der gestorben war,
ist auferstanden – Christus.

Christus ist des Gesetzes Ende;
wer an den glaubt, der ist gerecht.

Römer 10, Vers 4

Denn welche der Geist Gottes treibt,
die sind Gottes Kinder.

Römer 8, Vers 14

Denn ich bin der Geringste unter
den Aposteln, der ich nicht wert bin,
dass ich ein Apostel heiße,
weil ich die Gemeinde Gottes verfolgt
habe. Aber durch Gottes Gnade bin ich,
was ich bin.

1 Korinther 15, Verse 8 bis 10

Jesu Leben

Gott schenkt den Menschen seinen Sohn

Als der Gottesdienst der Osternacht
vorüber ist und alle Brot gegessen haben,
geht Julia mit Markus heim.
Die Sonne scheint und Vögel singen.
Es ist ein schöner Ostermorgen.

Julia geht langsam, wie im Traum.
Ich glaube, halb und halb, sagt sie,
dass ich verstehe, wie Gottes Sohn
unter uns Menschen litt und starb.
Warum er sich nicht wehrte und
Gott ihn nicht gerettet hat.
Und dass er auferstanden ist.

Ich kann sein Sterben vor mir sehen,
doch nicht sein Leben.
Vater, sagt sie und sieht Markus an:

Ich wüsste gern, wer Jesus war.
Ich möchte wissen, was er sagte,
was er erlebte, was er tat.
Als Mensch, weißt du, *bevor* er starb,
bevor er's allen zeigte.

Und auf dem Weg fragte er seine Jünger
und sprach zu ihnen: Wer, sagen die Leute,
dass ich sei?

Sie antworteten ihm: Einige sagen,
du seist Johannes der Täufer;
einige sagen, du seist Elia; andere,
du seist einer der Propheten.
Und er fragte sie:
Ihr aber, was sagt ihr, dass ich sei?

Da antwortete Petrus und sprach zu ihm:
Du bist der Christus.

Markus 8, Verse 27 bis 29

Markus erzählt: Wie der *Gott-bei-uns* lebt und wirkt

Markus sitzt in seiner Kammer. Er kaut an der Schreibfeder.
Er hat seiner Tochter versprochen zu schreiben,
Jesu Worte und Taten, sein Leben *bevor* er starb.
Deine Tochter hat Recht, haben Markus' Freunde gesagt.
Wir müssen erzählen, was wir wissen. Sonst wird es vergessen.
Du kannst doch gut schreiben, Markus. Schreib es auf.
Markus kaut an der Feder. Er weiß nicht wie.

Da ist ein Mensch bei den Menschen gewesen –
Es ist noch nicht lange her.
Wir wissen, er war Gottes Sohn, Immanuel, das heißt: Gott-bei-uns.
Die Menschen aber wollten ihn nicht und stießen ihn weg.
Wie kann das sein?, fragt sich Markus und kaut an der Feder.
Gottes Sohn, den weist man nicht ab!
Man ehrt ihn und bittet ihn: Bleib!

Ich, ja, ich hätte ihn gleich erkannt,
an seiner Freundlichkeit, seiner Güte, an seinem göttlichen Glanz.
Ich hätte die Tür für ihn aufgetan
und einen Teppich über die Steine geworfen für seine Füße.
Ich hätte ihm Speisen gebracht, roten Wein
und ein Kissen um weicher zu sitzen.

Wir, ja, wir hätten ihn gleich erkannt,
an seinem göttlichen Glanz. –
Oder kann es sein, er hat ihn verborgen,
aus seiner Macht ein Geheimnis gemacht?

Jesus, schreibt Markus auf das leere Papier. Das ist die Überschrift.
Und dann schreibt er weiter:

Jesus
Wie der Gott-bei-uns lebt und wirkt.

Markus denkt: Es muss doch ein Zeichen gegeben haben

Es war in der Wüste, doch nahe beim Fluss:
Am Jordan stand Johannes, ein struppiger Mann.
Nicht Essen noch Kleidung waren ihm wichtig.
Er hatte kein Dach über dem Kopf.

Gebt Acht, rief Johannes, Gott kommt
schon bald und dann wird er zürnen!
Wascht euch, schreit er, wascht rasch all die
Fehler ab, die an euch kleben wie Dreck!

Wer ihn hört, bekommt Angst, Angst vor Gott,
taucht tief in die Fluten des Jordan und
rubbelt und wäscht. Geht auch der Dreck ab,
der tiefer sitzt, im Herzen und nicht auf der Haut?

Da kommt ein Mensch, staubig und arm,
struppig fast wie Johannes. Da braucht es
viel Wasser, denken die Leute. Aber Johannes
läuft ihm entgegen und weint.

Da kommt Gott, ruft Johannes, doch anders,
ganz anders, als ich es dachte! Die Leute
schauen sich an und verstehen kein Wort.
Ein Geheimnis, flüstern sie leise.

Jesus heißt der Mensch und er lässt sich
wie alle im Jordan taufen. Da geht der
Himmel über ihm auf. Eine Taube flattert
und Gottes Stimme ruft laut:

Du bist mein Sohn. Ich habe dich lieb.
Gott-bei-uns – das ist dein Name.
Die Leute sehen sich an. Auf einmal
haben sie Mut. Den Dreck von den Herzen –
Gottes Sohn kriegt ihn ab.

Es ist eine Stimme
eines Predigers in der Wüste:
Bereitet den Weg des Herrn,
macht seine Steige eben.

Johannes predigte und sprach:
Es kommt einer nach mir, der ist stärker
als ich; und ich bin es nicht wert,
dass ich mich vor ihm bücke und die
Riemen seiner Schuhe löse.
Ich taufe euch mit Wasser; aber er wird
euch mit dem Heiligen Geist taufen.

Markus 1, Verse 2 + 3 und Verse 7 + 8

Und da geschah eine Stimme
vom Himmel:
Du bist mein lieber Sohn, an dir habe
ich Wohlgefallen.

Markus 1, Vers 11

Markus fragt sich: Warum macht Jesus aus seiner Macht ein Geheimnis?

Jesus ist Gottes Sohn. Gottes Sohn hat Macht. Er kann alles machen.
Aber er macht's nicht!

Da ist er in der Wüste.
Die Sonne brennt. Es ist heiß.
Er findet keinen Schatten.
Mach dir Schatten,
sagt der Teufel. Kannst du doch.

Will ich nicht, sagt Jesus.
Welcher Mensch kann sich
Schatten machen in der Wüste?
Ich muss verbrennen wie er.

Die Sonne brennt weiter.
Es wird heißer und trocken.
Er findet kein Wasser.
Mach dir Wasser,
sagt der Teufel. Kannst du doch.

Will ich nicht, sagt Jesus.
Welcher Mensch kann sich
Wasser machen, wenn er Durst hat?
Ich muss dürsten wie er.

Wilde Tiere kommen
und greifen ihn an.
Er kann nicht fliehen.
Mach, dass sie dir nichts tun,
sagt der Teufel. Kannst du doch.

Will ich nicht, sagt Jesus.
Welcher Mensch kann sich
schützen, wenn Schmerz droht?
Ich muss Schmerzen erleiden wie er.

Warum?, fragt der Teufel.
Du hast es nicht nötig.
Ich bin Gottes Sohn, sagt Jesus.
Mein Name ist Gott-bei-uns.
Ich muss leben und fühlen wie alle.

Gut, sagt der Teufel,
dann lass doch mich
für dich Schatten machen,
Wasser und Brot holen
und alle wilden Tiere töten.

Nein, sagt Jesus,
das will ich nicht.
Geh jetzt weg, ich will
dich nicht wiedersehen.
Ich gehe auch.
Ich suche Menschen.

Markus überlegt, was Jesus wohl als Erstes tat

Es ist eine Menge, was Markus über Jesus weiß.
Die Gemeinde kennt viele Geschichten von Wundern und Streit, von Gebeten, Gleichnissen und Predigten. Zu viel, denkt Markus, so viele Perlen – aber wo ist das Band, sie aufzufädeln?

Da kommen seine Freunde.
Thomas hat ein Bündel Schriftrollen bei sich: Das alles hat Jesus gesagt. Ich habe mir alle Wunder erzählen lassen, die Jesus tat, sagt Philippus.
Und ich habe nachgefragt, wo Jesus überall war, sagt Cornelia, Markus' Frau.
Wie er gestorben ist, das wissen wir alle, sagt Thomas.
Was brauchst du noch?

Freunde, sagt Markus plötzlich. Ich glaube, so fing es an:
Jesus brauchte Freunde …

Johannes der Täufer wird verhaftet

Drei Dinge fürchtet der König Herodes,
im Land von Abraham, Mirjam und Mose.

Er fürchtet Gott, den Schöpfer,
den Vater der Menschen,
Israels obersten König.
Aber er denkt: Gott ist weit weg.

Er fürchtet den Kaiser in Rom,
der herrscht über die ganze Welt.
Trotzdem, denkt Herodes:
Auch der Kaiser ist weit weg.

Am meisten fürchtet Herodes,
er könnte seine Krone verlieren.
Der Kaiser hat sie ihm aufgesetzt.
Was, wenn er sie wiederhaben will?

Aber das wird nicht geschehen,
denkt Herodes. Solange es
keinen Ärger gibt. Und vor allem
keinen Aufstand!

Herodes erschrickt, als er hört:
Da ist ein Mann in der Wüste und ruft
und alle laufen ihm zu.
Das sieht nach Aufstand aus.

Und dann, was der Mann sagt:
Gott kommt. Höchst beunruhigend!
Er muss wohl lügen, denkt Herodes.
Gott ist ja weit, weit weg.

Und so soll es bleiben.
Vor lauter Sorge
lässt Herodes den Täufer
Johannes ins Gefängnis werfen.

Das wird euch nichts nützen, denkt Jesus.
Auch wenn ihr eure Augen zumacht, eure Ohren verschließt und Gottes Boten einsperrt, ändert es nichts:
Gott kommt. Nur, dass er nicht zornig über euch ist, wie Johannes gesagt hat, sondern furchtbar traurig!
Und Jesus geht im Land umher und ruft:

Gott will nach euch sehen.
Er sorgt sich um euch.
Öffnet eure Türen.
Öffnet die Augen und die Ohren.
Öffnet eure Herzen und lasst euch bewegen.
Denn Gott hat euch lieb.

Jesus fragt Simon und Andreas, ob sie mit ihm gehen

Jesus wandert am Ufer des Sees Genezaret entlang und sieht den Fischern bei der Arbeit zu.
In Netzen fangen sie, was sie zum Leben brauchen.
Die Netze zu knüpfen, zu säubern, zu flicken, das alles macht viel Arbeit.
Und wenn der Fischer seine Netze auswirft, weiß er nie, was er fangen wird. Ob es genug sein wird?

Du bist wohl kein Fischer, sagen zwei der Fischer zu Jesus, als sie ihn stehen und zuschauen sehen.
Denn seine Augen sind weit offen, als sähe er alles zum ersten Mal.
Es geht mir um Menschen, nicht um Fische, sagt Jesus.
Und sie sollen ihr Leben nicht lassen, sondern bekommen Leben geschenkt. Aber sonst ist es fast dasselbe.

Wenn ich ein Netz hätte
um sie zu sammeln und zurückzubringen,
würde ich Tag und Nacht arbeiten
mit diesem Netz.

Die beiden Fischer lachen. Du redest in Rätseln, sagen sie. Aber den Sinn unserer Arbeit hast du gut verstanden.
Was willst du bei uns? Jesus schaut sie an. Was ich will?
Ach, geht doch mit mir. Wir wollen's versuchen.

Jesus sprach:

Die Zeit ist erfüllt und das Reich Gottes ist herbeigekommen.
Tut Buße und glaubt an das Evangelium!

Markus 1, Vers 15

Und Jesus sprach zu ihnen:

Folgt mir nach.
Ich will euch zu Menschenfischern machen.

Markus 1, Vers 17

Versuchen, fragen sie, was denn?
Ob wir Gottes Kinder sammeln können,
so wie ihr eure Fische fangt.
Zum Leben.

Sie schütteln verwundert die Köpfe.
Das klingt wie ein frischer Wind,
sagt der eine, Simon, zu dem anderen, seinem Bruder Andreas.
Ich weiß nicht, warum, aber ich gehe mit.
Andreas nickt.
Sie geben Jesus die Hand und sagen ihm ihre Namen.
Simon und Andreas, Brüder.

Jakobus und Johannes gehen auch mit

Jesus, Simon und Andreas wandern am Ufer des Sees weiter.
Wo wollen wir hin?, fragt Simon. Jesus hat lange nichts mehr gesagt.
Wo Menschen sind, sagt Jesus. Andreas und Simon bleiben stehen.
Sie schauen sich an. Ich dachte, du hast einen Plan, sagt Andreas.
Das ist der Plan, sagt Jesus. Andreas schluckt.
Dann fängt er an zu lachen. Jesus lacht auch und Simon auch.

Da sind zwei andere Fischer, Johannes und Jakobus.
Sie flicken ihre Netze. Als sie das Lachen hören, stutzen sie.
Sie sehen sich um. Andreas, sagt Johannes. Warum lachst du so?
Wir haben einen Meister, sagt Andreas,
der ganz genau weiß, was er will.
Er lacht wieder. Jakobus und Johannes lachen auch.

Das klingt wie ein frischer Wind, sagt Jakobus zu Johannes.
Ich weiß nicht, warum, aber ich gehe mit.
Johannes nickt. Sie geben Jesus die Hand und sagen ihm ihre Namen.
Jakobus und Johannes, Brüder.

Seht ihr, sagt Jesus. Ihr habt schon angefangen …
Womit denn, Meister?, fragt Andreas.
Menschen zu sammeln, sagt Jesus.

Ich weiß was, sagt Simon. Wir gehen nach Kapernaum.

Markus erkennt: Jesus heilt mit Worten und Taten

Kapernaum, sagt Cornelia zu den Freunden, damit fing es an.
Jesu Heimatstadt ist Nazareth. Er heißt ja Jesus von Nazareth.
Nazareth liegt in Galiläa, westlich des Sees.
Lass ihn erst am See entlang wandern, Markus, und dann nach Jerusalem.

So ist es gewesen, sagt Philippus eifrig. Und er hat Wunder getan, von Anfang an.
Da haben die Leute aufgehorcht.
Nein, widerspricht Thomas. Vorher hat er gepredigt. Wenn sie gut zugehört haben, hat er sie hinterher auch geheilt.
Aber nein, ruft Markus. Stell dir vor, du hast Kopfweh oder Fieber oder auch ein furchtbar schlechtes Gewissen. Würdest du dann eine *Predigt* hören?
Ich würde sagen: Der hat klug reden, gibt Thomas zu.

Hier ist ein Wort von Jesus, das passt dazu, sagt Cornelia.

> Was ist schwerer, hat Jesus gefragt,
> einem Menschen, der Gott davongelaufen ist, zu sagen:
> Gott hat dich immer noch lieb.
> Oder einem Gelähmten zu sagen:
> Steh auf. Du kannst laufen.

Jesus predigt und vertreibt einen unruhigen Geist

Simon hat Jesus in das Gebetshaus von Kapernaum geführt.
Hier, sagt er, du suchst doch Menschen.

Es ist der siebte Tag der Woche, Gottes Ruhetag,
von dem Gott gesagt hat: Der siebte Tag der Schöpfung
ist ein gesegneter Tag. Da sollst du ruhen, nicht raffen.
Viele Menschen sind im Gebetshaus und loben Gott.

Guter Gedanke, Simon, sagt Jesus. Ohne zu zögern
stellt er sich vor die Betenden hin. Hört zu, sagt er,
Gott will sich euch zeigen.

Ihr glaubt, Gott ist weit weg.
Ihr hofft, dass eure Opfer und Gebete dafür sorgen,
dass es dabei bleibt.
Denn ihr habt Angst vor Gott.
Ihr glaubt, es wäre gut, wenn er euch nur in Ruhe lässt.

Aber seid ehrlich, ist es wirklich gut,
von Gott in Ruhe gelassen zu werden?
Wäre es nicht besser, Gott würde euch fest in die Augen sehen?
Er würde euch anlächeln und an die Hand nehmen
und euch sagen: Habt keine Angst; traut doch auf mich.

Als Jesus das sagt, kommt es den Menschen so vor,
als könnten sie Gottes Lächeln sehen,
als hörten sie seine Stimme
und spürten den Druck seiner Hand.

Gott ist nicht weit fort, sagt Jesus. Er ist hier, bei uns.
Alle, die es hören, rufen Amen. So ist es.

Ein Mann aber ist da, der kann nicht zuhören,
denn in ihm ist ein unruhiger Geist.
Der sieht immer nur das Böse und vermutet
hinter jedem guten Wort eine Falle,
denn niemand hat ihn jemals lieb gehabt.

Der Mann ruft laut: Jesus von Nazareth,
was willst du von uns? Ich weiß, du kommst
von Gott. Du kommst uns zu bestrafen!

Aber Jesus geht zu ihm hin und sieht ihm fest in die Augen.
Er lächelt und nimmt den Mann bei der Hand.
Hab keine Angst, sagt er. Trau doch auf mich.
Ich meine es gut.

Da wird dem Mann warm ums Herz.
Kann es sein, flüstert er: Du hast mich lieb?
Dann ist der Augenblick vorbei. Der Mann hält es nicht länger aus.
Er reißt sich los und rennt davon.
Gott ist nah, schreit er. Und alles, alles ist neu!

Und sie entsetzten
sich über seine Lehre;
denn er lehrte mit
Vollmacht und nicht wie
die Schriftgelehrten.

Markus 1, Vers 22

Simon nimmt Jesus mit zu sich nach Hause

Ich zeige dir mein Haus, sagt Simon zu Jesus. Es ist gleich um die Ecke.
Guter Gedanke, Simon, sagt Jesus.
Seine Augen sind weit offen, als sähe er alles zum ersten Mal.

Vielleicht kannst du meine Schwiegermutter ansehen, sagt Simon.
Sie hat Fieber. Sie ist zu schwach um aufzustehen.
Jesus setzt sich gleich an ihr Bett. Er sieht ihr fest in die Augen.
Er nimmt ihre Hand.
Bist du krank?, fragt er.
Ich bin alt, sagt sie.
Wer sagt das?, fragt er und lächelt.
Da lächelt sie auch.

Jesus hat die Oma gesund gemacht, ruft eines der Kinder und
läuft aus dem Haus.
Er hat sie angesehen, da ist sie aufgestanden.
Jesus hat die Oma geheilt!

Der Ruf wandert durch die ganze Stadt.
Jesus hat Simons Schwiegermutter geheilt.
Jesus kann heilen.
Ein großer Heiler ist in der Stadt.

Alle, die krank sind – oder sich krank fühlen –
versammeln sich vor Simons Haus.
Mit der Ruhe ist es aus.
Simon, Andreas, Jakobus und Johannes sehen einander fassungslos an.
Wenn er jetzt wegläuft, geh ich zurück zu den Netzen, sagt Jakobus.
Sein Bruder nickt. Andreas probiert ein verlegenes Lachen.

Tu was, sagt Simon zu Jesus.
Guter Gedanke, Simon, sagt Jesus.

Er nimmt einen Korb mit Brot und geht mitten in die Menge hinein.
Jede und jeder, der da ist, bekommt ein Stück Brot,
einen Händedruck und ein Lächeln.

Ein Meister, der ganz genau weiß, was er will, murmelt Andreas.
Jakobus schüttelt den Kopf. Sie sind nicht gekommen um zu essen.
Sie sind gekommen um Gottes Nähe zu spüren.

Jetzt weiß ich's, ruft plötzlich einer der Kranken.
Er ist mit Krücken gekommen.
Die wirft er weg.
Gott ist uns nahe gekommen, ruft er und hüpft vor Freude
wie ein Kind.
Ja, rufen andere.
Er hat Recht.
Gott ist da!

Da fallen Augenbinden zu Boden und Ohren öffnen sich.
Gekrümmte Rücken werden gerade und stumme Schreie
werden laut.

Was hast du getan?, fragt Andreas, als Jesus spät in der Nacht
ins Haus zurückkommt.
Was Simon gesagt hat, antwortet Jesus.

Sie sind alle fort, ruft Jakobus von der Tür.
Meister, sind sie alle geheilt?
Natürlich, sagt Simon mit leuchtenden Augen.
Ich bin mir nicht sicher, sagt Jesus.
Aber, Meister! Simon protestiert. Sie haben ja ihre Krücken
zurückgelassen. Sieh doch: Da liegt ein ganzer Haufen vor der Tür!
Ich bin mir nicht sicher, wiederholt Jesus, ob sie wissen,
was das ist: heil sein. Ich fürchte, sie werden mich
für einen Zauberer halten.

Simon, sagt Jesus am Morgen. Wir müssen fort.

Jesus heilt einen Gelähmten

Jesus und seine vier Jünger kommen erst nach Tagen
zurück in Simons Stadt. Sie sind von Ort zu Ort
gewandert. Und überall hat Jesus
gepredigt und geheilt,
geheilt und gepredigt,
alles zusammen.

Wir wollen ausruhen, sagt Simon zu Jesus und führt ihn wieder in sein Haus. Guter Gedanke, Simon, sagt Jesus. Er tritt ein.
Sagtet ihr, ausruhen?, ruft Jakobus von der Tür.
Johannes tritt neben ihn. Meister, sie kommen in Scharen, sagt er, damit du sie heilst.
Jesus seufzt. Dass es so viel Unheil gibt!

Willst du weglaufen?, fragt Jakobus.
Ich will dich nicht enttäuschen, Jakobus, sagt Jesus.

Das Haus ist voll bis in die letzte Ecke. Diesmal sind es Menschen ohne Krücken. Sie wollen hören, was Jesus zu sagen hat.
Sie lauschen atemlos.

Gott ist nah?
Das haben sie nicht gewusst.
Nicht einmal, dass es gut wäre, ihn nahe zu wissen …

Sie lauschen.
Da hören sie ein Knarren und Ächzen.
Eine Last kommt von oben.

Es ist ein Bett, sagt Jakobus zu Johannes.
Mit einem Gelähmten darauf, sagt Johannes.

Seine Freunde haben das Dach abgedeckt und lassen den Kranken an Seilen zu Jesus herab. Jesus unterbricht seine Predigt.
Er schaut nach oben.
Warum macht ihr das?, fragt er.
Er läuft ja nicht selbst, sagen sie. Hilf ihm, Herr.
Das habt ihr gut gemacht, sagt Jesus.

Dann beugt er sich über den Kranken. Er legt
ihm seine Hand auf die Stirn. Er sieht ihn an.
Du bist weit fortgelaufen, nicht wahr, sagt er leise.
Herr, flüstert der Mann erschrocken.

Ich floh vor Gott, doch er war schneller.
Da ließ ich mich fallen und wurde starr.

Gott wartet auf dich, sagt Jesus, er will sich mit dir versöhnen.
Wo?, fragt der Mann und richtet sich auf.
Es sind nur ein paar Schritte, sagt Jesus.

Da fangen die Leute, die zuhören, zu murren an.

Er beleidigt Gott, sagen sie.
Wie kann er wissen, wo Gott ist?
Wie kann er versprechen, dass Gott sich versöhnt?
Und überhaupt: Was bildet er sich ein?

Jesus hört, was sie sagen. Er richtet sich auf.

Was ist denn schwerer zu glauben?, fragt er laut.
Dass Gott es gut meint, auch mit diesem Mann? Oder
dass ich seine Starre überwinde?

Meister, tu's, sagt Simon ihm ins Ohr. Denn das
können sie wenigstens *sehen.*

Jesus seufzt. Ach, dass es so viel Unheil gibt.
Na, mach schon, sagt er zu dem Mann. Wie ich dir sagte:
ein paar Schritte nur.

Da springt der Mann von seinem Bett,
klemmt sich die Trage unter den Arm
und geht damit nach draußen.
Die Menge macht ihm jubelnd Platz.

Nur manche kauen ratlos an den Nägeln.
Ja, darf es denn – ja, kann es denn
so was überhaupt geben?

Als nun Jesus ihren Glauben sah,
sprach er zu dem Gelähmten:

Mein Sohn, deine Sünden sind dir
vergeben.

Markus 2, Vers 5

Wie redet der so? Er lästert Gott!
Wer kann Sünden vergeben als Gott allein?

Markus 2, Vers 7

Markus betont: Jesus kommt zu denen, zu denen keiner kommt

Markus spürt dem Geheimnis nach, das um Jesus liegt. Die Kranken haben seine Macht erkannt, die Unbeschwerten aber zweifeln und scheuen sich vor einem Mann, der andern Lasten nehmen kann.

Markus zieht eine der Schriftrollen hervor, auf denen die Worte Jesu stehen.

> Ich komme zu denen,
> zu denen niemand kommt.
> Denn die allein zurechtkommen,
> wozu sollten die mich brauchen?

Die schlimmste Krankheit jener Zeit,
die ist, so wie ihr Name sagt: der Aussatz.
Sie setzt dich außen vor die Stadt, sie
setzt dich fern von Freunden und Familie.
Es darf sich niemand zu dir setzen
und niemand ein Glas Wasser mit dir teilen.

Denn Aussatz steckt bisweilen an.
Wer Mitleid zeigt, muss vielleicht leiden
so wie du. Aussatz heißt: Die Nerven
setzen aus. So dass du nicht mehr spüren
kannst Kälte noch Hitze, Schnitt noch Stoß.
Du nimmst dich nicht in Acht.

Und so verlierst du Finger, Hände,
Nase, Füße – und hast es nicht gemerkt.
Die Folgen aber, die bemerkst du, bist
hässlich und gezeichnet und entstellt,
unübersehbar krank. Bist draußen und
du spürst den Schmerz der Einsamkeit.

Den schlimmsten Ruf in jener Zeit,
den haben wohl die Zöllner. Sie sitzen
an den Straßen, draußen vor der Stadt. Sie
sitzen und kassieren. Zollgebühren für
den Geldsack Roms, von Männern, die des
Kaisers Stadt dem Namen nach nur kennen.

Zoll heißt: Das Land hat einen fremden
Herrn, der nichts ist außer stärker. Und
Zöllner heißt: Einer von uns steht auf der
Seite der Tyrannen. Kann er das Unrecht
nicht mehr spüren? Das Unglück Israels,
das einmal frei und glücklich war?

Zöllner heißt: Er fordert, was er will.
Die eine wäscht die andre Hand, sagt Rom.
Nimm dir, was wir nicht brauchen. So haben
Zöllner keine Freunde, denn Rom ist fern.
Die Heimat aber haben sie verraten.
Sie spürn den Schmerz der Einsamkeit.

Gehen wir, sagt Jesus zu den Jüngern, die ihm folgen.
Es sind inzwischen mehr geworden.
Thomas und Thaddäus sind dazu gekommen, als Siebter
noch Bartholomäus.
Nicht wegen der Wunder, sagt Bartholomäus.
Es freut mich, dass ihr wandert
und dass ihr nach den Menschen seht.
Da hat ihn Jesus gleich umarmt und ihm gesagt: Ja, komm.

Jesus bringt den Ausgesetzten heim

Draußen auf der Landstraße kniet im Staub ein Mann.
Aussätzig, aussätzig, müsste er rufen, um alle zu warnen,
die sich ihm nahen.
Er tut es nicht. Er kniet stumm da und wartet.

Nicht weiter, Jesus, sagt Andreas und packt den Meister an der Schulter.
Siehst du denn nicht …?
Jesus nickt. Seine Augen sind weit offen, als sähe er zum ersten Mal.
Der Mann hat Aussatz, sagt Jakobus.
Nur auf der Haut, sagt Jesus.
Tu was, sagt Simon.
Guter Gedanke, Simon, sagt Jesus.

Du kannst mich heil machen, sagt der Mann mit dem Aussatz
auf der Haut.
Du musst nur wollen.
Ich will, sagt Jesus. Er reicht ihm die Hand.

Der Mann steht langsam auf. Einfach so, Herr?, flüstert er.
Nicht einfach so, sagt Jesus. Das nützt dir nichts.
Wenn du zurück nach Hause
willst und mit den andern leben, dann geh erst zu den Priestern,
dass sie dich anschauen.
Sie sollen dich segnen und sagen: Komm wieder herein.
Herr, sagt der Geheilte, ich werde den Priestern sagen:
Du bist mehr als alle Priester.
Und wem du die Hand reichst, der ist gesegnet zum Leben.
Nein, sagt Jesus. Sag das nicht.
Er wendet sich rasch ab.

Jesus, sagt Simon, als sie weitergehen. Warum hast du ihn abgewiesen?
Er war dir dankbar.
Habe ich ihn abgewiesen, Simon?, fragt Jesus.
Habe ich ihm nicht vielmehr … den Weg *nach Haus* gewiesen?

Jesus nimmt den Ausgestoßenen an

Gehen wir, sagt Jesus zu denen, die ihm folgen.
Es sind schon wieder mehr geworden.
Matthäus und Judas sind dazu gekommen,
noch ein Simon und Philippus.
Wegen der Wunder, hat Judas gesagt. Ich weiß: In dir steckt einfach … mehr.
Wenn du es eines Tages allen zeigst, dann will ich unbedingt dabei sein.
Da hat Jesus gewankt und abwehrend die Arme ausgestreckt.
Schick ihn weg, hat Simon geflüstert.
Guter Gedanke, Simon, hat Jesus gesagt, und zu Judas: Dann komm!

Draußen an der Landstraße sitzt am Zoll ein Mann.
Am liebsten würden alle einen großen Bogen um ihn machen.
Stattdessen müssen sie zu ihm. Sie müssen ihre Waren zeigen
und zahlen, was der Mann verlangt.

Sie spucken auf die Erde.
Levi, flüstern sie untereinander,
wisst ihr: Er ist Alphäus' Sohn, aus einer der besten Familien.
Was ist aus ihm geworden?
Ein Verräter.
Freund der Römer.
Nein, nicht einmal das.
Niemandes Freund.
Sie lachen grimmig und ziehen ihren Weg. Sie schauen sich nicht um.

Levi sitzt und zählt das Geld. Er macht daraus zwei Haufen, einen für Rom,
einen für sich. Er ist reich – an Geld.

Du bist arm, Levi, sagt eine Stimme, nicht wahr?
Ja, sagt Levi.
Das kannst du ändern, sagt die Stimme. Komm mit.
Ja, sagt Levi.

Warum hast du das getan?, fragt Judas,
als sie weitergehen. Ich hasse alle Römer.
Doch noch mehr hass ich Römerfreunde.
Ich gehe mit dem, mit dem sonst niemand geht,
sagt Jesus. Die anderen haben schon Gesellschaft.

Und es begab sich, dass er zu Tisch saß
in seinem Hause, da setzten sich viele
Zöllner und Sünder zu Tisch mit Jesus und
seinen Jüngern; denn es waren viele, die
ihm nachfolgten.
Und als die Schriftgelehrten unter den
Pharisäern sahen, dass er mit den
Sündern und den Zöllnern aß, sprachen sie
zu den Jüngern: Isst er mit den Zöllnern
und den Sündern?
Als Jesus das hörte, sprach er zu ihnen:

Die Starken bedürfen keines Arztes,
sondern die Kranken. Ich bin gekommen,
die Sünder zu rufen und nicht die
Gerechten.

Markus 2, Verse 15 bis 17

Markus weiß: Jesus erregt Anstoß

Es ist Nacht. Markus hat nicht gemerkt, wie es dunkel wurde,
so eifrig hat er geschrieben.
Es gefällt ihm, wie Jesus umherwandert und Menschen rettet.
Aber anderen hat es nicht gefallen, denkt er.
Und das war der Anfang vom Ende.

Gott ist weit fort. Und dort, hoffen die
Priester, wird er bleiben.
Er könnte sonst die Ruhe stören.
Da ist es besser: Gott betäuben, mit
Worten und Gebeten. Mit Opferrauch
ihm seine Augen trüben.
Das tun wir nur für euch, erklären sie
dem Volk. Denn ihr kennt Gott nicht gut
genug; wir müssen für euch sprechen.
Es ist ein strenger, harter Dienst.
Dass wir ihn tun, sollt ihr uns danken.
Gehorcht und achtet uns.
Was sind wir *gut*!

Gott ist weit. Und doch sieht er uns an.
Das sagen die, die Moses Bücher lesen,
die Schriftgelehrten und die Pharisäer:
Gott sieht uns zu und zählt die guten
Taten. Sind es genug, dann lobt er uns
und merkt sich unsere Namen.
Sind aber Makel noch zu finden, dann
werden wir bestraft. So mühn wir uns
von früh bis spät. Und deshalb sind
wir *besser*. Besser als die,
die Gottes Willen schlecht befolgen.
Besser und stolz.

Kommt, gehen wir, sagt Jesus und alle Zwölf gehen ihm nach.
Ja, zwölf sind sie und zwölf sollen sie bleiben.
Die Zwölf ist eine gute Zahl, hat Jesus neulich auf dem Berg gesagt.
Warum denn ausgerechnet zwölf?, hat Simon ihn gefragt.

Mann, bist du dumm, hat Judas ausgerufen.
Zwölf waren doch die Söhne Jakobs und zwölf die Stämme Israels.
Erster von Zwölfen ist nun Jesus, der neue König Israels!

Simon ist rot geworden. Was Judas redet, klingt sehr klug.
Doch: Muss ein Fischer daran denken?

Andreas stößt ihn an. Ist das der Plan?, fragt er. Will Jesus König werden?
Davon hab ich noch nie gehört! – So rufen alle durcheinander.
Simon murmelt: Guter Gedanke, Jesus … – Als alle lachen, bleibt er still.

Ein Fels bist du, sagt plötzlich Jesus. Er legt die Hand auf Simons Schulter.
Und so will ich dich nennen.
Mach dich nicht lustig, sagt der Fischer traurig.
Doch Jesus meint es ernst. Petrus, sagt er. Ich bau auf dich.

Petrus ist das Wort für Fels.

Zwei Pharisäer fordern Jesus heraus

Da hängen Ähren an den Halmen, seitlich des Weges, den sie gehen.
Sie sehen prall und schmackhaft aus.
Ich habe lange nichts gegessen, sagt Thomas zu Andreas.
Ich glaube fast, ich kann nicht widerstehen.
Er rauft, als sie vorübergehen, ein paar der reifen Ähren aus.
Als er sie kaut und freudig lacht, da machen alle mit.

Zwei Pharisäer sehen, wie sie mit großem Eifer
die Körner von den Halmen ziehen.
Sie heben ihre Augenbrauen und sagen: Das ist *Arbeit!*

Verstohlen nähern sie sich Jesus,
der abseits geht, mit einem Lächeln über seine Jünger.

Meister, spricht einer der beiden Jesus an. Man sagt, du bist so klug.
Da weißt du sicher, welchen Tag wir heute haben.

Den siebten Tag, sagt Jesus, den Tag, von dem Gott sagt:
Der siebte Tag der Schöpfung ist ein gesegneter.
Da sollst du ruhen und nicht raffen.

Nicht raffen, wiederholt der Pharisäer. Ja.

Wer Gottes Gebote nicht achtet, muss sterben, sagt der andere.
So fordert es der Hohepriester und auch König Herodes.

Scharfe Blicke werfen sie auf Thomas und die Jünger.
Sind sie nicht deine Schüler, Meister?
Solltest du ihnen nicht sagen, was Sitte ist am siebten Tag?

Habt keine Angst, sagt Jesus und lächelt sie an.
Was wichtig ist zum Leben, das lernen sie bei mir.

Ha, ruft der zweite Pharisäer. Nun bist du überführt!
Du hältst den Tag der Gottesruhe für nicht wichtig?

Jesus hebt die Schultern und wendet sich ab.
Sieh dir doch ihre Gesichter an, sagt er ärgerlich.
Sind sie nicht fröhlich wie das Gesicht des Schöpfers
nach getaner Tat?

Der Sabbat ist um
des Menschen willen gemacht
und nicht der Mensch um
des Sabbats willen.
So ist der Menschensohn ein
Herr auch über den Sabbat.

Markus 2, Verse 27 + 28

Die Pharisäer stellen Jesus eine Falle

Kommt, sagt Jesus zu den Zwölf. Da vorn ist ein Gebetshaus.
Die Pharisäer haben mich erinnert: Heute ist der Tag der Gottesruhe.
Das hast du vorher schon gewusst, bemerkt Jakobus.
Oder nicht?

Jakobus, sagt Jesus. Ich werde dich nicht enttäuschen.

Meister, sagt Simon, der jetzt Petrus heißt. Weißt du,
was im Gebetshaus auf dich wartet?
Jesus bleibt stehen. Was kann dort anderes sein als Gottes Nähe,
Petrus?

Die beiden Pharisäer, sagt Andreas. Ich habe sie gesehen.
Sie eilten uns voraus. Sie flüsterten.
Sie mögen dich nicht.
Sie führen nichts Gutes im Schilde.

Sie mühen sich um Gott wie ich, sagt Jesus.

Viele Menschen haben sich versammelt.
Als Jesus ins Gebetshaus tritt, wenden sie sich um
und sehen ihm entgegen.

Die beiden Pharisäer stehen für sich
und ihre Blicke gleiten von ihm ab
zu einem Mann. Der kann die Hand nicht mehr bewegen.

Tu nichts, flüstert da Petrus. Wenn du ihn heilst, werden sie sagen,
du achtest Gottes Ruhe nicht, und könnten dich verklagen.
Guter Gedanke, Petrus, sagt Jesus zu ihm.
Und zu dem Kranken: Komm!

Der Kranke tritt vor. Alle starren ihn an.
Herr, stammelt er. Ich will nichts.
Jesus sieht ihn an. Er sieht ihm bis ins Herz.
Nichts, Josef?, fragt er leise. Bist du sicher?

Herr, um dich zu prüfen, haben sie mich hergeholt,
sagt ihm der Mann verlegen. Beachte mich am besten nicht.
Sieh, meine Hand, die ist schon lange, wie sie ist.
Ich habe mich daran gewöhnt.

Daran gewöhnt, Josef?, fragt Jesus und sieht ihn
wieder lange an. Da senkt der Mann den Kopf und weint.

Am siebten Tag, sagt Jesus, freute Gott, mein Vater,
sich an allen Wundern seiner Schöpfung.
Und hat uns dazu eingeladen,
dass wir uns mit ihm freuen.

Wie kann ich dir denn Freude machen, Josef,
der du gar nichts willst und dich an alles schon gewöhnt hast?
Herr, sagt der Kranke. Heil möcht ich sein.
Dann sei es, sagt Jesus. In Gottes Namen.

Du hast ihn geheilt, sagt Thomas, als sie weitergehen.
Jesus ist ernst und traurig.
Er hat schon Größeres getan, sagt Johannes zu Jakobus,
seinem Bruder. Es war ja nur die linke Hand.
Nicht um ein Wunder zu tun, tat er es, meint Bartholomäus.
Er tat es für die Pharisäer.

Meister, woher kanntest du des Mannes Namen?, fragt Andreas.
Ich hab ihn angesehen, sagt Jesus in Gedanken.

Meister! Judas und Matthäus kommen angerannt. Sie sind,
nach der Heilung, noch im Gebetshaus geblieben.
Die Pharisäer wollen zu König Herodes gehen
und ihm Wort für Wort berichten, was du gesagt hast und getan!

Matthäus ist außer Atem. Judas fällt ihm ins Wort.
Sie wollen sagen: Jesus lügt und er beleidigt Gott; wir müssen
ihn zum Schweigen bringen.

Was fürchten sie?, fragt Jesus Judas.
Aufstand, ruft Judas.
Dass Gott zornig wird, antwortet Matthäus, über dich und über alle.
Gott liebt das Leben, nicht den Tod, sagt Jesus
und geht weiter.

Und er sprach zu ihnen:

Soll man am Sabbat Gutes tun
oder Böses tun, Leben erhalten
oder töten?

Sie aber schwiegen still.

Markus 3, Vers 4

Markus lässt sich ablenken: Ist Jesus doch ein Zauberer?

Weißt du, was die Pharisäer und Schriftgelehrten über Jesus sagten,
fragt Thomas aufgeregt.
Sie haben gesagt: Jesus leiht sich Macht vom Teufel! –
Ich weiß, sagt Markus müde.

Aber Jesus wusste eine Antwort, sagt Philippus triumphierend.
Hier steht es, Jesus sagte:

> Sind meine Wunder denn nicht gut?
> Sie dienen doch dem Leben.
> Wie könnte ich dem Leben dienen,
> wenn ich doch selbst des Teufels wäre?

Kommt, wir fahren ans andere Ufer, sagt Jesus zu den Zwölf.
Mit einem Boot fahren sie über den See.
Drüben warten viele Menschen.

Meister, es ist besser, du steigst gar nicht aus, rät ihm Jakobus.
Sie könnten dich zerdrücken.
Sie drängen sich doch meinetwegen, sagt Jesus.
Er runzelt die Stirn.

Gewiss, sie wollen heil werden, sagt Johannes.
Aber, Meister, es geht ihnen dabei nicht um dich.
Es geht ihnen nur um sich selbst.

Schau, sagt Johannes. Jesu Blick macht ihn verlegen.
Er deutet ans Ufer. Bewegung entsteht. Die Menschen
rücken beiseite und machen eine freie Bahn.

Nicht für Jesus ist die Bahn, für einen Priester,
den Ersten im Gebetshaus dieses Ortes. Mit wehendem
Mantel eilt er zum Ufer.

Schau, sagt Johannes wieder. Ihn achten sie.
Dich aber quetschen sie nur aus.
Weil sie verzweifelt sind, sagt Petrus. Und weil
nur Jesus helfen kann.

Jesus aber hört nicht mehr. Er ist mit einem großen Schritt
an Land gegangen. Der Priester kniet im Staub.
Die Arme flehend hochgehoben.

Jesus lässt sich anrühren

Die Menge murrt. Ein Priester, der im Staub kniet –
vor einem Menschen, nicht vor Gott!
Jairus, reiß dich doch zusammen!

Jesus beugt sich über ihn. Jairus, meinst du mich?

Meister, sagt der Priester und hebt nicht seinen Blick.
Ich weiß: Du redest falsch von Gott. Doch danach
kann ich jetzt nicht fragen.
Sieh, meine Tochter ist sehr krank.
Wenn du nicht kommst, dann wird sie sterben –
aber, Meister: Sie lebt schrecklich gern!

Ich will das Leben, nicht den Tod, sagt Jesus und
vergisst, dass ihn der Mann beleidigt hat.

Kommt, sagt Jesus und sieht sich nach den Jüngern
um. Johannes nur, Jakobus, als Dritter, Petrus, du.
Wir wollen nach dem Mädchen sehen. Der Rest:
Ihr bleibt und helft den anderen, die hier auf Hilfe warten.

Die Menge macht noch einmal Platz, als nun
der Priester heimkehrt. Zwei Schritte hinter ihm
geht Jesus. Die Jünger bahnen ihm den Weg.

Rasch, sagt der Priester. Meister, rasch!
Sie liegt ja schon im Sterben.

Doch da bleibt Jesus stehen.
Er sieht sich um. Die Augen sind weit offen,
als suchte er unter all den Menschen
den einen, den er sehen will.

Komm, weiter, Meister! Petrus zieht an Jesu Arm.
Was zögerst du? Was ist geschehen?

Ich weiß nicht recht, sagt Jesus leise. Da hat mich
jemand angerührt …
Die Augen Jesu ruhen jetzt auf einer jungen Frau.
… und wurde heil, fährt Jesus langsam fort.
Bist du's?

Und seine Jünger sprachen
zu ihm: Du siehst, dass dich
das Volk drängt, und sprichst:
Wer hat mich angerührt?

Markus 5, Vers 30

Da fängt die Frau zu weinen an. Sie lässt sich vor ihm fallen. Herr, sagt sie, du bist wie ein Quell des Lebens. Wer dich nur anfasst, wird lebendig.

Jesus steht still da. Er überlegt. Da ist viel Wahres dran, sagt er zu Petrus. Und zu der Frau: Hab keine Angst. Nicht lange und das Kind, das du dir wünschst, hältst du in deinen Armen.

Da kommt ein Diener angerannt. Er sucht Jairus, seinen Herrn. Herr, ruft er laut, das Kind, um dessen Leben du den Meister bittest, es ist tot. Der Meister muss jetzt nicht mehr kommen!

Jairus steht wie Stein. Zum ersten Mal blickt er auf Jesus und sieht ihm ins Gesicht,
die Augen dunkel vor Verzweiflung.
Das eine rettest du, das andre lässt du sterben.
Du bist wahrhaftig wie dein Gott.

Gott ist die Quelle des Lebens, sagt Jesus.
Er hat genug für alle und noch mehr.

Was willst du tun?, fragt Petrus.
Was du gesagt hast, Petrus.
Du sagtest ja: Komm weiter.

Das Haus des Jairus ist in Trauer.
Weit tönt das Klagen und das Weinen.
Doch Jesus ist an Jairus' Seite.
Hab keine Angst, sagt er ihm tröstend.
Das Mädchen schläft nur, sagt er laut.

Da lachen sie ihn aus.

Im Innern ist es dunkel. Das Mädchen liegt
auf einem Bett wie tot.
Sie sind vor ihr zurückgewichen.
Selbst Gott, so glauben sie, weicht ja zurück,
wenn Menschen sterben.
Er hat mit ihnen nichts gemein.

Johannes und Jakobus bleiben nah der Tür.
Sie finden Tod unheimlich. Petrus sieht Jesus
fragend an. Meister, sagt er. Tot ist tot.

Sie lebt ja schrecklich gern, sagt Jesus in Gedanken.
Er setzt sich auf das Bett.
Er nimmt das Mädchen an die Hand.
So schrecklich gern, nicht wahr?
Da sehen sie das Mädchen nicken
und Jesus seufzt erleichtert. Dann komm,
sagt er. Steh endlich auf – sie sorgen sich um dich.

Das Mädchen lächelt und kommt langsam hoch.
Sie steigt vom Lager und sagt: Guten Morgen.

Als das geschehen ist, da geht ein Zittern
durch die Menge. Die Menschen werfen sich
zu Boden und flehen laut um Gnade.
Denn wer so mächtig ist, so glauben sie,
der kann auch – mächtig strafen.

Gott will das Leben, nicht den Tod,
sagt Jesus nur und geht. Und wehe, ihr erzählt,
ich hätte andre Macht als nur:
die gute Macht zu heilen!

Judas ist dem Geheimnis Jesu auf der Spur

Judas erwartet Jesus schon am Boot.
Er sieht ihn seltsam an. Judas, es gibt
nichts zu erzählen, sagt Jesus ihm zuerst.
Doch Judas lacht und seine Augen blitzen.

Nur dass du Herr bist über Tod und Leben.

Davon verstehst du nichts, sagt Jesus scharf.
Ich wollte einfach
niemanden enttäuschen.

Du meinst, dass ich es nicht verstehe?, sagt Judas.
Weißt du, was ich gelesen habe?
Gottes Bote Micha hat's gesungen:

So spricht Gott: Wie David kommt ein neuer König,
aus Bethlehem wie David. Ein König, der nicht schlägt
noch schreit. Man nennt ihn Gottes eignes Kind.
Ein Herr des Friedens, der Gerechtigkeit und Milde.
Und ewig wird er herrschen und über alle Menschen.

Du bist es, sagt Judas.
Sein Finger zeigt auf Jesu Brust.
Willst du es leugnen?
Du bist der neue König.

Markus findet:
Alle Menschen sind Jesu Geschwister

Cornelia ist in die Schreibstube gekommen.
Sie sieht Markus über die Schulter.

Eigentlich ist deine Geschichte ziemlich durcheinander, sagt sie.
Jetzt bist du mittendrin – und hast noch gar nichts über Nazareth gesagt, über Jesu Herkunft und seine Familie.

Markus hebt die Schultern. Jesus ist ja Gottes Sohn.

Da ist ein Dorf in der Nähe von Nazareth.
Als die Zwölf es erblicken, sind sie schon lange gewandert.
Lass uns dort einkehren, sagt Thomas.
Meine Füße, Meister, sie wollen nicht mehr weiter.

Hier war ich oft als Kind, sagt Jesus.
Seine Augen sind müde wie die Füße von Thomas.
Der Heiler, tönt es durch das Dorf. Herbei, nur rasch herbei!
Der Heiler ist gekommen.

Schon öffnen sich überall Türen.
Ach, nicht schon wieder. Jesus seufzt.
Er schaut sich Zuflucht suchend um.

Dort hinein, sagt er und zeigt auf ein Haus.
Darin sind nur zwei Frauen. Die Männer sind nicht da.
Ach, Jesus, ruft die eine. Was machst du denn für Sachen?

Rasch holt sie Brot und Früchte und ihre Schwester deckt den Tisch.
Setzt euch, esst und trinkt. Vorher jedoch wascht euch.
Ihr seht ja furchtbar staubig aus.
Nur auf der Haut, bemerkt Andreas lachend.

Das Mahl sieht köstlich aus. Doch können sie es nicht genießen,
denn Menschen quetschen sich ins Haus. Die Tür ist
schon verstopft. Und immer noch mehr drängen nach.
Der Heiler, flüstern sie voll Hoffnung.
Doch Jesus blickt nicht auf.

Da wird die Menge still. Sie stehen mit gesenkten Köpfen.
Meister, sagt Petrus. Sieh sie an.
Weißt du nicht mehr: Du wolltest Menschen sammeln.

Mein Gedanke, Petrus?, fragt Jesus.
Guter Gedanke, Jesus, sagt Petrus.

Kommt!, ruft Jesus plötzlich. Setzt euch.
Setzt euch, wo ihr gerade steht.
Nehmt Brot. Nehmt Wein. Ich weiß jetzt, was wir tun:
Wir feiern, dass wir uns begegnen.

Feiern, sagt Jakobus zu Johannes. Was gibt es da zu feiern?
Wie sollten diese armen Leute fröhlich sein?
Sieh doch, sie sind es, sagt Thaddäus.

Auf einmal liegt Freude auf allen Gesichtern.
Sie sehen einander an. Sie reichen einander die Hände.
Und singen zusammen ein Loblied für Gott.

Die einen singen schön. Die anderen sind es nicht gewöhnt.
Sie singen schräg und schief. Zusammen klingt es laut und
schrill und schmerzt in manchen Ohren. Doch alle haben Freude.

Gott auch, sagt Jesus zu Johannes neben ihm
und Judas' Augen funkeln. Wer ist der König der Ehre?,
sagt er und sieht Jesus an.

Machet die Tore weit und die Türen
in der Welt hoch,
dass der König der Ehre einziehe.
Wer ist der König der Ehre?
Es ist der Herr, stark und mächtig,
der Herr, mächtig im Streit.

Machet die Tore weit und die Türen
in der Welt hoch,
dass der König der Ehre einziehe.
Wer ist der König der Ehre?
Es ist der Herr Zebaoth.
Er ist der König der Ehre.

Psalm 24, Verse 7 bis 10

Jesu Brüder stören das Fest

Neues Gedränge entsteht an der Tür.
Was ist hier los? Was soll der Lärm?, ruft eine laute Stimme.
Und eine andere Stimme sagt: Rasch, lasst uns durch.
Wir suchen Jesus.

Wir auch, so rufen alle. Sonst wären wir nicht hier.
Kommt, stellt euch hinten an.

Da fängt die Wirtin an zu lachen.
Hört, ruft sie. Wisst ihr nicht, wer diese sind,
die Jesus suchen? Die Brüder sind's aus Nazareth und
dann noch seine Mutter.

Es scheint, als sei das Fest nun aus. Denn Schweigen macht sich breit. Die Ersten wollen gehen.

Nein, ruft da Jesus. Bleibt.

Keiner von euch muss weichen, bloß weil andere kommen.
Wie ihr es sagt: Sie können ja am Rande stehen.

Jesus, ruft der eine Bruder, wir wollen dich nach Hause holen. Du machst dich einfach lächerlich. Du redest, feierst, treibst dich rum. Wir müssen uns ja schämen.

Ich *bin* zu Hause, sagt Jesus ihm und alle hören zu.
Wo Menschen zu mir kommen und Gott in meiner Nähe suchen,
da bin ich, wo ich hingehöre. Wem das nicht passt,
der soll gehen.

Die Menschen in Nazareth vertrauen Jesus nicht

Später kommen Jesus und die Zwölf bis hin nach Nazareth.
Und wieder ist's ein siebter Tag und wieder geht er beten.

Heut kommt gewiss die ganze Stadt, vermutet da Philippus.
Sie alle kennen Jesus – und länger schon als wir.
Jakobus aber zieht die Stirn in Falten.
Meister, sagt er, meinst du, dass deine Brüder dir noch zürnen?
Jesu Blick ist neugierig. Du meinst, sie hätten Grund?

Na ja, Jakobus ist verlegen. Gilt das Gebot:
Eltern und Kinder, achtet einander!
nicht, wie für uns, so auch für dich?
Ja, sagte Jesus. Natürlich.
Ich aber achte alle Menschen gleich.

Das Gebetshaus ist dann eher leer als voll.
Und wenige nur schauen auf und sehen Jesus an und
wollen, dass er spricht.
Die andern hört man flüstern:

Das ist bloß Jesus, der Sohn von Josef, dem Zimmermann.
Wir sahen, wie er laufen lernte.
Wir hörten ihn die ersten Worte stammeln.
Wie kann er kommen und es wagen, uns Weisheiten von Gott zu sagen?

Als Jesus hört, was sie so tuscheln, da redet er nicht weiter.
Mitten in seiner Rede wird er stumm.
Er dreht sich um und geht hinaus.
Die Zwölf beeilen sich zu folgen.

Drei Kranke kommen ihm entgegen,
bevor er Nazareth verlassen hat.
Stumm legt er ihnen seine Hände auf und heilt sie,
im Vorübergehen.
Doch spricht er nicht,
weder mit Mund noch Augen.

Meister, sagt Jakobus.
Da ist das Schweigen drückend schwer geworden.
Ich weiß schon, was du sagen willst, Jakobus.
Jesus geht weiter, vorn, allein.

Was denn, fragt Johannes seinen Bruder.
Was willst du denn von ihm?

Ich frage mich, antwortet Jakobus:
Ist Jesus gar nicht Gottes, sondern Josefs Sohn?

Natürlich ist er Josefs Sohn, ruft Petrus da von hinten.
Habt ihr geglaubt, mit einem Engel durch das Land zu ziehen?
Er ist ein Mensch wie du und ich.

Und ist zugleich mit Gott verwandt wie keiner sonst hier auf der Erde.

Das ist das Wunder, sagt Bartholomäus, für das ich
mitgegangen bin.

Jakobus sieht Johannes an.
Das hab ich nicht verstanden …

Jesus aber sprach zu ihnen:
Ein Prophet gilt nirgends weniger
als in seinem Vaterland und bei
seinen Verwandten und in seinem
Haus.

Markus 6, Vers 4

Markus weiß, dass Jesus nicht leicht zu verstehen ist

Das Geheimnis des Gottessohns, flüstert Markus und kaut
an der Feder.
Nicht von sich selbst wollte er reden,
sondern von Gott.

Ich frage mich, sagt Cornelia, wie wohl alles gekommen wäre,
wenn Jesus *glänzender* gewesen wäre.
Hätten sie ihn angebetet anstatt ihn auszulachen?
Hätte er es leichter gehabt Gottes Kinder zu sammeln?

Ich muss mit ihnen anders reden, sagt Jesus in das Schweigen.
Er sitzt er am See, des Nachts, mit allen seinen Jüngern.
Nicht vom Himmel oben muss ich reden,
von der Erde –
und dennoch so,
dass Gottes Himmel
die Erde hier unten berührt.

Wie kann das gehen, Meister?, fragt Andreas.
Es ist ein Schleier zwischen beiden. Sieh!

Sie heben ihre Augen und sehen es:
Wie Schleier schieben sich Wolken
vor das Licht der ersten Sterne.

Ich ahne den Stern auch hinter den Wolken, sagt Petrus.
Und eines Tages geht er strahlend auf, ruft Judas.
Ach, Judas, sagt Jesus traurig.

Von diesem Abend an
erzählt er Gottes Menschenkindern
in Bildern aus dem Menschenleben,
was Gott im Himmel
für sie träumt.

Jesus erzählt, dass Gottes Liebe wie ein Senfkorn ist

Gottes Liebe, sagt Jesus,
will wie ein Senfkorn sein.
Wie klein ist ein Senfkorn,
das allerkleinste unter den Samenkörnern!

Aber ihr wisst, was daraus wächst:
eine stattliche Pflanze mit großen, weiten Zweigen.
Die Vögel des Himmels finden darin Schutz.

Jesus erzählt, dass Gott wie ein Sämann ist

Wisst ihr, sagt Jesus, was ein Sämann tut?
Und wisst ihr, was er nicht tun kann?

Ein Sämann kann guten Samen säen.
Kann er aber machen, dass er wächst?
Er kann das Unkraut jäten.
Er kann wässern, düngen und die Vögel schrecken,
Läuse sammeln, Schnecken, Würmer,
dass sie der Saat nichts Böses tun.

Das alles kann er machen.
Doch kann er machen, dass es wächst?

Die Lebenskraft, die kleine, die unverwechselbar
in jedem Samen steckt, die muss es tun.
Die muss es wollen.

Jesus erzählt, dass Gottes Liebe leuchten muss

Stellt euch vor, ihr seid in einem dunklen Raum,
in einer Höhle, tief im Boden. Ihr seid allein und friert.
Nur Finsternis ist um euch her.
Ihr seht die Hand vor Augen nicht
und keinen Ausweg.

Auf einmal ist da eine Kerze,
ein kleines, schwaches Licht,
doch: Licht!

Auf einmal könnt ihr sehen
und eure Augen wissen, wo die Quelle ist.
Ihr spürt die Wärme, neues Leben.
Und dann, dass einer da sein muss, der euch
das Licht gebracht hat und es angemacht.
Ihr seid gar nicht allein!

Soll da, in diesem wunderbaren Augenblick,
der, der das Licht gebracht hat,
kommen und einen Topf
über die Kerze tun?

Jesus rettet seine Jünger

Einmal hat Jesus den ganzen Tag über geheilt,
in Worten und in Taten. Da ist er am Abend sehr müde.
Sie kommen ans Ufer des Sees. Das Boot liegt bereit.
Sie wollen ans andere Ufer.

Ich bitte euch, sagt Jesus zu seinen Jüngern,
fahrt mich hinüber.
Denn ich bin allzu müde. Ich muss ruhen.
Setz dich, Meister, sagt Petrus. Das machen wir schon.
Jesus setzt sich hinten ins Boot und schläft gleich ein.

Als sie aber mitten auf dem See sind,
kommt ein gewaltiger Wirbelwind.
Er rührt das Wasser, dass es aussieht
wie der Schlund der Hölle.

Und durch viele solche Gleichnisse
sagte er ihnen das Wort so,
wie sie es zu hören vermochten.
Und ohne Gleichnisse redete
er nicht zu ihnen; aber wenn sie
allein waren, legte er seinen
Jüngern alles aus.

Markus 4, Verse 33 + 34

Meister, schreit Petrus, wie kannst du schlafen?
Wir sind ja alle verloren!
Jesus erhebt sich und geht zum Bug. Er erhebt beide Arme.

Wasser und Wind – einst rief ich euch ins Leben.
Und zeigte euch Grenzen, gleich zu Beginn.
Was wagt ihr nun? Habt ihr alles vergessen?
Wollt ihr den Willen zerstören, der euch und
diese ganze Welt erhält? Hört, denn ich sag euch:
Nicht weiter!

Der Wirbelwind gibt Ruhe. Das Wasser liegt da
wie ein Spiegel. Jesu Jünger aber falten die Hände und
stehen ganz still.

Sie sehen Jesus nicht an und wagen nicht mal zu atmen.
Nur Petrus tritt zögernd an Jesu Seite.

Langsam dreht Jesus den Kopf und sieht ihn an.
Er hebt eine Hand und fährt sich über die Augen.
Dann ruht sie auf Petrus' Schulter.
Du hattest mir ja gesagt, ich soll schlafen.

Jesus verrät noch mehr von seinem Geheimnis

Am anderen Ufer des Sees, fern von den Städten,
die dort sind, liegt eine Ebene, zerklüftet und wüst,
wo Menschen in Höhlen ihre Toten begraben.

Rasch weiter, flüstern die Zwölf untereinander.
Dies ist kein Ort für Lebende. Jesus sieht sie fragend an.
Dann wandern seine Blicke, als sähe er so ein Land
zum allerersten Mal.

Man sagt, beginnt Johannes, ein Ungeheuer
haust in einer dieser Höhlen. Das reißt mit bloßen Händen
so manchem Wanderer die Eingeweide aus dem Leib.

Ich habe schon davon gehört, sagt Thomas. Zähne und
Krallen hat es wie ein Löwe und brüllt und tobt
so wie ein wilder Stier. Ich glaube aber doch, es ist ein Mensch.
Nur stecken in ihm mehr als hundert böse Geister.

Sie haben ihn gebunden und gefesselt, sagt Thaddäus,
doch immer wieder kam er frei. In Gerasa,
der nächsten Stadt, sind sie vor Angst schon außer sich.

Seid still und seht, befiehlt da Jesus. Nicht andere
verletzt er, sondern sich. Sie folgen Jesu ausgestrecktem
Arm und sehen ihn dort kauern, den Wilden, voller
Dreck und Wunden, in alte Fetzen nur gehüllt.

Sie aber fürchteten sich sehr
und sprachen untereinander:
Wer ist der! Auch Wind und
Meer sind ihm gehorsam.

Markus 4, Vers 41

Steine hat er in den Händen und schlägt damit,
wie Jesus sagt – sich selbst.

Geh nicht hin, sagt rasch Jakobus. Doch Jesus sieht
nur Petrus an. Was denkst du, Petrus?, fragt er ihn.
Der Fischer sieht nicht glücklich aus: Ich denke, du wirst gehn.

Der Wilde heult und wirft sich hin.
Nein, Jesus, du Sohn Gottes, bleib mir fern!
Sei still, sagt Jesus. Er geht mit offnen Händen weiter,
bis er ganz nahe bei dem Wilden steht.

Sieh, sagt er ihm. Ich schrecke nicht vor dir zurück
noch graut es mir vor dir. Ich sehe einen Elenden,
der Wärme braucht und einen guten Freund.
Sieh mich und gib mir deine Hand.

Nein, Jesus, schreit der Wilde wieder. Du darfst mich
nicht berühren! Ich könnte dich verletzen! Ich könnte dich
in Stücke reißen, mit meinen Zähnen dich zerfetzen. Ich …

Still doch, sagt Jesus wieder. Er nimmt ihn bei der Hand.
Und nun, mein Lieber, sieh mir ins Gesicht.

Da fängt der Wilde noch lauter an zu schreien. Nein,
lass mich los! Verflucht, verflucht! Ich will nicht …
Ich will bleiben, wie ich bin … ich …
Weg du, weg, du Gottessohn! Du bist ja viel zu gut für mich!

Die Jünger stehen fern und sehen es mit Schrecken.
Nur Petrus hebt bisweilen einen Fuß, als ob er
laufen und zur Hilfe eilen will. Doch festgewachsen
bleibt er, wo er ist.

Der Wilde kämpft, doch Jesus hält ihn.
Es ist ein zähes Ringen und das Gebrüll von dem Gequälten
dringt von den Bergen bis ins Tal.

Fern, an dem Rand von einer Klippe, ist eine
Herde Schweine auf der Weide.
Der Kampf erschreckt die Schweine sehr. Sie fliehen
blindlings, stürzen sich ins Meer. Die Hirten aber
laufen schreiend heim.

Da ist der Wilde überwunden und weinend liegt er da,
in seines Retters Armen. Ich wusste doch, dass ich dich
retten kann. Sacht streicht ihm Jesus übers Haar.

Dann kommen Leute aus Gerasa. Die Hirten haben sie
geholt. Sie sehen Jesus mit dem Wilden,
der nicht mehr wilder ist als einer von den Zwölf.

Der eine Hirte hebt den Arm. Er, stammelt er und zeigt
auf Jesus. Er ist ein großer Zauberer. Er hat die
bösen Geister von dem Mann in unsre Schweine fahren lassen!

Die Leute stehen im weiten Bogen. Sie wagen sich nicht
näher ran. Ihr müsst den Wilden nicht mehr fürchten,
ruft Jesus ihnen zu. Ein wenig Wärme hat ihn heil gemacht.

Sie fürchten nicht den Wilden, Herr, sagt Petrus.
Sein Blick liegt, ratlos fast, auf Jesus.
Sie fürchten, Meister, *dich.*

Am Abend – der Geheilte ist nach Haus gelaufen –
steht Petrus am Ufer, ganz für sich.
Er sieht den Fischern bei der Arbeit zu.

Bist du traurig, Petrus?, fragt da auf einmal Jesus.
Im Dunklen tritt er neben ihn. Möchtest du gern wieder
Fische fangen, arglos und sorglos, so wie sie?
Er deutet auf die Fischer.

Petrus rückt ein wenig weg, als Jesus nahe kommt.
Du fürchtest mich?, fragt Jesus leise.
Nicht dich, sagt Petrus. Ich fürchte,
was mit dir geschieht.

Sieh mal, sagt Petrus, während Jesus schweigt.
Wie du den Wellen und dem Wind befohlen hast: Seid still –
Meister, da warst du Gott in seiner Macht!

Doch als du diesem Wilden
die Hand gegeben hast,
da warst du Gottes Liebe.

Ich fürchte nun, sagt Petrus, dass Gottes Liebe,
so stark und treu sie sei,
doch zart und wehrlos ist
wie eben alle Liebe.

Guter Gedanke, Petrus, sagt Jesus.

Markus weiß: Die Menschen werden immer gefährlicher für den Gottessohn

So wie du es sagst, bemerkt Philippus,
liegt ja des Kreuzes Schatten von Anfang an auf Jesu Leben.

Markus nickt.
Ich glaube, er hat stets gewusst, dass er zum Sterben auf die Welt gekommen ist.

Und wenn er auch noch Hoffnung hatte, wirft da Cornelia ein,
der Tod des Täufers musste sie ihm rauben …

Ihr sollt jetzt gehen ohne mich, sagt Jesus zu den Zwölf.
Heilt Menschen, so wie ich. Ihr habt es oft genug gesehen.

Und Jesus hebt die Hände über ihre Köpfe.

Nehmt Gottes Nähe mit auf euren Weg.
Was andres braucht ihr nicht.

König Herodes wird gefährlicher, je mehr er sich fürchtet

Drei Dinge fürchtet der König Herodes,
im Land von Abraham, Mirjam und Mose:

Er fürchtet Gott, den Schöpfer,
er fürchtet den Kaiser in Rom.
Am meisten fürchtet Herodes,
er könnte seine Krone verlieren.

Als dann Johannes angefangen hat
zu taufen und alle Menschen zu sich
zog, hat ihn Herodes eingesperrt,
aus Angst: Sonst gibt es Aufstand.

Auch im Gefängnis gab der Täufer
keine Ruhe. Er sagte laut, was an
des Königs Leben in Gottes Augen
falsch, verkehrt und unrecht war.

König Herodes hat ihn angehört,
auch wenn er ihm oft drohte. Herodias,
die Königin, jedoch ertrug es nicht.
Sie wollte, dass der Täufer stirbt.

Als einmal ihre Tochter vom König
etwas wünschen durfte, da hat sie
ihr gesagt: Wünsch dir den Kopf des
Täufers. Das Mädchen hat gehorcht.

Herodes ließ den Täufer köpfen
und seitdem hat er eine vierte Angst:
Dass einst die böse Tat sich rächt
und ihn des Toten Rachegeist bestraft.

Herodes hat in letzter Zeit den Namen Jesus oft gehört.
Priester und Pharisäer klagen ihm: Jesus beleidigt Gott.
Am Anfang hat Herodes abgewinkt.
Ein Wanderprediger, ein Spinner,
der kann uns nicht gefährlich sein.

Dann aber hört er immer öfter: Der Mann hat wahre Macht!
Er heilt und er tut Wunder.
Er spricht von Gott wie keiner sonst.
Am Ende stimmt es: Er ist Gottes Sohn.
Es kann auch sein, sagt einmal einer,
Johannes, der Täufer, ist wieder geboren.

Da horcht der König auf. Johannes – wieder da?
Er schließt sich ein im innersten Palast
und will niemanden sehen.
Johannes – wieder da?
Das kann mein Ende sein.

Es sei denn, ich erwische ihn und töte ihn noch mal.

Er hört sich zitternd Boten an, die ihm berichten:
Jesus von Nazareth hat Jünger.
Sie ziehen, zwei und zwei, durchs Land.
Und täglich sind es mehr, die ihnen traun.

Da wagt König Herodes nicht,
den Meister zu verhaften.
Er fürchtet ja, das ist bekannt:
Gott, Kaiser, Aufstand und
der Wahrheit ins Gesicht zu sehen.

Die Jünger kehren zurück

Zu einem festgesetzten Tag sind Jesu Jünger wieder da.
Sie haben vieles zu berichten, Erfolge und Enttäuschungen.
Jesus hört sie in Ruhe an. Dann sagt er:
Ihr habt's gut gemacht. Wir wollen eine Weile
allein zusammen sein und neue Kräfte sammeln
für alle Wege, die noch warten.

Ich weiß einen entlegnen Ort, da wird uns niemand finden.
Er lacht vor Freude, dass sie alle wieder da sind
und dass er Zeit mit ihnen vor sich hat.
Du bist wohl sehr allein gewesen, fragt Andreas unterwegs.
Allein, sagt Jesus, eigentlich nie.
Doch einsam ohne euch.

Jesus predigt und macht satt

Als sie den Ort erreichen, den Jesus vorgeschlagen hat,
da sind sie alle sehr enttäuscht.

Sagtet ihr, Ruhe?, ruft Jakobus und zieht das Boot an Land.
Die Menschen sind in Scharen da und warten schon auf Jesus.

Nicht zu ändern, sagt da Petrus. Er versucht ein Lächeln.
Predige ihnen, Meister. Auch ich hab deine Worte schon vermisst.

Meister, rufen die Leute Jesus zu.
Wir wissen nicht mehr, was wir denken sollen.
Wir sind gekommen dich um Rat zu fragen.
Die Priester sagen, du lehrst falsch.
Doch uns erscheint es richtig.
Was, wenn wir irren? Wird Gott uns je vergeben?

Habt keine Angst vor Gott, sagt Jesus. Er stellt sich vor sie hin.
Wisst ihr denn nicht: Gott ist ja euer Vater!
Seit König Davids Reich zerbrach, ist Gott nach euch
auf einer langen Suche. Und sagt, wenn ihr euch finden lasst,
so nimmt er euch in Freuden auf – wo ihr auch wart
und was ihr auch getan habt.

Die Leute seufzen vor Erleichterung.
Und doch sind sie noch nicht beruhigt.

Meister, die Priester sagen: Wenn wir die eine oder
andere Regel nicht beachten, so sind wir schon verloren.
Du aber scheinst vollkommen regellos zu leben.

Jesus sieht seine Jünger an.

Wir sehen nicht sehr sauber aus, ruft er,
doch das ist nur der Staub vom weiten Wandern.
Er ist nur auf der Haut, nicht innen.
Und auf die Haut kommt's nicht so an.
Gott sieht das Herz an, wisst ihr's nicht?

Für Herzen gibt es *eine* große Regel,
die halten wir, so gut es geht:
Seid achtsam mit allem, was lebt.

Die Leute flüstern. Murmelnd wiederholen sie die Regel,
bis sie sie sicher können.
Seid achtsam mit allem, was lebt.
Und doch, noch immer sind sie nicht beruhigt.

Du betest nicht genug, sagen die Priester, so ruft
ein alter Mann. Da muss Andreas lachen.
Sag mir nur einen Augenblick, ruft er,
wo Jesus nicht an seinen Vater denkt!
Sein ganzes Leben ist Gebet.

Jesus sieht seinen Jünger staunend an.
Die Augen sind weit offen, als säh er ihn zum ersten Mal.
Das hast du gut gesagt, Andreas.
Das hab ich nicht von dir gedacht.

Es ist schon Abend, als die Menschen,
was ihnen auf der Seele liegt, vor Jesus ausgebreitet haben.
Auf einmal ist es spät, fast dunkel, und keiner hat noch Kraft
nach Haus zu gehen.

Ich weiß, was wir jetzt tun!, ruft da Andreas.
Das Lob von Jesus hat ihm Mut gemacht.
Wir feiern, dass wir uns begegnen.

Feiern, sagt Jakobus zu Johannes. Wie sollen wir denn feiern?
Wir haben weder Brot noch Wein.
Fünf Brote und zwei Fische, sagt Thaddäus.
Für fünfmal tausend Leute.

Da wird Andreas rot, er schämt sich.
Doch Jesus nimmt ihn in den Arm.
Du hast ganz Recht, sagt er ihm laut.
Wir müssen wirklich feiern.

Thaddäus, bring die Brote und die Fische,
sagt Jesus. Sie werden, wenn ich will, am Ende
leicht für alle reichen.

Die Jünger sagen nichts dazu. Doch ihre Mienen
sagen: Selbst du, Herr Jesus, kannst das nicht.

Jesus nimmt die Brote, bricht sie durch.
Vater, hab Dank, ruft er zum Himmel.

Hab Dank für dieses frische Brot.
Es ist ja ein Stück Leben.
Und weil du selbst das Leben bist
und Leben schenkst, mehr als wir brauchen,
so weiß ich sicher: Du machst alle satt.
Am Ende bleiben Reste.

Des Nachts, als alle schlafen, schleicht Petrus noch umher.
Er bückt sich, sammelt auf und trägt es dann zum Feuer.
Das war ein schönes Fest, nicht wahr?

Petrus steht still und sieht im Feuerschein
ein lachendes Gesicht. Petrus, was machst du da, fragt Jesus.
Die Reste, Herr – ganz wie du sagtest. Es ist viel mehr
zurückgeblieben, als wir am Anfang hatten.
Und alle sind, höchst wunderbar, im Innern satt geworden.

Im Innern satt geworden …
Jesus wiederholt die Worte und schüttelt seinen Kopf.
Wie sind doch meine Jünger klug geworden, ruft er.

Markus erkennt:
Satt machen ist mehr als Brot verteilen

Ach, wäre ich dabei gewesen, seufzt Philippus,
als er gelesen hat, was Markus von den Broten und den Fischen schreibt.
Ich glaub, ich hätte nie mehr Hunger, hätte ich nur
mit Jesus leben dürfen!

Ach, Unsinn, widerspricht ihm Thomas. Selbst Petrus hat sich kurz darauf gefürchtet zu verhungern.
Lies, was Jesus zu ihm sagt:

> Was fürchtest du dich zu verhungern?
> Verstehst du nicht?
> Den Hunger stillt man nicht mit Brot.

Kommt, lasst uns hinüber ans andre Ufer fahren,
sagt Jesus morgens zu den Zwölf.
Denn heute muss ich unbedingt
allein mit meinem Vater sein.

Sie setzen ihn über und bleiben im Boot.
Allein geht Jesus und entschwindet dem Blick.
Sie warten. Aber er kommt nicht wieder.
Stattdessen kommt ein Sturm.

Die Zwölf bekommen Angst: Wird Jesus uns verlassen?

Die Jünger rudern in Verzweiflung,
das Boot will immer anders als sie selbst.
Wenn das so weitergeht, sagt Thomas,
verlieren wir den rechten Weg und Jesus findet uns nicht wieder.

Glaubt ihr, dass das geschehen kann, fragt Johannes
mit ängstlichen Blick, dass wir verloren gehen?
Solange Jesus lebt, wohl nicht, sagt da zu ihm Jakobus.

Auf einmal ruft Andreas laut: Seht da,
ein Geist läuft übers Meer!
Nun sind wir wirklich jämmerlich verlassen.

Weiß und leuchtend wandelt da ein Schemen
in Ruhe über das bewegte Meer.
Die Jünger sehen nichts Genaues.
Das, was sie ahnen, macht sie starr.

Meister, schreit Petrus. Lass uns nicht allein.
Habt keine Angst, sagt unerwartet Jesu Stimme
und dann ist er im Boot. Der Wind schweigt still,
die Zwölf sprechen kein Wort.

Der Geist, der übers Wasser lief, fragt Jakobus später zitternd,
Meister, das warst du?
Ich tue stets, was Petrus sagt.
Er sieht den Fischer fragend an,
doch Petrus senkt den Kopf.
Für einen Augenblick, Herr, schien es mir,
als wolltest du an uns vorübergehen.

Jesus sucht nach einer Antwort.
Ja, Petrus, sagt er dann sehr leise.
Natürlich, es ist wahr.
Ich werde sterben, sagt Jesus, unter Schmerzen.
Und ihr, ihr müsst alleine weitermachen.
Ihr habt es ja geübt.

Da sind sie stiller als zuvor.
Doch Petrus weint und sagt: Ich habe Hunger.

Und er hob an, sie zu lehren: Des Menschen Sohn muss viel leiden und verworfen werden von den Ältesten und Hohepriestern und Schriftgelehrten und getötet werden und nach drei Tagen auferstehen.

Markus 8, Vers 31

Die Zwölf wissen nicht, worauf es ankommt

Ihr habt euch unterwegs gestritten, sagt Jesus vorwurfsvoll.
Da sind sie in Kapernaum und irgendwie nicht fröhlich.
Es hängt wie Wolken über allen, ein Streit, der auf dem Weg
die Worte laut gemacht hat und die Mienen hart.

Wir wollen wissen, sagt Jakobus,
wer unter uns der Erste ist, mal abgesehen von dir.

Mal abgesehen von mir, sagt er und überlegt sich das.

Da geht ein Kind vorbei.
Es spielt mit einem jungen Hund und lacht und hüpft vor Freude.
Dann bückt es sich und nimmt den Hundekopf
voll Liebe in die Hände
und drückt ihm einen Kuss im Überschwung
fest auf die Stirn, zwischen die Augen.

Es weiß von nichts, nur dass es lebt
und jeder Tag voll Wunder steckt,
die darauf warten, dass es sie entdeckt.

Jesus zeigt auf dieses Kind.
Wer sich so freuen kann, sagt er, wie dieses Kind,
der ist dem wahren Leben auf der Spur.
Der ist, wenn ihr so wollt, der Erste.

Ach, Meister, sagt Jakobus. Das hört sich an, als könnte
jeder, auch der Kleinste und der Fernste
bei Gott zu großer Ehre kommen …

Jesus sieht ihn an. Wie nicht?

Doch manche haben's nicht verdient, ruft da Jakobus laut.
Wir haben Männer auf dem Weg getroffen,
die heilten. Und behaupteten: in Jesu Namen.
Und haben doch nach uns und dir
auch nicht mit einem Wort gefragt.
Du hast sie nie gesehen.

Jakobus, sagt Jesus. Willst du, ich soll sagen,
dass sie schlechter sind als ihr?

Ich weiß nicht mehr, als was du sagst.
Sie kennen meinen Namen
und tun in meinem Namen Gutes.

Und das soll alles sein,
was zählt?, fragt ihn Jakobus.

Doch Jesus geht und legt dem Kind
die Hand mit Segen auf das Haar.

Markus betont:
Jesu Einladung zum Leben gilt für alle

Wer nicht gegen mich ist,
der ist für mich.

Thomas liest vor, was Jesus zu dem Streit der Jünger sagte.
Damit tat er den Zwölfen wohl sehr weh, meint er.
Und Markus hebt die Schultern.
Es tut uns weh bis heute. Wünscht ihr nicht auch, ihr wäret
Jesu Lieblingsjünger?

Wenn du dein Buch geschrieben hast –
Philippus klopft ihm auf die Schulter –
dann teilen wir ihn bald mit aller Welt,
mit allen, die es lesen.

Kommt, sagt Jesus zu den Zwölf, wir gehen mal nach Norden.
Dort sind wir nicht so weit bekannt.
Wir finden Ruhe, dass ihr lernt, was ihr noch braucht
um ohne mich zurechtzukommen.
Die Frist ist nicht mehr lang.

Sie kommen an das Meer, nach Sidon und nach Tyrus.
Dort leben fremde Menschen aus vielen Teilen Roms.
Sie kennen Götter, Helden, Heiler und
Zauberer, die staunenswerte Wunder tun.
Der Gott der Kinder Israels ist ihnen unbekannt.

Sie haben aber schon gehört, dass Jesus heilen kann.
Ein Göttersohn, so flüstern sie. Apollons Sohn
vielleicht, ein Bruder des Asklepios.

Eine Griechin fasst als Erste Mut und wirft sich vor ihm nieder.
Ach, Herr, mein Töchterchen – sie will nicht sprechen lernen.
Die Leute sagen, sie ist dumm und wird es immer bleiben.

Jesus beugt sich vor und hebt sie auf. Es tut mir Leid, sagt er.
Ich kann für dich nichts tun. Du bist ja meinem Vater fern.
Er spuckt die Worte aus, als ob er sie nicht mag.
Bartholomäus tritt an seine Seite und legt die Hand
auf seine Schulter. Bist du dir sicher?, fragt er leise.

Ich lerne doch bei Mose, dass Gott die Menschen alle schuf.
Bevor es Griechen gab und Römer, Israels Kinder oder Babylon,
hat Gott die ganze Welt geschaffen,
auch mich und dich und sie.

Und wenn ein Herr den Kindern Brot gibt,
sagt da die Griechin mutig, so geben doch die Kinder
den Hunden und den Vögeln unterm Tisch.
Da öffnen Jesu Augen sich. Er sieht die Frau,
als säh er sie zum ersten Mal.

Du hast klug und ich hab dumm geredet, sagt
er und sieht verlegen aus. Geh heim. Dein Kindchen
ist nicht krank. Es wird schon bald verständig reden
und sich, wie seine Mutter, mit Mut und Weisheit
selbst zu helfen wissen.

Danach ist Jesus lange still. Die Jünger ziehn zu zweien
durch die Stadt.

Judas spricht mit Griechen über das Geheimnis des Gottessohns

Und Judas geht allein. Er spricht mit Philosophen.
Dein Meister ist ein Göttersohn?, so fragen sie ihn eifrig.
Ich glaube, er ist mehr als das, sagt Judas. Er ist
Gott-bei-uns, er ist der lang ersehnte König.

Die Männer schütteln nur den Kopf. Wenn es so ist,
so wirst du's sehen. Du musst nicht lange raten.
Denn Göttersöhne zeigen gern, was sie zu tun vermögen.
Sie dulden keinen schiefen Blick und werden nicht verspottet.
Wer sie verlacht, muss sterben.
Mir scheint, sagt Judas, dass mein Meister
aus seiner Göttermacht bis heute ein Geheimnis macht.

Einer der Philosophen nickt. Auch das ist vorgekommen.
Er spricht von Zeus und von Dionysos,
wie sie verkleidet auf die Erde kamen um Menschen so zu prüfen.
Am Ende dann, sagt er, erwiesen sie in Blitz und Donner
ihre Macht und teilten Lohn und Strafe aus.
Ja, sagt Judas und nickt. So wird es sein und darauf warte ich.

Jesus heilt wie ein griechischer Wunderheiler

Solange sie in Tyrus sind, ist Jesus wie verwandelt.
Er redet kaum. Er tut, worum die Menschen bitten.
Er tut es ernst und ohne Freude. Er lädt zu keiner Feier.

Herr, lass uns doch nach Hause gehen, sagt Petrus eines Morgens.
Es ist für dich hier gar nicht schön; selbst Nazareth war besser.
Da bringen sie schon wieder einen Kranken.
Es ist der Junge einer Großfamilie und alle kommen mit.
Sie wollen gern das Wunder mit eignen Augen sehen.

Mein Sohn ist taub und stumm geboren,
sagt das Familienoberhaupt zu Jesus und den Zwölfen.
Er hat noch keinen Hahnenschrei,
kein Wehen eines Windes je gehört
noch seiner Mutter Stimme.

Schweigend nimmt Jesus den Jungen bei den Schultern
und führt ihn an die Seite. Da steckt er ihm die Finger
in die Ohren und legt sie auf die Zunge.

Ich gebe dir den Schrei des Hahns,
sagt er in seiner Heimatsprache.
Für Griechen klingt es wie ein Zauberbann.
Des Windes sachtes Wehen,
das Rieseln kühlen Wassers über Steine.
Du aber, öffne deinen Mund und rufe deine Mutter.

Meister, sagt Jakobus, als alles so geschehen ist,
und als die Leute unter Dank und Preis des Wegs gezogen sind.
Meister, das war alles gar nicht nötig.
Du heilst sonst nicht mit deinen Fingern. Ist es
nötig, so zu tun, als zauberst du, damit die Leute etwas sehen?

Jesus schließt die Augen halb. Er wendet sich zum Gehen.
Die Zwölf sehen sich ratlos an. Dann folgen sie ihm zögernd.
Was tun wir denn?, fragt dann Andreas.
Und Jesus sagt nur knapp: Wir tun, was Petrus sagt.
Wir ziehen heim.

Markus erzählt: Jesus erhält neue Kraft von seinem Vater

Auch Jesus braucht mitunter neuen Mut, bemerkt Philippus,
als er das gelesen hat.
Unter all der Arbeit hat er, scheint's, vergessen,
was ihn einzigartig macht.

Und doch steht hier, fällt Thomas ein: Als ihn die Pharisäer
um ein Zeichen baten für seine Macht von Gott, da hat er einfach
Nein gesagt.

> Wenn eure Herzen die Wahrheit nicht sehen –
> wie soll euch da ein Zeichen helfen?

Geht voraus, sagt Jesus zu den Zwölf. Ich mache einen Umweg.
Ich will allein auf diesen hohen Berg, den ihr da vorne vor euch seht.
Meister, geh nicht allein, bittet ihn Petrus.
Ich bin in Sorge deinetwegen. Ich ginge gern mit dir.

Guter Gedanke, Petrus, sagt Jesus nach kurzem Bedenken.
Nur du, Johannes und Jakobus. Die andern gehen weiter.

Und als sie auf der Spitze
des Berges angekommen sind,
da wird den Dreien Jesus fremd.

Er ist auf einmal wie der weiße Schemen,
der eines Nachts über das Wasser ging,
an ihnen fast vorüber.

Zwei andere helle Lichtgestalten sieht Petrus
neben Jesus. Es sind wohl Mose und Elia, denkt er.

Denn niemand von den Menschen
ist jemals Gott so nah gekommen
wie damals diese beiden.

Sie nehmen Jesus in die Mitte und legen ihm die Hände auf.
Und dann erklingt ein Lied, als ob im Himmel Engel singen.

Danket dem Herrn, denn er ist freundlich und seine Güte währet ewiglich.

In der Angst rief ich den Herrn an;
und der Herr erhörte mich und tröstete mich.
Der Herr ist bei mir, darum fürchte ich mich nicht;
was können mir Menschen tun?

Man stößt mich, dass ich fallen soll; aber der Herr hilft mir.
Der Herr ist meine Macht und mein Psalm und ist mein Heil.
Man singt mit Freuden vom Sieg in den Hütten der Gerechten.
Die Rechte des Herrn behält den Sieg.
Die Rechte des Herrn ist erhöht; die Rechte des Herrn behält den Sieg.
Ich werde nicht sterben, sondern leben und des Herrn Werke verkündigen.
Der Herr erspart mir nicht Leid; aber er gibt mich dem Tode nicht preis.

Tut mir auf die Tore der Gerechtigkeit,
dass ich durch sie einziehe und dem Herrn danke.
Das ist das Tor des Herrn; die Gerechten werden dort einziehen.

Ich danke dir, dass du mich erhöht hast und hast mir geholfen.
Der Stein, den die Bauleute verworfen haben, ist zum Eckstein geworden.
Das ist vom Herrn geschehen und ist ein Wunder vor unsern Augen.

Dies ist der Tag, den der Herr macht;
lasst uns freuen und fröhlich an ihm sein.
Oh Herr, hilf! O Herr, lass wohl gelingen!

Gelobt sei, der da kommt im Namen des Herrn!

Psalm 118, Verse 1 bis 6 + 13 bis 26

Petrus weiß sich nicht zu helfen. Länger
hält er es nicht aus, Jesus so fremd und fern zu sehen.
Meister, sagt er, wenn du willst,
so bauen wir ein Zelt und bleiben über Nacht.
Ich hab sogar an Brot gedacht.

Doch eine Wolke kommt und nimmt den Glanz
von Jesus, Mose und Elia. Und eine Stimme sagt:
Das ist mein lieber Sohn. Traut doch auf ihn.

Und wenn es sein kann: Lasst ihn nicht allein.
Ich hab ihn euch geschenkt, obwohl ich weiß:
Ihr macht ihn ganz kaputt.

Die letzten Worte sind nicht deutlich.
Sie klingen mehr wie Seufzer als wie klare Rede
und Petrus überlegt, ob Gott da spricht,
ob Gott vor Kummer weint.

Die Wolke zieht vorüber.
Der Glanz ist fort, die Stimme auch,
von Mose und Elia keine Spur.
Und Jesus liegt auf Knien, betend, den Kopf gesenkt.

Petrus eilt zu ihm und hebt ihn sorgsam auf.
Herr, Jesus, Meister, hast du Heimweh?
Kehr rasch zurück zu deinem Vater,
bevor die Menschen dir ein Leid antun.
Glaub mir, es ist das Beste.

Auch wenn ich dich vermissen werde.

Jesus sieht ihn an, als säh er ihn zum ersten Mal.
Er schüttelt stumm den Kopf.
Er lässt es zu, dass Petrus ihn umarmt und führt
und lange sagt er nichts,
viel später dann erst und sehr leise:

Komm, Petrus, gib mir einfach ein Stück Brot.

Als sie den Berg wieder hinuntersteigen,
ist Jesus so wie immer. Hört, sagt er zu den Dreien:
Erzählt nicht, was ihr glaubt, erlebt zu haben.
Es passt nicht in die Menschenwelt.

Und es kam eine Wolke,
die überschattete sie. Und eine
Stimme geschah aus der Wolke
und sprach: Das ist mein lieber
Sohn; den sollt ihr hören.

Markus 9, Vers 7

Markus weiß: Jesus geht den schweren Weg

Jesus hätte sich retten können, sagt Cornelia nachdenklich.

Und wir?, meint Markus.

Wenn Jesus sich davon gestohlen hätte,
glaubst du, wir würden heute an ihn denken?
Wenn er vorm Tod geflohen wäre statt ihn zu besiegen,
meinst du, wir würden auf ihn trauen?

Kommt, wir gehen nach Jerusalem, sagt Jesus zu den Zwölfen.
Ich will den Tempel sehen und dort, im Haus des Vaters,
das Fest des Mose mit euch feiern,
den Tag, als Mose Gottes Kinder dem Pharao entriss.

Meister, ist das nicht gefährlich?, sagt Andreas.

Der Hohepriester hat von dir gehört,
dass du von Gott sprichst wie kein Zweiter
und dass du die Gebote brichst,
und auch Herodes ist gewarnt:
schon möglich, dass sie dich verhaften.

Wenn sie meinen, dass es richtig ist, so werden sie es tun,
sagt Jesus. Ich will mich deshalb nicht verstecken
und auch nicht leugnen, was ich glaube.

Hast du denn keine Angst?, fragt ihn Johannes.
Doch, sagt Jesus.
Weiter nichts.

Da funkeln Judas' Augen und er lacht.
Wir werden's sehen, sagt er rätselhaft.
Wie unser König seine Macht beweist.

Siehe, wir gehen hinauf nach Jerusalem, und der Menschensohn wird überantwortet werden den Hohepriestern und Schriftgelehrten und sie werden ihn zum Tode verurteilen und den Heiden überantworten. Die werden ihn verspotten und anspeien und geißeln und töten, und nach drei Tagen wird er auferstehen.

Markus 10, Verse 33 + 34

Jesus ist gefragt: Worauf kommt es im Leben an?

Da kommt ihnen ein junger Mann entgegen
in reichen Kleidern, mit viel Schmuck.
Meister, bitte, gib mir Antwort!
Jesus bleibt gleich stehen. Auf welche Frage?
Ich weiß nicht, sagt der junge Mann verlegen.
Meister, wenn ich das nur wüsste!

Andreas lacht. Doch Jesus winkt ihn fort.
Die Augen sind weit offen. Er sieht nichts als den Mann,
der eine Antwort sucht auf keine Frage.
Du kennst gewiss die zehn Gebote, sagt Jesus leise.
Achte das Leben, achte die Wahrheit, achte
des anderen Hab und Gut …

Das alles, Meister, sagt der Mann, habe ich
ernst genommen, seit ich ein kleiner Junge war.
Ich geb mir wirklich große Mühe.

Jedoch?, sagt Jesus und sieht ihn noch genauer an.
Jedoch, antwortet der Mann. Dann lässt er sich
zu Boden fallen. Jedoch, kann das denn alles sein?
Das Leben müsste doch viel mehr sein
als Rechtes tun und die Gebote zählen.

Es müsste doch ein Lichtschein sein,
der heller strahlt als all mein Schmuck und Gold.
Du sagst es, sagt ihm Jesus. Er hebt ihn auf
und lächelt. Man sieht, er hat ihn gern.

Leg mal die Ringe und die schönen Kleider ab,
sagt Jesus. Spring, wie du einst geboren bist,
ins Meer, bei Sonnenuntergang.

Besser, sagt plötzlich Judas: Gib deine Kleider
und dein Gold den Armen. Geh so, wie du
geboren bist, auf Jesu Spuren durch das Land.
Dann wirst du Gott begegnen
in jedem Menschen, dem du hilfst.

Und Jesus sah ihn an und gewann
ihn lieb und sprach zu ihm:

Eines fehlt dir. Geh hin, verkauf
alles, was du hast, und gib's
den Armen, so wirst du einen
Schatz im Himmel haben,
und komm und folge mir nach.

Markus 10, Vers 21

Denn höre: Eher passt ein höckriges Kamel
durch einer Nadel schmale Öse, als dass
ein Reicher Einlass findet
an Gottes Himmeltor.

Der junge Mann verneigt sich.
Traurig und elend geht er fort.
Jesus sieht ihm schweigend nach.

Hab ich nicht Recht?, fragt Judas ihn und
seine Augen funkeln.
Ja, sagt Jesus. Du hast Recht.

Es war dir nicht Recht,
Judas Recht zu geben, sagt Petrus später,
als er allein mit Jesus spricht.
Da lächelt Jesus.
Petrus, kennst du mich so gut?

Wenn dieser Junge alles weggibt, nur
um allen alles recht zu machen,
so wird die Sonne ihm kein bisschen heller strahlen,
sagt Jesus, wieder später.

Erst wenn ihn Liebe treibt – wie mich,
wird er erkennen: Das Licht strahlt heller,
wenn man gibt.

Meister, Petrus schluckt und traut sich nicht.
Als ich mein Boot und meine Netze
verlassen hab und meine Frau –
mir schien, es war der rechte Weg …
Jesus sieht ihn lächelnd an.

Du wirst mir noch viel Leid bereiten,
sagt Petrus mit Bestimmtheit.
Und doch, wenn ich an alle Tage denke,
die ich mit dir gewandert bin …
Herr, anders hat mein Leben keinen Sinn.

Petrus, sagt Jesus.
Komm, Petrus, gib mir deine Hand.

Liebe Kinder, wie schwer ist's, ins Reich
Gottes zu kommen.
Es ist leichter, dass ein Kamel durch ein
Nadelöhr gehe, als dass ein Reicher ins
Reich Gottes komme.
Sie entsetzten sich aber noch viel mehr
und sprachen untereinander:
Wer kann dann selig werden?

Jesus aber sah sie an und sprach:
Bei den Menschen ist's unmöglich,
aber nicht bei Gott; denn alle
Dinge sind möglich bei Gott.

Markus 10, Verse 24 bis 27

Jesus fragt weiter:
Worauf kommt es im Leben an?

Der Weg hinunter nach Jerusalem
führt auch an Jericho vorbei.
Der Mann, der dort auf Jesus wartet,
kann seiner Hoffnung nicht entgegengehen.

Es ist der blinde Bartimäus.
Niemals hat er ein Licht gesehen,
noch Farben oder Formen
und nie ein menschliches Gesicht.

Seinen Verwandten ist er lästig.
Sie setzen ihn früh morgens an die Straße
und holen ihn am Abend erst nach Haus.
Er soll durch Betteln selbst sein Brot verdienen,
damit er nicht das Brot der Brüder isst.

Die Tage quälen sich für ihn dahin.
Zu wenig Leute sind barmherzig. Die meisten
übersehen ihn. Es fehlt nicht viel, dass sie ihn
treten und hasten weiter ohne: Tut mir Leid.
Er kann ja sowieso nicht sehen …

So sitzt er mit gesenktem Kopf,
die Hand stumm ausgestreckt,
und hofft, dass ab und zu mal einer kommt,
der keinen Stein gibt, sondern Brot.

Den Namen Jesus hat er schon gehört.
Dass dieser Jesus, Gottes Sohn,
der Menschenwelt vom Himmel her
ein Stück vom Heil herunter holt.

Da fängt er stets zu träumen an, wenn er
an Jesus denkt, und träumt, tief innen drin,
von Bildern, die er draußen niemals sieht.
So trifft es ihn im Innersten, als sie auf einmal
rufen: Jesus! Seht, Jesus geht vorbei.
Und ist auch schon vorüber …

Verpasst? Vorbei? Weil er nicht sehen kann?
Er tastet nach dem Stock, nach einer Hand.
Doch da ist nichts als Steine.
Jesus, schreit der Blinde laut, Sohn Gottes!
Ach, bitte, sieh mich an.

Sie stoßen ihn. So sei doch still!
Er ist schon längst vorüber. Du hattest Pech.
Und überhaupt: Wo käme er da hin,
wenn er auf jeden Blinden achten wollte?

Jesus, schreit der Blinde wieder. Er will den
harten Stimmen nicht vertrauen.
Bist du der Gottessohn, so sieh mich an!
Und wirklich: Unter all den hundert Stimmen,
die da auf einmal schreien, hört Jesus ausgerechnet
Bartimäus und bleibt gleich stehen und lauscht.

Wer ruft mich da?, sagt er. Er soll doch kommen.
Das kann er nicht, sagt Thomas. Er ist blind.
Ich glaube sicher, dass er's kann, sagt Jesus.
Sagt ihm doch nur: Ich warte.
Und Thomas läuft und sagt dem Blinden:
Geh hin. Er will nicht kommen.

Die Träume, die in Bartimäus' Herzen
so lange schon gewachsen sind,
finden da plötzlich einen Weg nach draußen.
Sie lösen Schuppen von den Augen
und zeigen Bartimäus Licht!

Da reißt er sich den Mantel ab und springt
im Eifer auf die Straße und quer hinüber, Jesus nach.
Er muss nicht fragen, wer der Heiler ist.
Er hat das Bild vor Augen.
Mein Gott!, ruft er. Ich danke dir!
Für diesen deinen Sohn!

Und Jesus sieht ihn lächelnd an.
Was willst du denn von mir?
Du hast es schon getan, ruft Bartimäus.
Du hast das Wunder selbst getan, sagt Jesus,
weil du es so sehr wolltest.

Und Jesus antwortete und sprach zu ihm:
Was willst du, dass ich für dich tun soll?
Der Blinde sprach zu ihm:
Rabbuni, dass ich sehend werde!
Jesus aber sprach zu ihm: Geh hin, dein
Glaube hat dir geholfen.
Und sogleich wurde er sehend und folgte
ihm nach auf dem Wege.

Markus 10, Verse 51 + 52

Die Menschen in Jerusalem begrüßen Jesus als ihren König

Jerusalem ist nahe. Stolz ragen seine Mauern auf
und Menschen drängen freudig durch die Tore.
Doch Petrus sieht es ohne Freude. Meister, sagt er,
wir könnten noch mal überlegen …

Guter Gedanke, Petrus, sagt Jesus. Ich hätte
beinahe was vergessen. Ich brauche einen Esel,
ein junges Eselsfohlen, wenn ich die Stadt betreten will.

Da sehen ihn die Jünger mit offnen Mündern
staunend an. Ein Eselsfohlen, Meister?
Doch Jesus ist auf einmal ungeduldig.
Leiht es vom nächsten Bauern, sagt er knapp.

Er wird es uns nicht geben, sagt Thaddäus.
Sagt ihm: Der Meister braucht es,
trägt Jesus ihm und Thomas auf.

Judas schiebt die beiden vor sich her.
Geht endlich, sagt er. Der Meister weiß schon,
was er tut.

Und du, sagt Petrus später, weißt es auch?
Du hast wohl von dem Eselsfohlen
bei Micha einen Spruch gelesen?

Sacharja, sagt Judas und lacht.
Du bist zu dumm, sein Buch zu lesen, Petrus.
Meine Gedanken aber liest du gut.

Sacharja, sagt Petrus, auch so ein Bote Gottes,
der einen neuen König für uns sah?

So ist es, sagt Judas. Freu dich, Jerusalem, rief
einst Sacharja. Dein König wird kommen, freundlich
und sanft – und reitet auf einem Esel!

Seltsam, sagt Petrus, wenn ich dich anschaue, Judas,
reitet in deinen Augen ein anderer:
ein König wie Herodes, grausam und mächtig und,
wenn ich's richtig seh: *kein bisschen* freundlich.

Die Augen von Judas funkeln. Die Freundlichkeit
ist Tarnung, sagt er, der kleine Esel auch.
Natürlich muss der neue David – wenn er
den Thron erst sicher hat – den Leuten zeigen,
wer er ist: Ein Herrscher, mit dem keiner spaßt.

Thomas und Thaddäus kommen wieder.
Am Halfter führen sie ein kleines, graues Tier.
Johannes zieht den Mantel aus und legt ihn
auf den Eselsrücken. Und Jesus setzt sich drauf.

Auf einmal stehen Leute an der Straße
durch die Stadt, die Jesus mit dem Esel zieht.
Judas geht ihm voran und ruft: Der König!
Und alle, die es hören, rufen mit.

Der König kommt, Jerusalem! Der neue David,
Gottes Sohn! Gebt ihm allein die Ehre!
Sie reißen Blätter von den Bäumen und
streuen sie auf seine Bahn.

Die Augen Jesu sind weit offen. Jerusalem
sieht er zum allerersten Mal. Er kommt zum Tempel
und betritt ihn. Doch abends weicht
er aus der Stadt und lagert unter Bäumen,
draußen auf einem Feld.

Ist es, wie es sein soll?, fragt Petrus vor dem Schlafen.
Sag lieber, wie es sein muss, Petrus, entgegnet Jesus still.

Petrus, sagt er später, den König in Judas' Augen,
den hab ich auch gesehen. Glaub mir, es ist der Falsche.
Ich weiß, sagt Petrus leise.

Du musst es Judas sagen und nicht mir.
Guter Gedanke, Petrus, sagt Jesus. Leider jedoch: *vergebens.*

Viele aber breiteten ihre Kleider auf den Weg, andere aber grüne Zweige, die sie auf den Feldern abgehauen hatten. Und die vorangingen und die nachfolgten, schrien und sprachen:

Hosianna! Gelobt sei, der da kommt im Namen des Herrn!

Markus 11, Verse 8 + 9

Der Menschensohn ist nicht gekommen, dass er sich dienen lasse, sondern dass er diene und sein Leben gebe als Lösegeld für viele.

Markus 10, Vers 45

Jesus ist Herr im Haus seines Vaters

Kommt, lasst uns noch mal in das Haus des Vaters,
in den Tempel, gehen, sagt Jesus morgens zu den Zwölf.
Meister, ist's wahr, was man sich sagt, fragt ihn Andreas,
Gott wohnt da – wie ein Mensch?

Unwillig schüttelt Jesus seinen Kopf: Einst sagte Gott
zu Salomo, der ihm den ersten Tempel baute:
Ich will kommen und gehen, als sei es mein Zelt.
Merk dir: Du hast mich nicht gefangen!
Ich liebe den Wind. Ich mag keinen Staub.

Woher wissen wir, ob Gott gerade kommt
oder geht?, fragt ihn Johannes. Du kannst nichts
wissen über Gott, fährt Jesus ihn da an.

Nur dass er seine Kinder liebt und unser Leben
mehr als seins, sagt Bartholomäus leise,
und lieber redet als zu schreien
und lieber weint als straft.

Jesus zuckt zusammen, als fühle er jähen Schmerz.
Geschieht mir recht, murmelt er dann.
Ich hab euch allzu gut gelehrt.

Trotzdem wird er nicht sanfter.
Da ist ein Feigenbaum am Weg, bevor sie ganz die Stadt erreichen.
Oh wäre es nicht himmlisch, ruft Jesus laut und unbeherrscht,
einige süße Feigen zu naschen!

Und läuft voraus und Petrus schüttelt nur den Kopf.
Wahrhaftig himmlisch, sagt er leise. Denn irdisch
wär es nicht, wenn dieser Baum zu dieser falschen
Jahreszeit was andres trägt als Blätter.

Die Jünger holen Jesus ein, der zornig vor dem Baum steht.
Nie wieder, schreit er in die grüne Krone,
nie wieder sollst du Früchte tragen!
Denn als dein König kam und naschen wollte,
hast du ihm nicht gedient.

Und nun zum Tempel, wendet er sich gegen seine Jünger.
Was seid ihr heut so träge! Könnt ihr nicht schneller gehen?
Was muss ich immer warten! Ich bin es leid, so leid!

Petrus lässt die andren ziehen und bleibt
beim Feigenbaum zurück.
Was hat er dir getan, fragt er ihn leise,
er, Sohn des Gottes, der das Leben liebt?

Ich werde nie mehr Früchte tragen,
scheint ihm der Baum ins Ohr zu wispern.
Du meinst …! Petrus muss sich mühsam fassen.
Du meinst, die bösen Worte warn ein Fluch?
Sie waren, was du sagst, sagt ihm der Baum,
ganz einfach böse Worte.

Dann schüttle sie doch ab, ruft Petrus.
Der Meister hat's nicht so gemeint!
Ein böses Wort macht böse, sagt der Baum.
Da ist nichts mehr zu retten.

Auf einmal kommen Leute angerannt.
Sie schreien nach Soldaten.
Er ist verrückt! Er spinnt!, so kreischen sie in Angst.
Er bringt ja alles durcheinander!
Er lädt auf unsere Häupter Gottes Zorn!

Da stellt sich Petrus ihnen in den Weg.
Wartet! Was ruft ihr da? Sprecht ihr von Jesus?

Von Jesus, in der Tat, auch wenn es schien:
Er sei ein Geist der Rache und des Todes!

Was hat er denn getan?, fragt Petrus blass
und kalt vor Angst.

Er stürzte in den Tempel und stieß
die Tische und die Buden um!

Tische und Buden? Im Tempel?

Na ja, natürlich, sagen ihm die Leute. So viele
Fremde kommen täglich, zum Tempel,
von weither! Sie haben Geld und kaufen gern:
Wegzehrung, Andenken und Schmuck.
Es ist ein blühendes Geschäft –
bis einer kommt wie Jesus.

Er hat ja wie ein Stier gebrüllt, getobt wie ein Besessener:
Es ist des Vaters, nicht des Geldes Haus!
Münzen und Waren flogen uns wie Pfeile
um die Ohren. Die Händler sind geflohen.

Seid still, ruft Petrus, seid doch still!
Wenn das der Hohepriester hört –
und schlimmer noch: Herodes …

Er sieht die Leute drohend an. Dann zeigt er
auf den Baum: Verdorren sollt ihr dann
wie dieser Feigenbaum. Hört mich,
Das ist ein Fluch
Und wird sich ganz gewiss erfüllen!

Steht nicht geschrieben:
Mein Haus soll heißen ein Bethaus
allen Völkern?
Ihr aber habt eine Räuberhöhle
daraus gemacht.

Markus 11, Vers 17

Und grad in diesem Augenblick lässt
hinter ihm der grüne Feigenbaum
die Blätter alle hängen.
Er sieht so zum Erbarmen aus,
dass alle voll Entsetzen schweigen
und schleichen sich davon,
bedacht, dem Fluch noch zu entkommen.

Petrus aber kehrt zurück dahin, wo sie geschlafen haben,
und wartet auf die anderen.

Sie kommen lange nicht.
Als sie dann da sind, ist Jesus nicht dabei.
Wo ist er?, fragt Petrus in neuer Angst.
Ist er denn schon verhaftet?

Er sitzt unter dem Feigenbaum, sagt Bartholomäus ratlos.
Er wollte nicht mehr weitergehen und schickte uns voraus.
Petrus, was er da getan hat …

Richtig war's und gut!, ruft Judas.
Er hat die Maske endlich fallen lassen!

Was für eine Maske, Judas?, fragt da Jakobus scharf.

Die Maske des Armen, Schwachen, Freundlichen,
sagt Judas. Er muss hart und mächtig sein,
denn sonst erreicht er nichts.

Er ist der Sohn des Gottes, der das Leben liebt,
sagt Petrus. Wem das nicht passt, der kann gehen.

Du oder ich, sagt Judas leise.
Das wird sich bald entscheiden.

Jesus besinnt sich auf seine gute Macht

Petrus nimmt den Wanderstab und geht zurück zur Stadt.
Von weitem sieht er Jesus sitzen.
Er hält den Stamm des Feigenbaums umklammert
und drückt die Wange an die Rinde.

Siehst du, sagt Petrus und tritt neben ihn,
nachher tut es dir Leid.
Jesus blickt auf und sieht ihn an.
Ja, sagt er, Petrus, sehr.

Wird Gott dir böse sein, weil du ein Leben
deinem Zorn geopfert hast, fragt Petrus.
Nicht böse wird er sein, doch traurig,
sagt Jesus ernst und still.

Wird Gott dir böse sein, dass du in seinem Haus
gelärmt hast und gewütet?
Als ich es tat, sagt Jesus, fand ich, es sei richtig.

Jedoch …?, fragt Petrus.
Jedoch, ich habe alle nur erschreckt.
Den Sinn haben sie nicht verstanden
und deshalb war es falsch. Es diente meinem Zorn,
nicht Gott, und nicht dem Heil, das ich
verbreiten will.

Meister, sagt Petrus, kannst du den Feigenbaum nicht heilen?
Ich könnte alles, was ich will, sagt Jesus.
Jedoch: Ich war's, der ihn zerstörte.
Wie könnte er mir glauben, ich würde ihm was Gutes tun?

Petrus, weißt du, was ich gesehen habe,
als ich zum Zion kam und in den Tempel?
Die Händler?, sagt Petrus und zieht die Schultern hoch.
Jesus winkt ab.
Ich sah ein Trümmerfeld, sagt er.
Kein Stein war auf dem andren.

Petrus schlägt die Hände vors Gesicht.
Warum, Herr, und was soll das bedeuten?

Ich glaube, sagt Jesus, dass am Ende,
wenn irgendwann einmal
der Himmel und die Erde ganz dasselbe sind,
nichts zählen wird, was Menschen je für sicher hielten:
nicht Schätze noch Ruhm noch Macht noch Wissen
und nicht Erbautes, sei es noch so hoch und fest.

Weißt du, was ich vorhin im Tempel sagte?
Der Tempel ist nur Menschenwerk, aus Steinen aufgebaut.
Ich könnte ihn zerstören und einen neuen bauen
aus Liebe, Hoffnung und Vertrauen.
Den würde Gott viel häufiger bewohnen
und so den Menschen sehr viel näher sein.

Ja, Meister, das könntest du wohl, sagt Petrus.
Wir aber können's nicht. Drum lass lieber den
Tempel, wie er ist. Zwar suchen viele dort
Gewinn – doch andre Hoffnung und ihr Leben.

Jesus nickt und streicht über die raue Rinde.
Ich gebe dir und mir mein Wort, sagt Jesus.
Ich werde nie mehr zornig sein.

Da ist es Petrus so, als sei auf einmal
neues Leben in dem toten Baum.

Das wird natürlich Judas gar nicht freuen,
sagt Petrus, als sie gehen.
Und Jesus seufzt und nickt.

Himmel und Erde werden vergehen;
meine Worte aber werden nicht vergehen.

Markus 13, Vers 31

König Herodes und der Hohepriester lassen Jesus prüfen

Es kommt trotz Petrus' Drohung vor den König,
was Jesus mit den Händlern tat. Herodes fürchtet Aufstand,
der Hohepriester Gottes Zorn.
Sie beide schicken ihre Spitzel.

So soll ein Freund des Königs listig prüfen,
ob Jesus Rom das Recht auf Steuern streitig macht.

Du weißt, Herr, sagt der Mann, es gibt nur einen wahren
König für alle Kinder Israels. Gott ist es, in der Höhe.
Da ist es doch gewiss verderblich, dass da in Rom
der Kaiser von Gottes Kindern Geld verlangt.

Judas tritt nah zu Jesus. Jetzt, Herr, flüstert er,
jetzt sage allen deine Meinung. Die Römer sind verhasst und
fremd. Bald jagst du sie zum Teufel!
Judas, sagt Jesus. Gib mir eine Münze.

Sag mir, meint Jesus und hält dem Mann die Münze hin,
wer ist denn auf der Münze abgebildet, der Kaiser oder Gott?

Der Kaiser, Herr. Das weiß doch jeder.
Was fragst du dann, sagt Jesus, wem dieses Geld gehört?
Gebt doch dem Kaiser, was er so begehrt!

Meister, das war feige, sagt Judas, als der Mann gegangen ist.
Du wirst doch nicht *Herodes* fürchten?
So zeige mir zumindest, dass du dem Hohepriester trotzt.
Und Judas nimmt Jesus beim Arm und
schleppt ihn durch die Stadt zum Tempel.

Da warten schon die Priester um Jesus listig auszufragen
und hinterher zu sagen: Jesus spricht nicht recht von Gott.

Da, ruft Judas, geh zu ihnen!
Sag ihnen ins Gesicht, sie sollen sich verneigen.
Du bist der neue David, Gottes Sohn!

Kannst du dir nichts Bessres denken als einen neuen David?,
fragt Jesus ärgerlich.
Das hören auch die Priester und die Schriftgelehrten.
Sie flüstern: Er beleidigt Gott.
Und denken: Er muss sterben.

Judas sieht sie fragend an.
Und Jesus weiß:
Er denkt dasselbe.

Markus erzählt, wie Jesus Abschied nimmt

So kam es, dass Judas Jesus am Ende verriet, sagt Markus.
Er täuschte sich einfach.
Den falschen König wollte er in Jesus sehen und dann
war er enttäuscht.

Und trotzdem, sagt Cornelia, ich glaub, es hat ihm Leid getan.

Jesus hat ihn gewarnt, sagt Thomas. Seht, hier steht es:

> Wer den Gottessohn verloren gibt,
> der geht selbst hoffnungslos verloren.

Kommt, wir bleiben draußen vor der Stadt, sagt Jesus zu den Zwölf.
Wir haben noch drei Tage Frist, bevor Jerusalem sich rüstet
zum jährlichen Befreiungsfest.

Auf dem Weg begegnen sie einem Aussätzigen.
Sie heilen ihn und gehen in sein Haus und feiern seine Rettung.
Es ist beinah wie früher, sagt Jakobus.

Da lächelt Jesus traurig. Ihr habt es nicht mehr leicht mit mir,
sagt er und hebt die Schultern.
Meister, meint Andreas lachend, mit dir war's niemals leicht!
Wir sind daran gewöhnt.

Da tritt auf einmal eine Frau ins Haus.
Sie sieht nicht vornehm aus, viel eher arm und ungepflegt.

Mir ist, als ob heut meine Hochzeit wäre,
sagt sie und sieht nur Jesus an.
Ein Tag, so wunderbar, der kommt mir niemals wieder.

Die Augen Jesu sind weit offen. Er sieht ihr bis ins Herz.

Hoff nicht zu viel, sagt er ihr leise.
Da tritt sie auf ihn zu. Zu viel kann man nicht hoffen,
sagt sie, wenn man am Quell des Lebens steht.

Sie öffnet eine kleine Flasche, die sie verborgen
in ihrer Hand gehalten hat. Sie hebt die Hand und gießt,
was drin ist, auf Jesu Haar und sein Gesicht.

Der Duft verrät, es ist ein teures Nardenöl, zu teuer und
zu gut für alle, die nicht König sind.

Bist du verrückt?, rufen entsetzt die andren Gäste.
Welch eine Dummheit, solchen Schatz so einfach wegzugießen!

Die Frau sieht aber nur auf Jesus.
Verstehst du, was ich tat?

Jesus steht auf und nimmt das kleine Glas.
Versteht ihr nicht?, fragt er die andren. Sie hat das Richtige getan.
Sie gab Gott alles, was sie hatte, für diesen einen Augenblick.

Es gibt ja Zeit zu feiern und Zeit zu trauern, andrerseits.
Die Zeit der Trauer ist schon nah. So lasst uns umso ernster
zusammen fröhlich sein.

Judas reicht er dann das Glas. Gesalbt hat man mich nun, sagt er,
nach Art der Könige. Und doch, du siehst es, vielfach anders:
in Armut, Schwäche und Gefahr.

Doch Judas wirft die Flasche wild zu Boden.
Verfluchte Schwäche, ruft er laut.
Am Boden knirschen Scherben.

Jesus stärkt seine Jünger, doch die Schwäche ist stärker

Bleibt hier, sagt Jesus zu den Zwölf. Ihr müsst nicht weiter
mit mir gehen. Ich will allein hinauf zum Ölberg.
Im Garten dort, Gethsemane, will ich mit meinem Vater sprechen.

Es ist die Stunde nach dem Abendmahl.
Sie sind ganz unerklärlich traurig.
Sie alle haben es gespürt:
Es war ein Abschied. Niemals mehr wird Jesus
Brot mit ihnen teilen und den Wein.

Judas ist hinausgelaufen. Johannes hat geweint
und Jesus hat gesagt,
was keiner recht verstanden hat.

Meister, geh nicht allein, bittet ihn Petrus.
Ich habe Angst um dich. Ich ginge gern mit dir.

Guter Gedanke, Petrus, sagt Jesus
nach langem Bedenken.
Nur du, Johannes und Jakobus.
Die andern gehen schlafen.

Und als sie in dem Garten angekommen sind,
da ist den Dreien Jesus nah.

Er ist auf einmal so wie sie,
voll Angst und voller Zweifel.
Voll eitler, unbedachter Träume:
Ich zeige es allen; sie sollen sich wundern.
Oder: Ich lauf ihnen einfach davon.

Komm, Petrus, scheint Jesus zu sagen,
warne mich wieder,
sag: Meister, lass uns überlegen.
Sag mir noch einmal: Flieh, lauf heim,
Meister, bitte deinen Vater …

Du sagst es nicht?
Warum denn nicht?
Petrus, bist du … eingeschlafen?

Petrus reibt sich seine Augen.

Und als sie aßen, nahm Jesus das Brot,
dankte und brach's und gab's ihnen und sprach:
Nehmet; das ist mein Leib.
Und er nahm den Kelch,
dankte und gab ihnen den;
und sie tranken alle daraus.
Und er sprach zu ihnen: Das ist mein Blut des
Bundes, das für viele vergossen wird.

Markus 14, Verse 22 bis 24

Nein, Meister, eingeschlafen nicht.
Jedoch, was du da sagst, will ich nicht hören.
Es scheint mir kein guter Gedanke.

Petrus, scheint Jesus ein zweites Mal zu sagen,
du wolltest doch immer an meiner Seite sein.
Gehst du für mich mit den Soldaten?
Trägst Spott und Folter
und das Kreuz?

Du zitterst?
Und du willst es nicht?
Petrus, lässt du mich im Stich?

Petrus ringt die Hände.
Nein, Meister, nicht im Stich.
Jedoch, was du verlangst, hat keinen Sinn.
Wie kann ein Fischer deine Arbeit tun?

Petrus, scheint Jesus ein drittes Mal zu sagen.
wenn ich nicht du sein kann und du nicht ich,
so sag mir, was du immer sagtest:
Tu was. Das war ja stets der rettende Gedanke.

Petrus steht langsam auf. Wann ist er hingefallen?
Vor ihm steht Jesus und er sieht ihn an,
als säh er ihn zum allerletzten Mal.
Meister, sagt er. Tu, was du tun musst.

Jesus nickt. Das hat mein Vater auch gesagt.

Markus beendet seinen Bericht mit einem großen Fragezeichen

Den Rest, sagt Markus, kennen alle. Ich schreibe auf, was Lydia in der Kirche sagte:

Wie die Soldaten kamen und Judas ihnen Jesus zeigte.
Wie ihn der Hohepriester fragte und er ihm seinen wahren Namen sagte.
Wie ihn Pilatus retten wollte und sich doch leicht geschlagen gab.
Wie Jesus litt und starb, begraben ward und auferstand.

Es fehlt noch zweierlei, sagt Thomas, die Rolle mit den Jesus-Worten in der Hand:

Was Jesu' letzte Worte waren – und seine ersten, nach der Auferstehung.

Ihr sollt jetzt gehen ohne mich.
Heilt Menschen, so wie ich.

Petrus hat geträumt.
Er schreckt auf in einem dunklen Winkel,
in den er sich verkrochen hat,
nachdem er so versagte.

Gottes Sohn hat er allein gelassen, Jesus, seinen Meister.
Schlimmer als Judas, denkt er.
Judas hat getan, woran er glaubte.
Ich aber, so schwach, so jämmerlich schwach …

Er hat geträumt von Jesu Abschiedsworten,
damals, als die Zwölf allein wandern sollten,
doch nur für kurze Zeit: Sie fanden sich ja wieder.
Und jetzt? Ein Kreuz. Ein Grab.

Ihr sollt jetzt gehen ohne mich.
Heilt Menschen, so wie ich.

Ach, Meister, nein, ich will das nicht.
Ach, ich will überhaupt nie wieder gehen.
Ich will hier bleiben, in dem dunklen Winkel,
will träumen und schlafen und … sterben.

Wachet und betet,
dass ihr nicht in Versuchung fallt.
Der Geist ist willig,
aber das Fleisch ist schwach.

Markus 14, Vers 38

Petrus hört, was Frauen sich erzählen.
Es ist vorbei, tot, aus – gestorben, Gottes Sohn.
Er starb mit einem Schrei und dann war's still.
Was hat er denn geschrien?, fragt Petrus unbedacht.

Es hat sich angehört, als rufe er Elia, Gottes Freund,
sagt eine. Die zweite weiß es besser.
Mein Gott, hat er gerufen. Mein Gott,
warum lässt du mich so allein?

Nein!, schreit Petrus voll Entsetzen.
Das ist nicht wahr, und außerdem:
Das hat er nicht gerufen!
Sie sehen ihn an, als wäre er verrückt.
Kopfschüttelnd gehen sie und lassen ihn allein.

Ihr sollt jetzt gehen ohne mich.
Heilt Menschen, so wie ich.

Petrus weint und gibt sich auf.
Sein Mut ist ganz verloren.
Gott, betet er, du nanntest ihn doch deinen Sohn.
Petrus, sagt Gott, ich will dich nicht enttäuschen.
Trau doch auf mich, ich mein es gut.

Die Kunde von dem leeren Grab kommt spät bei Petrus an.
Doch schon bevor die Frauen rufen: Er lebt!
Er ist nicht bei den Toten,
ist Petrus aus dem Loch gekrochen.
Er kann den Traum auf einmal weiter träumen.

Als Jesus diese Worte sprach: Ihr sollt jetzt gehen ohne mich –
da hat er noch viel mehr gesagt und mehr als nur gesprochen.
Er hat die Hände über sie gehoben und Gottes Nähe zugesagt.

Nehmt Gottes Nähe mit auf euren Weg.
Was andres braucht ihr nicht.

Wirklich? Mag sein.
Doch, Herr, ich bin bloß Fischer. Gib mir Brot!

Und Jesu *erste* Worte, Markus, nach der Auferstehung …?,
mahnt Cornelia.
Die musst du selber finden, sagt Markus.
Mir scheint, sie bleiben ein Geheimnis.

Matthäus erzählt: Wie Gottes Versprechen in Erfüllung geht

Matthäus sitzt in seiner Kammer. Sein Lesefinger gleitet über Schrift.
Ein jedes Wort, murmelt er vor sich hin, ein jedes Wort ist heilig.

Da kommt Maria, seine Frau, mit einer neuen Rolle Schrift.
Was liest du denn, Matthäus?, fragt sie ihn.
Von Jesus Christus, unserm Herrn, antwortet er feierlich.

Vor vielen hundert Jahren schon verkündigten es die Propheten:
Gott sendet einen neuen David,
der die verirrten Kinder Israels zurück zum Vater bringt.

Maria seufzt. Wie oft hört sie die Leute sagen: Dein Mann ist wunderlich.

Jesus zu suchen, in alten Worten, die aufgeschrieben wurden,
als Jesus noch nicht einmal geboren war!

Matthäus lässt sich nicht beirren. Maria, sagt er immer,
die Boten haben damals schon gewusst, dass Jesus kommen wird.
Doch als er kam, hat Israel ihn nicht erkannt.
Warum nur nicht? Warum?

Matthäus ist in Davids Stadt gereist. Am Tempel besprach er mit Gelehrten
die Worte von Jesaja, Micha und Ezechiel und anderer Propheten.

Seht ihr nicht? Erkennt ihr nicht?
Der neue David, der Gesalbte, der König, auf den alle hofften –
in Jesus kam er auf die Welt.

Seit Matthäus wieder da ist, ist er traurig. Maria, sagt er ratlos. Sie sehen es nicht.
Sie können es nicht sehen. Sie sagen: Jesus war ein Lügner
und warten weiter auf den wahren König.

Ich hab was Besseres für dich, erzählt Maria heute ihrem Mann.
Der alte Simon hat es mir gegeben. Schau:
Jesus – Wie der Gott-bei-uns lebt und wirkt.

Markus, der das geschrieben hat, ist noch am Leben,
nicht tot wie dein Jesaja.

Matthäus will beweisen: Jesus stammt von David ab

Zeig her, sagt Matthäus. Er streckt die Hände nach Marias Rolle aus.
Das werden wir ja sehen!

Dann liest er nur die ersten Worte. Ha, lacht er zornig. Was für ein Beginn!
Kein Wort davon, dass Jesus Davids Erbe war!

Er nimmt die Feder und schreibt in Markus' Buch hinein.

Seit Abraham das Band bekam,
mit dem sich Gott an Menschen band,
ist dieses Band niemals gerissen.
Von Abraham zu Isaak, von Isaak zu
Jakob, mit Jakobs Söhnen nach Ägypten,
mit Mose durch die Wüste, mit Josua
nach Kanaan – so hat es Gottes Volk
begleitet und Israel war nie allein.

Das Band der wahren Gottestreue hat
von den Zwölfen Juda damals aufbewahrt.
Es war das Band, an das Rebekka von
Abraham und Isaak ein Zeichen band und
Rahel ihre Locke.

Dieses Band bekam von Judas Enkeln
Boas. Der traf beim Ährenlesen die schö-
ne Rut aus Midian. Ihr Sohn Obed war
Isais Vater und Isai der Vater Davids,
unsres Königs. Von David wanderte
das Band von Sohn zu Sohn bis Josef,
dem Zimmermann in Bethlehem,
der Jesu Menschenvater war.

Wer das nicht sehen will, ist blind.
Jesus ist Davids Erbe. Er trägt das Band
zurück zu Gott, damit – auch wenn
das Band zerreißt – der Bund der
Liebe ewig bleibt.

Ein Bote Gottes kommt zu Josef und sagt ihm von dem Kind,
das seine Frau Maria von Gottes Geist empfangen hat. So spricht Gott:

Du sollst den Jungen Jesus nennen. Das heißt ja: der, der alles *richtet.*
Sein wahrer Name aber, der, den ich für ihn längst wählte,
ist Gott-bei-uns, Immanuel.
Gib gut Acht auf ihn. Er ist mir lieb und teuer.

Da erinnert Josef sich, was in den Worten Michas und Jesajas steht.

Wie David kommt ein neuer König, aus Bethlehem wie David.
Ein König, der nicht schlägt noch schreit. Gott-bei-uns ist sein Name.
Ein Herr des Friedens, der Gerechtigkeit
und Milde. Ewig wird er herrschen über alle Menschen.

Drei Fremde suchen einen neuen König

Markus beginnt seine Geschichte mit Jesu Taufe, sagt Maria.
Von Jesu Kinderzeit weiß er wohl nichts.

Aber ich, ruft Matthäus lebhaft. Ich weiß darüber gut Bescheid.
Wie Mose wurde er verfolgt, als er noch in den Windeln war, wie Abraham
und Josef floh er nach Ägypten, wie Israel rief Gott ihn dann zurück.

Woher willst du das alles wissen?, fragt Maria voller Zweifel.
Hier steht es, sagt Matthäus und deutet auf die alten Worte.
Und dann, Maria: Die Fernen haben ihn erkannt, die Nahen aber nicht!

Er nimmt seine Feder und schreibt in Markus' Buch.

Drei weise Männer aus dem Osten, wo Abraham einst aufbrach,
entdeckten einen neuen Stern. So hell und schön stand er am Firmament,
dass sie ihn nicht vergessen konnten. Sie glaubten fest, dass er sie rief,
und suchten in den alten Schriften, um seinen Namen zu erfahren.

Der Stern des großen, guten Königs, der alles richten wird,
las Melchior den beiden andren vor. Das muss er sein, das ist sein Name.
Der Stern ist aufgegangen. Das heißt: Der König ist geboren.

Den will ich sehen, rief Balthasar. Ich hoffe, er ist anders als
die andern, die sich in dieser Welt mit Thron und Krone zieren!
Den muss ich sehen, sprach Kaspar. Vielleicht, dass man ihn gnädig
stimmen kann, wenn man ihm kostbare Geschenke bringt.

Den säh ich gern, sprach Melchior. Mir scheint, es könnte sein, dass dieser
neue König Antwort weiß auf alles, was wir nie zu fragen wagen.
Die beiden andern tauschten einen Blick, der sagte: Wir verstehen dich nicht.
Doch einig waren sie sich alle drei zu reisen und dem Stern zu folgen.

Der Stern ging stets vor ihnen her, bis sie Jerusalem erreichten.
Dieses Land, sprach Kaspar, regiert auf Roms Befehl Herodes. Zu ihm,
denk ich, hat uns der Stern geführt. Vielleicht ist ihm ein Prinz geboren!
Wir können ja mal fragen … Die Freunde klangen nicht begeistert
und Melchior sprach zu sich selbst: Das wäre aber schade.

König Herodes saß auf seinem Thron und blickte gierig auf die Schätze, welche die Weisen mit sich führten. Ihr bringt mir Grüße aus dem Orient?, fragte er stolz und scheinbar freundlich. Das auch, entgegnete ihm Kaspar.

Vor allem wollen wir den neuen König sehen. Wir eilten von weither, um als die Ersten Glück zu wünschen und uns vor ihm zu neigen.

Ein neuer König? Herodes fing zu stottern an. Wer soll das sein? Was fällt euch ein? König bin *ich!* Und außer mir sonst keiner!

Balthasar sah fröhlich aus, als Herodes so verwirrt war. Dann hast du keinen neugebornen Sohn?, sprach er und lachte laut. Dann müssen wir es anderswo versuchen, rief Melchior. Das hab ich schon geahnt! Der neue König muss ganz anders sein als du und jeder König dieser Welt!

Wie, stammelte Herodes, wie kommt ihr drauf, dass da ein neuer König zur Welt gekommen ist? – Wir entdeckten einen neuen Stern, erzählte Kaspar. So hell und schön stand er am Firmament, dass wir ihn nicht vergessen konnten. Wir fanden in den alten Schriften seinen Namen: Der Stern des großen, guten Königs, der alles richten wird.

Der Stern ist aufgegangen. Das heißt: Der König ist geboren.

Herodes wurde blass und rot und alles durcheinander. Wenn ihr ihn findet, bat er dringlich, kommt wieder und berichtet mir von ihm. Auch ich will ihn dann ehren.

Als Kaspar, Melchior und Balthasar dann später weiter zogen, da lachten sie und sahen sich an. Wir haben ihn erschreckt! Er will gewiss dem Kind nichts Gutes tun, er wird es töten wollen!

Und insgeheim gelobten sie Herodes nichts zu sagen: Wenn wir das Kind gesehen haben, so ziehn wir schweigend heim. Da war es, als wenn Engel nickten: Ja, so soll's sein. So ist es Gottes Wille.

Auf einmal stand der Stern vor ihnen still. Sie waren nah bei Bethlehem.
Wir sind gleich da, flüsterte Kaspar. Er zügelte das Tier, auf dem er ritt.
Was ist denn? Warum hältst du an?, fragte verwundert Balthasar.

Ich habe plötzlich schrecklich Angst, sprach Kaspar, sehr verlegen.
Ein König, der ein Richter ist – der könnte mich vernichten!

Da hielt auch Balthasar sein Tier zurück. Die Hände zitterten.
Und wenn er gar so mächtig ist, er könnte uns, versehentlich,
mit einem Augenzwinkern töten! Ich glaube nicht, sprach Melchior.

Auch wenn ich keine Ahnung hab, was ich wohl glauben sollte –
Ich glaube nicht, dass seine Größe mit blinder Macht zu tun hat, mit Gewalt.
Und schließlich: Er ist gerade erst geboren. Glaubt mir, wir können's wagen.

Was sie im Schein des Sterns in Bethlehem dann fanden, war ein
schlichtes Haus und darin eine Mutter. Sie trug nicht Samt noch Seide
und hatte keinen Schmuck, doch Glanz auf dem Gesicht vor Freude.
Oh, welch ein Wunder ist ein Kind!, sprach sie und küsste ihren Sohn.

Josef, der Zimmermann, empfing die fremden Gäste. Und dieses Kind
wird König sein?, sprach Balthasar mit Staunen. Ja, sagte Josef schlicht,
gewiss. In meinem Herzen ist er König. Und Gott sagt, auch in seinem.

Das Kind sah aus wie jedes neugeborne Kind. Schwach, wehrlos und
vertrauensvoll streckt es die Arme nach dem Leben aus.
Und bat nur: Habt mich lieb!

Ein Kind wie alle Kinder, sprach Kaspar, sehr erleichtert. Balthasar nickte.
Und doch war er ein wenig auch enttäuscht. Warum der Stern,
die Engel und die weite Reise – wenn dies ein Kind wie alle wär?

Melchior blieb einfach knien.
Das Wunder des Lebens, jetzt hab ich's erkannt.
Maria, die Mutter Jesu, blickte ihn fragend an. Sag es mir, hoher Herr!

Alles, Maria, was zählt im Leben,
sprach Melchior, ist so wie Mutter und Kind:
Vertrauen bei ihm,
Erbarmen bei ihr,
dazwischen als Band die Liebe.

Wir suchten den König und fanden ihn
und finden ihn wieder in jedem Kindergesicht
und in den Augen jeder Mutter.

König Herodes tötet Kinder

König Herodes merkte bald: Die Weisen kamen nicht zurück. Da wurde er nervös. Er träumte nachts, ein König werde kommen, mit Schwert und Wagen, in strahlendem Glanz, und schlüge ihm die Krone – mitsamt dem Kopf – von seinem Hals.

Am Morgen saß er zitternd auf dem Thron, im Schoß die Königskrone. Wo sind sie denn, die klugen Herrn, rief er. Wo sind meine Berater? Da eilten sie herbei.

Ihr Narren, schrie er laut. Wie kann es möglich sein, dass Fremde kommen und mir sagen, was hier vor meiner Tür geschieht? Weh euch, wenn ihr nicht findet, was ich suche. Dann rollen Köpfe, seid gewarnt!

Da traten zwei Gelehrte vor, mit schweren, alten Rollen Schrift. Jehuda und Manassem hießen sie und waren Zwillingsbrüder. Von außen kaum zu unterscheiden, doch innen unverwechselbar. Was immer der eine für richtig hielt, das fand der andere falsch.

Manassem zog an Jehudas Arm und sagte: Lass es sein! Jehuda aber schüttelte ihn ab und neigte sich vorm König. Micha, der Prophet, hat es seit Langem schon vorhergesagt: Wie David kommt ein neuer König, aus Bethlehem wie David.

Bethlehem, rief da der König und sprang behände auf. Bethlehem, das ist nicht weit. Da also lebt der Feind, der elende Verräter, der Lust auf meine Krone hat. Das soll ihm schlecht bekommen. – Soldaten, rief er. Auf nach Bethlehem! Dort geht in jedes Haus! Und jedes neugeborene Kind – wenn es ein Junge ist – muss sterben.

Der König, flüsterte Manassem schaudernd seinem Bruder zu, ein Kindermörder wie einst Pharao! Riet ich dir nicht: Sei still. Er wies auf eine andre Rolle Schrift. Da reißen Pharaos Soldaten den Frauen ihre Kinder von der Brust. Aaron aber verbarg Mose, und Mose war der, den Gott zum Retter machte.

Auch dieser Eine wird entkommen, behauptete Jehuda. Manassem, wart's nur ab: Wenn Gott es will, ist dieser Junge unantastbar.

Monate später hörten Jehuda und Manassem ein Gerücht:
Ein Zimmermann aus Bethlehem sei über Nacht verschwunden.
Er habe einen Esel mitgenommen, dazu Maria, seine Frau,
und seinen neugebornen Sohn. Soldaten seien seiner Spur verfolgt,
doch sie verlor sich in Ägypten …

Siehst du, rief da Jehuda. Sie flohen mit dem neuen David
hinunter nach Ägypten. Genauso steht es in den alten Schriften.
Sein Bruder aber winkte ab. Ein Zufall, Jehuda, nicht mehr.

Ich wette mit dir, sprach Jehuda: Wenn die Gefahr vorüber ist,
dann taucht derselbe Zimmermann im Norden auf, in Nazareth.

Manassem lachte laut. Das glaubst du, weil ein anderer Prophet
einst sprach: Der neue David ist ein Mann aus Nazareth?

Höre, mein Bruder, ich biete eine andre Wette: Wenn das,
was du da sagst, geschieht, ist dieser Zimmermann
kein Zimmermann, sondern ein ganz gerissner Gauner!

Matthäus überlegt, was das bedeutet: Jesus ist der, der alles richtet

Bist du zufrieden mit dem, was Markus sonst noch über Jesus schreibt, fragt ihn Maria. Matthäus seufzt. Es ist mir einfach nicht genug.

Gewiss, die Taufe und die Prüfung in der Wüste – das mag wohl so gewesen sein –
und dass er erste Jünger fand und dass er predigend und heilend durch die Gegend zog.
Doch, *was* er predigte, darüber muss man viel mehr sagen, als das, was Markus aufgeschrieben hat.

Die Rede vom Geheimnis ist nicht richtig.
Denn Jesus verriet unverhüllt, wie er uns Menschen helfen will und wozu er geboren ist.

Matthäus greift zur Feder und schreibt's auf.

Meister, es ist besser: Zeig dich nicht, raten Johannes und Jakobus.
Die Jünger sind erst elf, nicht zwölf.
Matthäus, der Zöllner, ist noch nicht dabei.

Eine Weile schon sind sie umhergezogen,
predigend und heilend, und kommen nicht zur Ruhe.
So viele Menschen laufen ihnen nach,
bitten und flehen und drängen sich um Jesus.

Meister, wenn du dich heute nochmals zeigst …
Sie könnten dich zerdrücken, sagt Jakobus.
Sie drängen sich doch meinetwegen, gibt Jesus zu bedenken.

Nicht deinetwegen, Meister, widerspricht Johannes.
Nur dass sie selbst geheilt sein wollen, das treibt sie zu dir hin.
Wärst du der Teufel auch persönlich – sie kämen,
wenn du Wunder tust und heilst.

Da ist es lange still. Glaubst du das auch?, fragt Jesus
Petrus, den er den Felsen nennt, nüchtern und fest.

Meister, sagt Petrus, mich hast du ja nicht heil gemacht.
Mich quälte äußerlich kein Schaden. Und doch hast du mich
eingefangen, so dass ich alles, was mir wichtig war,
zurückgelassen habe um ganz bei dir zu sein.
Das wär mir mit dem Teufel nicht passiert.

Die andern Jünger lachen. Jesus nickt und überlegt.
Das ehrt dich, Petrus, und ich glaube dir, sagt er.

Ihr warnt zu Recht vor der Gefahr:
Die Menschen könnten mich verwechseln.
Sie müssen lernen, worauf's ankommt.
Ich muss sie lehren meine Wunder zu verstehen.

Kommt, wir steigen auf den Berg.
Wenn ich dort oben predige,
so können's alle hören.

Zur gleichen Zeit erhalten Jehuda und Manassem,
zwei alte Schriftgelehrte, Zwillingsbrüder,
vom König und vom Hohepriester den Auftrag,
dringend und geheim:

Findet heraus, wer dieser Jesus ist:
ein Lügner und ein Frevler? Doch ganz gewiss nicht wirklich
der neue David, Gottes Sohn?

Jesus sagt, worauf es ankommt: Wer darf hoffen?

Als Jesus von oben zu reden beginnt, sind alle, die ihm folgen, still.

Ein Mann schiebt sich nach vorn, den alle andren meiden.
Es ist Matthäus. Man nennt ihn nur: den Zöllner.
Matthäus lebt von Zollgebühren, die er im Namen Roms kassiert.
Es ist ein gutes, sicheres Geschäft und bringt ihm viel Gewinn.
Jedoch, er zahlt dafür als Preis, dass er allein ist auf der Welt.
Denn niemand hat ihn gern. Die meisten hassen ihn sogar.
Er dient ja fremden Herren.

Matthäus hat von Jesus schon gehört und seitdem
treibt ihn Sehnsucht, den Mann zu sehen,
der mit den Stummen spricht
und der den Blinden Augen öffnet.
Wer, fragt Matthäus, gibt ihm solche Macht?
Wirkt er, wie ich, im Auftrag eines fremden Herrn?
Ist sein Herr besser als der Kaiser?
Und wenn er heilt, wie alle sagen – kann er auch heilen,
was bei mir nicht gut ist und verkehrt?
Matthäus schiebt sich weiter vor und hört, was Jesus sagt.

Meine Worte richten sich an euch, ruft Jesus,
die ihr hergekommen seid,
weil ihr ein Heil sucht, das euch fehlt.
Ihr seid vielleicht nicht weise, nicht verständig.
Ihr trauert und tragt Leid.
Ihr gebt gern nach und könnt euch nicht behaupten.
Ihr wünscht euch zu empfangen,
was euch zum Leben fehlt.
Ihr könnt vor Kummer über alles Böse, das geschieht,
in mancher Nacht nicht schlafen.
Ihr würdet gern in Frieden leben mit euren Nachbarn,
nah und fern, und Krieg könnt ihr nicht leiden.
Ihr habt getan, was ihr für richtig hieltet,
doch keiner hat es euch gedankt.
Ihr seid mir nachgelaufen, weil ihr auf mich traut,
und nehmt in Kauf, dass andre euch deswegen
für dumm erklären und verrückt.

Selig sind, die da hungert
und dürstet nach der Gerechtigkeit;
denn sie sollen satt werden.

Matthäus 5, Vers 6

Euch alle sieht und segnet Gott, mein Vater,
der Abraham einst mahnte, zu ziehen und zu zelten
und ein Herz zu haben, das nie zu früh zufrieden ist.

Wer sucht wie ihr, der bleibt beweglich.
Wer Türen offen hält, bei dem weht frischer Wind
und Staub kann sich nicht setzen.
Ihr habt euch auf den Weg gemacht,
weil ihr noch wisst, dass euch was fehlt.
Die, die zu Hause bleiben und glauben, dass sie alles haben,
die bleiben mir – und auch dem Himmel – fern.

Matthäus ist stehen geblieben, als alle anderen längst sitzen.
Seine Augen hängen an dem Mann da oben,
auf den die Abendsonne schräge Strahlen wirft.

Wer sucht wie du … Matthäus hört die Worte,
als spräche Jesus nur für ihn.

Gott sieht dich an. Du hast dich auf den Weg gemacht.

Ja, flüstert Matthäus, ja, ich suche und weiß noch nicht, wonach.
Ich ahne, dass mir etwas fehlt und habe keine Ahnung, was.

Was ist der Himmel?, höre ich euch fragen, ruft Jesus in die Menge.
Der Himmel ist, wo Gott euch nahe ist. Das heißt nicht, fern der Menschenwelt.
Nein, Gott ist nah, wo Menschen auf ihn trauen!

Gott ist nah. Matthäus fühlt sich schwach. Auch mir?

Gott ist für die Guten, hat er sich stets gedacht,
für die, die niemals krumme Wege gehen.
Gott ist für die Gelehrten,
die Tag und Nacht in Schriften Weisheit suchen.
Gott ist für die Priester,
die Regeln kennen für den rechten Gottesdienst
und niemals eine davon brechen.

Ihr seid das Salz der Erde.
Ihr seid das Licht der Welt.

Matthäus 5, Verse 13 + 14

Gott ist nah – jetzt, hier, in diesem Mann da oben,
auf den die Abendsonne schräg die Strahlen wirft.
Gott sieht mich an, denkt sich Matthäus,
wenn dieser Mann mir in die Augen sieht.

Ohne es zu wollen, fängt Matthäus an zu steigen.
Schritt für Schritt steigt er am Fuß des Bergs empor.

Was heißt denn: Gott ist nah, setzt Jesus seine Predigt fort.
Dass wir uns nicht mehr mühen müssen?
Dass er uns liebt, so wie wir sind?

Fragt ihr im Ernst? Natürlich liebt er euch, so wie ihr seid!
Und doch erwartet er von euch nicht weniger,
als die Gebote Moses sagen, sondern … mehr!

Matthäus bleibt erschrocken stehen.
Er ist zur Hälfte auf dem Berg.
Jetzt aber traut er sich nicht weiter.
Moses Gebote sind schon streng genug.
Mehr, Jesus? Nein, mehr kann ich nicht.

Erschreckt nicht, ruft da Jesus. Denn dieses Mehr, das könnt ihr,
wenn ihr wollt. Gottes Gebote wollen euch nicht außen,
sondern innen richten. Es geht zuerst um euch und nicht um andre.
Die Richtung, meine Kinder, die Richtung müsst ihr ändern.

Matthäus zögert noch. Am liebsten will er laufen, fortlaufen,
schnell und blind. Nicht mehr hören und alles vergessen
und weiterleben wie zuvor. Die Richtung, meine Kinder,
hat Jesus gesagt, die Richtung müsst ihr ändern.

Jesus sagt, worauf es ankommt: Was ist richtig?

Wenn es da heißt: Achte das Leben, spricht Jesus weiter,
das heißt nicht nur: Bring keinen um! Das heißt:
Hilf deinem Nächsten leben, so dass das Leben Freude macht.

Wenn es da heißt: Achtet die Ehe – das heißt nicht nur:
Bleibt stets zusammen. Das heißt: Bewahrt die Achtung voreinander,
selbst wenn die Liebe einst vergeht.

Wenn es da heißt: Lieb deinen Nächsten – das heißt nicht nur:
Den, den du magst. Das heißt: Auch den, der dir zuwider ist,
den du nicht leiden kannst und sogar den, der dir nur schadet.

Warum denn nur, denkt da Matthäus. Er steigt ganz langsam weiter.
Lieb sogar den, der dir nur schadet.
Das wäre was, denkt er sich plötzlich.
Wenn die, die heut den Zöllner hassen,
Matthäus, dem Verlorenen, die Hände reichen
und freundlich zu ihm sagen: Komm!

Die Richtung ändern. Da begreift er:
Was für mich Himmel wär auf Erden, das wär es für die andren auch.
Ich muss nur tun, was man mir tun soll – das ist die rechte Richtung.
Wenn ich von mir auf andre schließe, dann geht mir auf:
Vor Gott sind sie wie ich.

Vater unser im Himmel,
geheiligt werde dein Name,
dein Reich komme,
dein Wille geschehe,
wie im Himmel, so auf Erden.
Unser tägliches Brot gib uns heute
und vergib uns unsere Schuld,
wie auch wir vergeben unsern Schuldigern.
Und führe uns nicht in Versuchung,
sondern erlöse uns von dem Bösen.
Denn dein ist das Reich und Kraft
und die Herrlichkeit in Ewigkeit.
Amen.

Matthäus 6, Verse 9 bis 13

Wenn es da heißt, fährt Jesus fort, ihr sollt beharrlich beten –
so heißt das nicht: Reiht Wort an Wort. Das heißt: Habt Gott
im Sinn, bei allem, was ihr tut, und hofft ihm zu gefallen
und traut auf ihn, als sei er euer Vater.
Er gibt euch alles, was ihr braucht.

Als wäre Gott mein Vater … Matthäus kommt ins Stolpern.
Sein eigner Vater ist schon lange tot. Auf einmal sieht er sein Gesicht
und sieht ihn lächeln. Damals, die Sache mit dem Römerschwert …

Die Geschichte von dem Römerschwert

Matthäus war ein kleiner Junge,
sein Freund Thaddäus war nicht älter.
Sie fanden einen Römer schlafend
auf seiner Wache, am Palast.

Sie nahmen ihm als Mutprobe
heimlich sein schweres Schwert.
Sie bargen es in ihrem Unterschlupf,
den niemand kannte als sie selbst

und schworen: Keiner darf es wissen.
Es bleibt unser Geheimnis.
Thaddäus aber sagte es seinen Brüdern,
aus Prahlsucht, als sie ihn verspotteten.

Die Sache kam heraus.
Er musste vor Gericht. Und sprach:
Ich hab's allein gemacht.
Sie sagten: Gib das Schwert
zurück, dann wollen wir's vergessen.

Matthäus aber hatte es genommen
und unter seinem Bett versteckt.
Des Nachts warf er sich hin und her.
Er konnte vor Kummer nicht schlafen.

Und doch, fand er, bin ich im Recht!
Thaddäus, den Verräter, muss die
Strafe treffen. Die Beute aber, die
ist mein! Denn ich bin ja gerecht.

Ich habe das Geheimnis nicht verraten.
Das Geheimnis nicht, sagte eine leise
Stimme, tief innen, in Matthäus' Herz,
jedoch Thaddäus, deinen Freund.

Thaddäus trägt die Schuld und schweigt.
Du aber – solltest reden!
Matthäus wälzte sich im Bett.
Die Stimme ließ ihm keine Ruhe.

Da saß sein Vater neben ihm.
Im Kerzenschein sah er ihn an.
Es ist hart, nicht wahr, sprach er,
auf diesem Römerschwert zu schlafen?

Wäre nicht jeder Strohsack
im Gefängnis weicher –
Matthäus riss die Augen auf und sah
den Vater an – wenn nur
der Freund an deiner Seite wäre?

Du weißt es?, stammelte Matthäus.
Du weißt es und du hasst mich nicht?
Es ist noch nicht zu spät, sprach da
der Vater, das Richtige zu tun.

Matthäus stellte sich Thaddäus an die
Seite. Der Vater ging nicht mit und hat ihm
nicht geholfen. Doch als es dann vorüber
war, nahm er ihn in den Arm.

Vater, ruft Matthäus und weiß nicht, dass er betet.
Du hast mich aufgeweckt, als ich nicht ruhig schlafen konnte.
Und dadurch, Vater, fand ich neues Leben!

Die letzten Schritte auf den Berg, die geht er wie beflügelt.
Amen, sagt er zu dem, was Jesus betet.

Jesus sagt, worauf es ankommt: Was ist wichtig?

Habt ihr gehört, was ich gerade sagte?, fragt Jesus.
Gott gibt euch alles, was ihr braucht.

Da ist ein Mann, der Fische fängt,
Tag für Tag und stets genug für die Familie. Und doch,
wenn seine Frau die Mahlzeit zubereitet hat, so lecker, dass es duftet,
kann er sich niemals freuen – aus Sorge, dass am nächsten Tag
vielleicht die Fische fehlen.

Und dann die Frau: Sie webt und näht
Kleidung für sich und ihre Kinder. Und doch,
wenn etwas fertig ist und passt und richtig gut aussieht,
kann sie sich niemals freuen – sie hat gesehen, dass die Nachbarin
noch schönre Kleider hat und macht sich
wieder an die Arbeit.

Ich frage euch: Sind diese beiden
auf dem rechten Weg zu finden, was im Leben zählt?

Ich sag euch: Sie verderben sich's, weil sie auf Gott nicht trauen.
Ist er denn nicht der Schöpfer, der die Welt so eingerichtet hat,
dass jedes der Geschöpfe, was es zum Leben braucht, auch findet?

Seht die Blumen – schöner gekleidet als jede Königin.
Seht die Vögel – fröhlich ziehen sie ihre Kreise,
und Nahrung, die sie brauchen, finden sie im Nu.

Matthäus steht jetzt hinter Jesus. Die Jünger
haben einen Kreis gebildet und lassen ihn nicht weiter.

Zu finden, was im Leben zählt … Matthäus schwirrt der Kopf.
Geld ist es nicht, so viel hat er verstanden, und Schönheit
nicht noch Sicherheit. Nähe zu Gott, dem Vater, denkt Matthäus,
und Nähe, Herr Jesus, zu dir.

Denn wer da bittet, der empfängt;
wer da sucht, der findet; und wer da
anklopft, dem wird aufgetan.

Matthäus 7, Vers 8

Richtet euch nach meinen Worten, ruft Jesus da zum Schluss.
Ihr könnt drauf bauen wie auf einen festen Grund.
Und wenn ihr spürt, dass euch was fehlt: Kommt, zögert nicht!
Bedrängt den Vater und auch mich. Verheißen ist euch Fülle.

Ein Lügner, ruft Manassem, der Gelehrte. Der wahre David,
Gottes Sohn, urteilt sogleich sein Zwillingsbruder.
Die beiden haben im Verborgenen die Bergpredigt belauscht.

Wie er von Mose sprach, von Abraham und wie er die Gebote lehrt!
Jehuda ist begeistert. – Er nannte nur die Namen, keine Worte,
sagt Manassem. Und widerspricht uraltem Wissen.
Das Schlimmste aber, Bruder, ist: Er lehrt ja Gott verachten.
Er lehrt Gott lieben, sagt Jehuda.
Verachtest du die Liebe, Bruder?

Mir reicht es, sagt Manasse. Ich gehe jetzt zum Hohepriester
und gebe ihm Bericht. Noch nicht, mein Bruder, bittet ihn Jehuda.
Wir können nichts beweisen. Lass uns noch etwas länger
lauschen und sehen, was dieser Jesus tut und sagt.

Matthäus richtet sich nach der Bergpredigt

Als Jesus die Predigt beendet hat, weichen die Menschen
vor ihm aus. Er hat gesagt, sie sollen ihn bedrängen –
doch plötzlich trauen sie sich nicht.

Sieh, sagt Jesus traurig zu Petrus. Sie haben mich nicht verstanden.
Sie haben dich allzu gut verstanden, Meister, sagt Johannes.
Sie wissen jetzt, wie heilig du in Wahrheit bist …
… und lassen dich endlich in Frieden, ergänzt Jakobus.

Bis auf den einen hier, ruft Thomas. Er hält den Mann am Arm.
Er will ihn hindern zu Jesus zu laufen.
Wer ist das?, fragt Jesus.
Thomas entgegnet: Er sagt, er heißt Matthäus.

Herr, bitte, ich habe dich reden hören, ruft der Mann
und nehme dich beim Wort. Du machtest Mut, dass wir dich drängen!

Lass den Mann!, befiehlt da Jesus Thomas. Er tritt zu ihm
und sieht ihn an. Was kann ich für dich tun?, fragt er.
Sieh mich an, flüstert Matthäus. Sieh mich einfach nur an.

Ihr könnt nicht Gott dienen und dem Mammon.

Matthäus 6, Vers 24b

Ich kenne ihn, ruft da Thaddäus. Schick ihn weg, Meister,
schick ihn weg! Er ist das Schlimmste, was es gibt: ein Zöllner.

Du bleibst, sagt Jesus zu Matthäus und wendet sich an seinen Jünger.
Thaddäus, ich erkenn dich nicht. Seit wann bist du so hart?
Nur wenn es um die Zöllner geht! Thaddäus atmet schwer.
Zöllner wie er, sie machten meinen Vater zu einem armen Mann!

Es geht um Geld, Thaddäus?, fragt Jesus ernst und streng.
Thaddäus senkt den Kopf. Es geht um einen Freund und um Verrat.

Thaddäus, du?, ruft da Matthäus. Ich hab dich nicht erkannt.
Du gehst mit Jesus, alter Freund? Mein Gott, da könnten wir zusammen …
Bei Jesu und Thaddäus' Blicken wird er stumm.
Du willst mir nicht vergeben, sagt er dann, obwohl wir Freunde waren?

Thaddäus schüttelt wild den Kopf. Gerade deshalb nicht!
Er wendet sich an seinen Meister. Die Sache mit dem Römerschwert,
die hab ich ihm verziehen, sagt er. Wir standen sie gemeinsam durch,
das band uns mehr als hundert Schwüre.
Doch dass er dann den Römern half, doch niemals meinem Vater,
das war Verrat, so groß und schwer, den kann ich nie vergessen.

Jesus nickt. Ich höre dich, Thaddäus, und verstehe:
Wenn ich Matthäus hier behalten will, dann muss ich dich verlieren.
So einigt euch bis morgen, wer von euch beiden bei mir bleibt.
Ich will dazu nichts sagen.
So spricht er und geht schlafen.

Die Jünger stehen ratlos da. Thaddäus ist ihr Freund.
Matthäus aber … – Hau ab, sagt Judas. Hörst du nicht?
Du bist uns nicht willkommen. Wenn etwas schlimmer ist als Römer,
dann sind es Römerfreunde.

Hau ab, sagt da auch Thomas. Ich hab es dir ja gleich gesagt:
Wir haben keinen Platz. Wir sind schon elf, mit Jesus zwölf.
Das ist die rechte Zahl.

Gut, ich verstehe, sagt Matthäus und wendet sich zum Gehen.
Dann war das alles, was der Meister sprach, nur Schaum
und leere Träume.

Dass Menschen ihre Nächsten lieben sollen,
auch wenn sie sie nicht mögen;
dass jeder Mensch die Richtung ändern kann,
auch wenn er selbst nicht weiter weiß;
dass Gott die Arme öffnet,
auch wenn ich mich irrte –
das war dann alles nur gelogen.
Und auch die Rede: Gott sei wie mein Vater und Jesus
sei sein Sohn!

Wir wollen Thaddäus nicht verlieren, sagt Andreas,
schon gar nicht für einen wie dich.

Für einen wie mich … Ja, ich verstehe, wiederholt Matthäus.
Nichts hat sich geändert. Es ist alles beim Alten.
Mit gesenktem Kopf macht er sich an den Abstieg.
Die Jünger sehen ihm nach und sehen dann auf Jesus.

Jesus hat gesagt, worauf es ankommt: Wie wirkt es?

Jesus liegt und scheint zu schlafen, wo er zuvor gepredigt hat.
Wir sind im Recht, ruft laut Jakobus. Das sind wir doch,
nicht wahr? Verräter müssen sehen, wo sie bleiben,
und sie verdienen jede Strafe!

Thaddäus ist schon lange still geworden. Wir sind im Recht,
murmelt er leise. Ja, aber, was ist gut daran?
Er denkt an damals, an das Römerschwert.

Ich verriet unser Geheimnis.
Du, mein Freund, verrietest mich.
Am Ende standen wir zusammen
und alles wurde gut.

Thaddäus gibt sich einen Ruck. Er macht sich auf den Weg
und geht seinem verlorenen Freund ganz langsam nach
und niemand von den Elf bekommt es mit.

Petrus legt sich neben Jesus.
Du schläfst nicht, Meister, du bist wach.
So sage mir: Wie oft soll ich dem Freund vergeben?
Zwei oder drei Mal oder sieben Mal?

Was siehst du aber den Splitter
in deines Bruders Auge und
nimmst nicht wahr den Balken
in deinem Auge?

Matthäus 7, Vers 3

Siebzig mal sieben Mal, sagt Jesus mit geschlossenen Augen.
Denn weißt du nicht: Ein jeder lebt davon,
dass Gott ihm stets vergibt. Wie kann er,
was er selbst so nötig hat, dem anderen verwehren?

Meister, das hättest du Thaddäus aber sagen müssen!
Jesus setzt sich langsam auf.
Thaddäus und Matthäus – und ihr alle, sagt er,
habt ihr meine Predigt nicht gehört?
Es liegt an euch sie wahr zu machen.
Sonst ist sie leer, ganz wie Matthäus sagte.

Meister, prüfst du uns?, fragt Petrus.
Vielleicht, sagt Jesus, prüf ich mich.

Am Morgen sind die Jünger zwölf.
Thaddäus und Matthäus sitzen beieinander.
Die andern sehen's mit Staunen.

Meister, sagt Thaddäus verlegen zu Jesus,
wir haben uns entschieden.
Wer geht, fragt Jesus, und wer bleibt?
Wir beide, sagt Thaddäus, oder keiner.
Warum?, fragt Jesus knapp.
Matthäus hat dich gerade erst gefunden, sagt Thaddäus.
Ich aber will dich nicht verlieren.

Jesus sieht Petrus fragend an. Was meinst du?, fragt er leise.
Nimm beide, sagt der Fischer. Verheißen ist uns Fülle.

Matthäus überlegt, wie Jesu Heilkraft wirkt

All diese Heilungen und Wunder, sagt Matthäus, Markus denkt:
Sie geschahen nur aus Liebe. Maria ruft: Das denke ich auch!

Ja, ja, gewiss, antwortet Matthäus rasch.
Und doch sind sie vor allem Zeichen.
Zeichen, wiederholt Maria. Was aber zeigen diese Zeichen?
Wer da zur Welt gekommen ist, sagt Matthäus, und was er alles kann.

Maria, sagt Matthäus, ich kenne außerdem ein Wunder mehr
als Markus. Ich schreib es auf, so wie ich es verstehe.

Meister, sagt Jakobus, nimmst du eigentlich jeden an, der sagt,
er will dir folgen?
Die Zwölf sind auf dem Weg. Matthäus und Thaddäus gehen hinten.

Jesus dreht sich um und mustert seine Jünger.
Glaubst du, dass jemand mit uns kommt,
um äußerlich zu glänzen?
Nein, Meister, sagt Jakobus mit einem schiefen Lächeln.

Sie müssen wandern und haben kein Heim.
Sie wissen heute nicht, was werden wir morgen essen –
und morgens nicht, wo sie am Abend schlafen.
Glaubst du, dass jemand mit uns kommt,
um äußerlich bequem zu leben?
Nein, Meister, sagt Jakobus mit einem müden Seufzer.

Nun, warum dann, fragt Jesus, warum kommt jemand mit uns mit?
Jakobus hebt die Schultern. Ich kam wohl mit, meint er,
weil ich es finden wollte.

Finden, Jakobus, was?
Was du uns, wie du bist, verheißt.
Fülle, wirft Petrus ein. Er hat wohl Freude an dem Wort.

Siehst du, sagt Jesus. Und wer das erkennt
und dafür aufgibt, was er schon sicher hatte –
wie sollte der uns nicht willkommen sein?

Die Füchse haben Gruben,
und die Vögel unter dem Himmel
haben Nester; aber der
Menschensohn hat nichts,
wo er sein Haupt hinlege.

Matthäus 8, Vers 20

Ein Römer erkennt, wem Jesus dient

Als sie so reden, kommt ihnen ein Römer entgegen,
ein Hauptmann der Wache, verhasst in ganz Israel
und auch bei Jesu Jüngern. Nur murrend machen sie Platz.

Herr, sagt der Römer zu Jesus. Ich habe einen Diener,
den mag ich sehr. Er liegt gelähmt im Bett und leidet.
Ich würde ihm gern helfen, doch ich kann es nicht.
Du aber, wenn ich dich bitte …

Warum nicht?, sagt Jesus mit einem scharfen Blick
auf die Jünger. Ich komme und mach ihn gesund.

Ach nein, Herr, ruft der Hauptmann, das würde dir
viel Ärger machen. Sag einfach, er soll heil sein.
Dann weiß ich, dass er's übersteht.

Wie kommst du darauf?, fragt Jesus gespannt.

Herr, sagt der Hauptmann, mit Macht kenn ich mich aus.
Mein Herr ist ja der Kaiser. Des Kaisers Willen
setze ich durch: Sicherheit, Steuern und Bildung.
Dein Herr ist Gott und Gottes Willen setzt du durch.
Will Gott das Heil, so kannst du heilen.

Du hast vollkommen Recht, sagt Jesus überrascht.
Geh heim und sieh, wie sich dein Diener fühlt –
erkenne daran meinen Vater.
Der Hauptmann verneigt sich und läuft heim.

Später hören die Jünger ihn singen: Gelobt sei Gott, der Vater Jesu.
Er will das Leben, nicht den Tod, und Jesus kann es bringen!

Herr, ich bin es nicht wert,
dass du unter mein Dach gehst,
sondern sprich nur ein Wort,
so wird mein Knecht gesund.

Matthäus 8, Vers 8

Was denkst du?, fragt Jesus später den Ersten der Jünger, Petrus.
Deine Taten sind wie Früchte, sagt Petrus.
Sie verraten, an welchem Baum du hängst.
Dieser Römer traut darauf: Du hängst an dem, der retten kann.
Und du machst alles recht.

Ein Römer, Petrus, sagt Jesus. Der Baum aber und die Früchte – gehören sie nicht Israel?

Petrus hebt die Schultern. Meister, sagt er, die Fülle,
die uns Gott verheißt: Sie reicht wohl auch für Römer.
Dann geht er zu Matthäus und nimmt ihn in den Arm.

Matthäus überlegt: Einer allein kann doch nicht *alles* richten!

All diese Heilungen und Zeichen, murmelt Matthäus.
Er hat das Buch von Markus in der Hand. Und dann der Streit der Pharisäer: Ob man heilen darf am siebten Tag …
Das ist ja alles gut und schön. Jedoch …

Was ist denn diesmal wieder falsch?, fragt neckend seine Frau.

Maria, sagt Matthäus, siehst du nicht: Zu spät berichtet Markus, dass auch die Zwölf gepredigt und gerichtet haben.
In Wahrheit taten sie es eher. Nie hätte ja ein Einzelner so vielen Kinder Israels die rechte Richtung weisen können.

Maria seufzt. Dann schreib es auf, Matthäus – wie du es selbst für richtig hältst.

Ach, dass es so viel Unheil gibt!, ruft Jesus eines Abends.
Es ist zu viel, ich schaffe es nicht. Mein Vater hofft vergebens.

Meister, was hat man dir getan?, fragt da Andreas.
Denn Jesus ist allein gewesen und kommt bedrückt zurück.

Es kamen zu mir einige, sagt er, die nicht mehr weiter wussten.
Sie waren zwei Gelehrten, Zwillingen, begegnet,
die stritten über mich. Und als sie ihnen näher kamen,
begann der Strengere der beiden mit einer langen Predigt.

Er sagt, dass ich gefährlich bin und dass sie
Gottes Zorn verfallen, wenn sie mir Glauben schenken.
Er warnt vor mir – und wie mir scheint,
tut er es nicht nur hier.

Aber, Meister, sagt Jakobus. Wer sollte dem Gelehrten glauben?
Gelehrte gelten ja als weise, sagt Jesus. Das Volk hält sich für dumm.
Sie folgen den Gelehrten wie Schafe einem Hirten und scheuen mich wie einen Wolf.

Da sprach er zu seinen Jüngern:

Die Ernte ist groß, aber wenige sind der Arbeiter. Darum bittet den Herrn der Ernte, dass er Arbeiter in seine Ernte sende.

Matthäus 9, Verse 37 + 38

Und doch bin ich gekommen sie zu sammeln. Was soll ich tun?
Er wiederholt, was er schon sagte, und keiner von den Zwölf
weiß Trost: Ach, dass es so viel Unheil gibt! Es ist zu viel,
ich schaffe es nicht. Mein Vater hofft vergebens.

Er legt sich schlafen, aber schläft nicht ein.
Der Kummer frisst ihn auf. Da legt sich Petrus neben ihn
und sieht ihm ins Gesicht. Du schläfst nicht, Meister, sagt er,
du bist wach. So lass es zu, dass ich dich frage.

Petrus, mein Fels, sagt Jesus müde, du weißt, ich hör dich gern.
Meister, sagt Petrus, glaubst du nicht: Wir Zwölf
könnten in deinem Namen wirken?
Wir hängen an demselben Baum wie du.
Sollten wir nicht gleiche Früchte bringen?

Wie Recht du hast!, antwortet Jesus – wach.
Ihr solltet können, was ich kann, wenn ihr mir nur vertraut.
Dann wär die Fülle größer und könnte weiter wirken …

Am nächsten Morgen sammelt er die Zwölf und spricht:
Ihr sollt jetzt gehen ohne mich. Und richtet alles
so wie ich. Ihr habt es oft genug erfahren.

Doch gebt gut Acht. Es ist nicht ungefährlich.
Bedenkt: Als Kind schon wollte mich Herodes töten.
Die Priester und Gelehrten sprechen gegen mich.
Und viele Kinder Israels trauen ihnen mehr als mir.
Wenn ihr nun kommt in meinem Namen,
tun sich für euch nicht alle Türen auf.
Jedoch, vielleicht, so manche Falle.

Er hebt die Hände über ihre Köpfe.

Fürchtet aber nicht die Menschen, sagt er.
Gott geht mit euch – und er ist stärker.

Jehuda und Manassem, die Gelehrten,
haben inzwischen ernstlich Streit.
Der eine predigt gegen Jesus, der andre traut auf ihn.
Doch plötzlich ist Manassem ruhig und wirkt
auffällig zufrieden.
Mein Bruder, sagt Jehuda, bist du nicht entsetzt,
dass Jesus seine Jünger schickt? –
Nein, keineswegs, sagt da Manassem.
Nun endlich wird es sich ja zeigen:
Sie können nichts in Jesu Namen.
Weil Jesu Name nicht der Name Gottes ist!

Matthäus erklärt, wie Jesus zu Johannes steht

Im Gefängnis des Herodes saß Johannes,
der Mann, der einst im Jordan Jesus taufte.
Herodes hatte ihn ja eingesperrt, aus Angst
vor einem Aufstand.

Im Gefängnis des Herodes saß Johannes
und hörte viel von Jesus. Das Volk läuft ihm
wie dir einst nach, berichteten die Jünger.
Er heilt und nennt sich Gottes Sohn.

Im Gefängnis des Herodes saß Johannes
und dachte viel an Jesus. Unvergessen war
ihm die Begegnung: Gott-bei-uns –
Jesus, das bist du!

Im Gefängnis des Herodes kamen Zweifel.
Jesus ist jetzt ein bekannter Mann.
Was, wenn er doch ein Lügner ist?
Und Gott noch gar nicht nah?

Aus dem Gefängnis des Herodes sandte
Johannes seine Jünger. Geht zu Jesus,
fragt ihn: Bist du der neue David oder
kommt er erst nach dir?

Aus dem Gefängnis des Herodes fragt mich
der Täufer, wer ich bin, sprach Jesus voller
Staunen. Er hatte mich ja längst erkannt,
und zwar, bevor ich wirkte.

Im Gefängnis des Herodes wird er blind
und taub. So bringt ihm Hoffnung –
neue Augen, neue Ohren –
in seine Finsternis und Stille.

Sagt ihm, was ihr hier hört und seht: Blinde
sehen, Taube hören, Tote stehen auf und
die, die niemand mag, sind aufgenommen.
Wer Gott sucht, findet mich.

Da kehrten die Jünger zurück ins Gefängnis
und sagten Johannes die Worte Jesu.
Welch eine Antwort, rief er froh. Nun weiß
ich es: Der neue David ist schon da!

Die Botschaft von Johannes hat Jesus Angst gemacht. Da sitzt ein Bote Gottes im Gefängnis, und nur, weil er die Wahrheit sagt: Dass Gott nun nahe ist und seine Kinder zu sich ruft.

Erkennt ihr ihn denn nicht?, fragt er die Menschen. Er ist mir doch vorausgegangen! Wie ich Gott-bei-euch bin, ist er der Wegbereiter. Wie die Propheten es vor vielen hundert Jahren sagten.

Dieser ist's, von dem geschrieben steht: Siehe, ich sende meinen Boten vor dir her, der deinen Weg bereiten soll.

Matthäus 11, Vers 10

Aber er ist ja so struppig, entgegnen ihm manche,
so elend und so ungepflegt. Wie könnte er der Rechte
sein, den neuen David zu verkünden?

Da lacht sie Jesus aus. Darauf kommt es nicht an!
So steht es in Jesajas alten Schriften.
Ich bin kein König von äußerem Glanz!
Ich bin so wehrlos wie ein neugeborenes Kind.

Harte Schalen trennen euch von Gott. Wehrlos müsst
ihr werden, so wie ich. Nur dann hat Gott Gelegenheit,
euch heilend zu berühren.

Johannes isst nicht und trinkt nicht, wenden andere ein.
Er redet rau und ist uns viel zu streng. Wie könnte er
der Rechte sein, Gottes Liebe zu verkünden?

Das nimmt Jesus sehr ernst. Johannes sprach zu euch,
als ich noch nicht gekommen war, sagt er entschuldigend.
Ist es nicht so: Vor einem Fest, da fastet ihr? Ist dann
der Festtag da, esst ihr und trinkt und lacht?

Auf einmal lädt Jesus zum Fest und alle feiern mit.
Nur die Gelehrten und die Priester stehen abseits und
schütteln ihre Köpfe.

Großartig, ruft Jehuda, der Gelehrte. Er ist der Hüter und Heiler,
von dem Jesaja spricht! Der gute, geduldige König, von dem
uns seit langem Propheten erzählen! Manassem, wie kannst du
noch zweifeln? – Er ist ein Freund des Aufrührers Johannes,
sagt Manassem voll Grimm. Das ist ein guter Grund,
ihn schleunigst zu verhaften. Ich will jetzt zu Herodes gehen,
ob du es gut heißt oder nicht. – Dann werde ich ihn warnen,
sagt Jehuda. Sein Bruder sagt nur: Wie du willst.

Siehe, das ist mein Knecht, den ich erwählt habe, und mein Geliebter, an dem meine Seele Wohlgefallen hat; ich will meinen Geist auf ihn legen, und er soll den Heiden das Recht verkündigen.
Er wird nicht streiten noch schreien und man wird seine Stimme nicht hören auf den Gassen; das geknickte Rohr wird er nicht zerbrechen und den glimmenden Docht wird er nicht auslöschen, bis er das Recht hinaufgeführt hat zum Sieg; und die Heiden werden auf seinen Namen hoffen.

Matthäus 12, Verse 18 bis 21

Kommt her zu mir, alle, die ihr mühselig und beladen seid;
ich will euch erquicken.

Matthäus 11, Vers 28

Die Jünger kommen zurück

Zu einem festgesetzten Tag sind Jesu Schüler wieder da.
Sie haben vieles zu berichten, Erfolge und Enttäuschungen.
Doch Jesus hört sie kaum. Sie finden ihn in Trauer.

Meister, was hat man dir getan, fragt ihn Andreas.
Ich trage Trauer um Johannes, den König Herodes köpfen ließ.
Ich trauere um Israel, das einen König hat, der mordet.
Ich trauere um alle, die nicht sehen:
Das Unrecht schreit zum Himmel!

Die Zwölf tauschen erschrockene Blicke.
Das mit dem Mord ist ihnen neu.
Meister, sagt Petrus. Ist er nicht dein Wegbereiter?
Und du bist der, der folgt?
Da sieht ihn Jesus lange an. Ja, Petrus, sagt er dann.
So war es und so wird es sein.

Ein Schriftgelehrter kam zu mir und warnte mich:
Die anderen Gelehrten, die seien alle gegen mich,
wie auch die Herren, die es mit Herodes halten.

Wir sollten uns verbergen, sagt Andreas. Besser,
wenn Herodes in nächster Zeit nichts von uns hört.
Jesus nickt. Wir dürfen uns nicht einsperren lassen.
Und auch zum Sterben ist es noch nicht Zeit.

Petrus erfährt, wie Gottes Macht wirkt

Die Zwölf sind mit Jesus im Boot an einen einsamen Ort gefahren.
Viele sind ihnen gefolgt und Jesus hat gepredigt und hat sie
satt gemacht.

Kommt, lasst uns hinüber ans andere Ufer fahren,
sagt Jesus am nächsten Morgen. Denn heute muss ich unbedingt
allein mit meinem Vater sein.

Sie setzen ihn über und bleiben im Boot.
Allein geht Jesus und entschwindet dem Blick.
Sie warten, aber er kommt nicht wieder.
Stattdessen kommt ein Sturm.

Die Jünger rudern in Verzweiflung,
das Boot will immer anders als sie selbst.
Auf einmal ruft Andreas laut: Seht da, ein Geist
läuft übers Meer! Der zieht uns ins Verderben.

Weiß und leuchtend wandelt da ein Schemen
in Ruhe über das bewegte Meer.
Die Jünger werfen sich schreiend nieder.

Habt keine Angst, sagt unerwartet Jesu Stimme.
Ich bin es doch! Ich komme euch zu retten.
Wo gerade noch der Schemen war, erkennen sie nun Jesus.
Der Sturm schweigt still und Jesu Schritte gehen
ruhig und sicher über Wasser, als sei es fester Grund.

Warum nur haben wir ihn nicht erkannt?
Die Jünger atmen auf. Sie schämen sich für ihre Angst.
Mit offnen Mündern sehen sie, wie Jesus näher kommt.
Nur Petrus lässt es keine Ruhe.

Ihr solltet können, was ich kann … – Meister, denkt er,
du hast es gesagt. Und wirklich: Waren wir nicht wie
du, als wir in deinem Namen zu den Menschen gingen?
Wie, wenn das auch für solche Wunder gilt wie
Gehen auf Wasser und Trotzen den Wellen?

Meister!, bittet Petrus. Ruf mich doch und du wirst sehen:
Was du kannst, kann ich auch! Da nickt ihm Jesus zu.
Dann komm, mein Fels!, befiehlt er.

Seht euch das an!, flüstern die Elf, als Petrus über Bord steigt.
Er hebt die Füße und geht über Wasser, so ruhig und so sicher
wie Jesus, die Augen fest nach vorn gerichtet.

Ihr solltet können, was ich kann ... – Das hab ich jetzt bewiesen,
denkt Petrus. Wem?, fragt eine Stimme in seinem Inneren.
Wem hast du was bewiesen? Dem Meister? Den andren? Dir?

Er sieht sich um und fragt sich plötzlich: Was tu ich hier? Warum?
Nur Wind und Wellen um ihn her und nirgends fester Grund.
Ach, wäre ich im Boot geblieben! Hier muss ich untergehen.

Die Freunde schreien und er beginnt zu sinken.
Das Wasser steht ihm bis zum Hals. Mein Gott, ruft er in Angst.
Dann endlich fällt ihm Jesus ein.
Ich gehe nicht aus eigner Kraft. Ich habe Kraft von ihm!

Er blickt nach vorn und sieht die Hand.
Der Meister hat sie ausgestreckt.
Herr, halte mich!, ruft Petrus und Jesu Hand packt zu.

Schweigend richtet Jesus seinen Schritt zum Boot.
Da sind schon die helfenden Hände der Jünger.
Du kannst, was Jesus kann, sagen sie Petrus.
Doch nur, wenn du die Richtung nicht vergisst.

Da hast du es!, ruft triumphierend Manassem seinem Bruder zu.
Versteckt haben die beiden das sturmbedrohte Boot belauscht.

Die Zauberkraft von diesem Jesus, sagt Manassem,
hilft nur ihm selbst und keinem sonst.
Und darum ist sie nicht von Gott!

Jehuda sieht es anders. Sie hat ja großartig gewirkt, meint er.
Die Jünger haben auf den Wegen, die sie alleine gingen,
schon viele Kinder Israels erreicht.

Und Petrus, hier vor unsern Augen, ging Schritt für Schritt auf Jesus
zu. Und wusste, als er wankte, sogleich, von wo ihm Hilfe kommt.
So soll es sein, wenn wir die Kinder, Gott aber unser Vater ist.

Ich weiß nicht, sagt Manassem. Das kann doch alles gar nicht sein.

Du Kleingläubiger,
warum hast du gezweifelt?

Matthäus 14, Vers 31a

Später liegt Jesus und scheint zu schlafen. Petrus legt sich neben ihn.
Meister, du schläfst nicht, du bist wach.
Wie du, so scheint es, Petrus, sagt Jesus und richtet sich auf.
Meister, ich wüsste gern: Bist du von mir enttäuscht?

Petrus, sagt Jesus. Ich bau auf dich. Das weißt du doch.
Den Schlüssel zum Leben hältst du fest in der Hand.
Gerade heute hast du ihn wieder erprobt.

Ich wäre fast versunken, ruft Petrus, voll Ärger auf sich selbst.
Sein Meister lächelt. Da riefst du: Oh mein Gott!
Petrus reibt sich die Augen. Und du, Herr, bist gekommen.
Siehst du, sagt Jesus. Das war der rechte Weg zur Rettung.
Den sollst du Gottes Kindern weisen.

Herr, sagt Petrus staunend, dass du der neue David bist,
versteh ich jetzt vollkommen.

Da antwortete Simon Petrus
und sprach:
Du bist Christus, des lebendigen
Gottes Sohn!

Matthäus 16, Vers 16

Matthäus sammelt: In Bildern berichtet Jesus von Gottes Nähe

Nicht vom Himmel oben muss ich reden, sondern von der Erde.
Und dennoch so, dass Gottes Himmel die Erde hier unten berührt.

Matthäus liest ein Stück von Markus vor:
Wie Jesus Gleichnisse erfindet, damit die Menschen ihn verstehen.
Und, fragt Maria, was ist falsch daran?
Nichts, sagt Matthäus. Bloß, dass Markus dann die meisten
Gleichnisse vergisst – gerade die, die uns die Richtung weisen,
von der Gott sagt: Sie führt zum Leben.

Matthäus, sagt Maria: Schreib sie auf!

Hast du gehört, sagt Jehuda zu Manassem, seinem Bruder,
wie Jesus über Saat und Ernte lehrt und über das Wachsen
eines Senfkorns? Er lehrt in Bildern, weil anders die Menschen
ihn nicht verstehen. Und gerade das steht in den alten Schriften
von dem, der kommen wird, zu richten:
Ich muss die Dinge einfach sagen, dass Menschen sie
begreifen können. Denn Gottes Weisheit ist für sie zu groß.

Mag sein, brummt da Manassem missgestimmt. Doch was er
da in Bildern sagt, ist gänzlich unerhört. Gerechtigkeit,
wie wir sie lehren, wird völlig auf den Kopf gestellt.

Meister, rufen Menschen Jesus zu. Sie haben sich um ihn versammelt.
Wir müssen wählen und wissen nicht, wie: Die Priester und Gelehrten
lehren anderes als du. Wem sollen wir gehorchen? Denn jeder sagt uns,
nur seine Lehre wäre richtig, und dass er weiß, was Gott von uns erwartet.

Ach, liebe Kinder, ruft da Jesus. Die Frage ist ja falsch! Nicht das,
was Gott von euch erwartet, zählt. Es zählt, was euer Vater
für euch hofft. Und was das ist, das wird euch Petrus sagen.

Da zuckt der Fischer jäh zusammen. Er hat gedacht, dass Jesus spricht.
Fülle, stammelt er verwirrt. Gott wünscht Fülle –
für jeden Einzelnen von euch.

Und Jesus grinst ihn an. Fülle, ruft er, das ist mehr als das,
was ihr euch selbst erwerben könnt. Fülle, das ist Freude.
Fülle ist viel mehr als nur ein müdes: So ist's recht.

Jesus erzählt: Gottes Nähe ist das Ein und Alles

Als sie dann alle ratlos schauen, malt Jesus ihnen Bilder.

Fülle, das ist: Wenn ein Mann in einem fremden Acker
den Schatz entdeckt, der alle seine Sehnsucht stillt.
Und kauft sich, wenn's streng gerechnet auch nicht lohnt,
für alles, was er hat, diesen verwunschenen Acker.
Dann birgt er den Schatz und drückt ihn ans Herz
und ist so glücklich wie niemals zuvor.

Fülle, das ist: Wenn einer, der mit Perlen handelt,
bei einem Fischer eine seltene Perle findet. Mag sein,
sie ist nicht makellos. Sein Herz jedoch sagt stürmisch:
Die ist mein Ein und Alles. Ich tausche Perlen gegen
Perlen, sagt der Fischer. Da gibt der Mann ihm
alle seine Perlen für diese eine, die er liebt.

Als Jesus diese Bilder malt, stehen die Menschen
mit glänzenden Augen. Ja, flüstern sie durcheinander.
Ich weiß, was er meint. Meine kleine Tochter … die Blume,
die endlich blühte … der Teppich, der schließlich gelang …
Ein jeder nennt da seine Perle, sein Ein und Alles,
seinen unersetzlich werten Schatz.

Und so, meine Kinder, ruft Jesus, will Gott für euch sein.
Auch ihr seid genauso für ihn! Für einen von euch, der
verloren scheint, lässt er neunundneunzig andere stehen.

Stellt euch Gott vor wie einen achtsamen Hirten: Wo auch nur
ein Schaf fehlt, freut ihn die ganze Herde nicht mehr.

Jesus fragt: Was, wenn Gott aussondern würde?

Jehuda hält es nicht länger aus. Er drängt sich nach vorn
und tritt hin vor Jesus. Manassem ist schon weggerannt.
Die neunundneunzig anderen, sagt Jehuda – glaubst du,
sie haben es verdient, dass sie der Hirte so verachtet?

Jesus sieht ihn lächelnd an. Ich habe dich
schon mal gesehen, Jehuda, Zwillingsbruder.
Du warntest mich vor deinen Freunden
und sagtest, dass du auf mich traust.

Das weißt du noch? Jehuda ist verlegen.
Da nimmt ihn Jesus in den Arm. Jehuda, sagt er leise,
bist du nicht auch das eine unter hundert Schafen?
Ich bin gewiss, mein Vater hat dich gern.

Stell dir nur vor, mein Vater wär kein Hirte, sondern Fischer.
Er würde, nach dem Fischen, den Fang mit scharfen Augen prüfen.
Petrus, sag: Was tut ein Fischer mit der Fülle?

Da zuckt der Fischer jäh zusammen. Er hat gedacht, dass Jesus spricht.
Er misst und wiegt sie, stammelt er. Und die zu leicht sind, wirft er fort.

Jesus grinst ihn an und sagt: Zu leicht sind all die Schriftgelehrten,
die meinen: Wenn sie äußerlich Gebote halten,
dann wären sie innerlich Gott nah …

Was meinst du, Freund Jehuda, fragt Jesus den Gelehrten.
Wie viele wohl von deinen Freunden
müssten bei dieser Prüfung … fortgeworfen werden?

Jehuda ist sehr blass geworden. Ach, Herr, mein Bruder bitte nicht!
Jehuda, sagt Jesus und lacht ihn an. Bist du jetzt froh,
dass Gott ein Hirte ist, der seine Schafe sucht,
und nicht so wie ein Fischer?

Jesus beruhigt: Dabeisein ist alles

Seit einigen Tagen sieht Matthäus, der Zöllner, traurig aus.
Was fehlt ihm?, fragt Jesus Thaddäus.
Meister, entgegnet Thaddäus, er sorgt sich. Er ist so spät zu uns gekommen – zu spät vielleicht, um Gottes Nähe zu erlangen?

Jesus überlegt, bevor er spricht. Was hast du ihm darauf gesagt?
Er blickt Thaddäus voller Neugier an.
Dass viele Menschen noch viel später kommen, sagt Thaddäus.
Denk nur an jene Alte, die du erst neulich aufgerichtet hast.
Wozu denn all die Mühe – wenn's letztlich doch vergebens wäre?

Bravo, Thaddäus, wie vernünftig, ruft Jesus anerkennend.
Das müssen wir auch allen anderen sagen.

Er stellt sich vor die Menge hin, die ihm gefolgt ist auf dem Weg.
Hört zu, ruft er, es geht darum: Wann ist's zu spät für Gott?

Da war ein Mann, der hatte einen Weinberg, und suchte Helfer für die Ernte.

Am Morgen fand er Männer auf dem Markt.
Kommt, helft mir bei der Ernte, bat er sie. Ich zahle einen Taler.
Sie freuten sich und gingen mit.

Um Mittag fand er wieder Männer auf dem Markt.
Kommt, helft mir bei der Ernte, sagte er. Ich zahle, was ihr braucht.
Sie freuten sich und gingen mit.

Am Abend, kurz bevor es dunkel wurde, standen noch immer Männer auf dem Markt.
Kommt mit und helft, sprach sie der Herr des Weinbergs an.
Ich zahle, was ihr braucht.
Sie freuten sich und gingen mit.

Und als es dunkel wurde, beendete der Herr die Arbeit und zahlte seinen Helfern Lohn.
Und jeder von ihnen bekam einen Taler.

Jesus verstummt und sieht Matthäus ins Gesicht.
Beantwortet das deine Frage?
Jeder von ihnen, wiederholt Matthäus,
auch die, die ganz zum Schluss gekommen sind?
Jesus lächelt und fragt wieder:
Beantwortet das jetzt deine Frage?

Meister, dieses Bild ist ganz und gar verkehrt!, ruft da ein dünner, alter Mann.
Ich helfe bei der Ernte, solang ich denken kann. Doch niemals hab ich,
wenn ich später kam, den vollen Lohn empfangen.

Jesus nickt und sieht ihn an. Sag mir, wie bist du dabei satt geworden?
Der Mann lacht bitter und zeigt auf seinen Bauch. Satt, Meister, fragt er müde,
seh ich aus, als sei ich jemals satt geworden?

Da seht ihr es, ruft Jesus, laut für alle. Das rechte Maß auf dieser Welt
lässt viele Menschen hungrig. Mein Vater misst mit einem andren Maß.
Und erst, wenn alle Fülle haben, ist's ihm recht.

Da lächelt der alte Mann von Herzen. Ja, ruft er, das wäre was! Das
würde mir gefallen! Und alle andren stimmen in den Jubel ein.
Für eine Weile träumen sie, auf Erden wär der Himmel.

Nur Manassem im Versteck schüttelt empört seinen Kopf.
Nur wer arbeitet, darf essen, murmelt er.
Auch das steht in den alten Schriften.
Wo?, fragt ihn Jehuda.
Da weiß er nichts zu sagen.

Meister, sagt Matthäus später, als sie schlafen gehen. Ich habe dich verstanden.
Ich gebe, was du brauchst, hat ja der Herr des Weinbergs
jedem, der ihm half, versprochen.
Ich gebe, was ihr braucht, sagt gleichermaßen Gott, dein Vater,
zu allen, die es hören wollen.

Mit seiner großen Fülle
gleicht Gott all unsre Mängel aus.

Das hast du gut verstanden, lobt ihn Jesus. Warum siehst du nicht fröhlich aus?
Meister, verzeih, entgegnet ihm Matthäus. Jedoch, ich finde es gefährlich.

So mancher Erntehelfer könnte denken: Wie angenehm!
Ich schlaf mich aus und mach mir einen schönen Tag.
Dann geh ich, eine kleine Weile nur, zur Arbeit –
und hole mir am Ende vollen Lohn.
Wird Gott wohl solche Helfer leiden mögen?

Ich werde *morgen* davon sprechen, sagt Jesus,
schließt die Augen und den Mund.

Hört zu, ruft Jesus am Morgen den Menschen zu.
Es geht um die gleiche Frage wie gestern:
Wann ist's zu spät für Gott?

Ein König hatte einen Sohn, der hatte sich verliebt.
Die Hochzeit stand bevor. Ich freu mich, sprach der König,
dass alles sich so glücklich fügt. Ich will, dass
alle unsre Freunde sich herzlich mit uns freuen.

Da plante er ein Fest. Er gab sich große Mühe,
alles so schön zu machen, wie er konnte.
Es gab köstliche Speisen, Wein, Musik.
Das Haus war reich geschmückt und voller Licht.

Als alles vorbereitet war, ließ er durch Boten
seinen Freunden sagen: Komm jetzt zu meinem Fest.
Denn seht, es ist alles bereit. Und wartete darauf,
dass seine Boten gute Nachricht brachten.

Da kamen sie schon wieder, traurig, enttäuscht
und wollten kaum berichten, was ihnen widerfahren war.
Dein Freund sagt ab, berichtete der Erste. Er sagt,
er hat jetzt leider keine Zeit. Er wünscht ein schönes Fest.

Dein Freund sagt ab, berichtete der Zweite. Er sagt,
er findet Feste albern. Er will viel lieber ernsthaft sein.
Dein Freund sagt ab, sprach auch der Dritte. Als
ich beharrte, zürnte er. Er hat mich rausgeworfen.

Wie dumm, rief da der König. Geladen sein und dann
nicht kommen, obwohl es Speise gibt, Wein und Gesang!
Dein Hochzeitsfest, mein Sohn, kommt nie mehr wieder.
Wer heut nicht kommt, der kommt zu spät.

Der Sohn sah ratlos aus. Wie sollen wir nun feiern,
fragte er, allein für uns? Das macht doch keine Freude.
Ich glaube, sprach der König leise, es gibt noch viele Gäste,
die sich freun. Wart's ab, mein Sohn. Das Haus wird voll.

Er sandte seine Boten wieder aus. Sie luden, wen sie fanden:
die Bettler in den Gassen, Ausgesetzte, Lahme und Blinde.
Dann Kinder, Zöllner und die Fremden, die keinen
haben, der mit ihnen spricht. Sie alle sagten freudig zu.

Wie herzlich sie sich freuen, sprach da der Sohn
zu seinem Vater. Sie standen beieinander an der Tür
und sahen ihren Gästen zu. Der Vater nickte.
Die Freunde waren satt – doch diese haben Hunger.

Was für ein Lumpenfest, ruft ein Gelehrter.
Es ist Manassem, den es im Versteck nicht hält.
Ich wette, sie hatten nicht mal Geschenke!
Jehuda packt seinen Arm und will ihn hindern vorzutreten.
Doch Jesus hat ihn schon gesehen und gehört.

Diese Wette verlierst du, Manassem, sagt Jesus ruhig.
Sie hatten wunderbare Gaben. Die eine brachte eine Muschelkette,
der andre einen alten Krug. Der Nächste hatte wilde Trauben
und eine schenkt ein selbst gewebtes Tuch.
Die meisten brachten Blumen mit. Die steckten sie an ihre Lumpen,
der Braut ins Haar und an das Kleid.

Manassem rümpft die Nase. Was war das alles wohl
zusammen wert? Da ärgert Jesus sich. Sei still, ruft er.
Wie steht es denn mit dir? Du hast dich nicht geschmückt
und deine Hände … sind sie leer?

Jehuda merkt, der Bruder schaudert unter Jesu scharfem Blick
und wendet sich rasch ab. Einer der Jünger tritt zu ihm.
Es ist Judas Iskariot. Sie flüstern. Dann gehen sie weg.

Meister, ruft Jehuda. Was, wenn sich's von den Freunden
doch einer anders überlegt? Und klopft noch an die Tür,
bevor das Fest zu Ende ist?
Glaubst du, der König wird ihm öffnen?

Jesus sieht sich suchend um.
Matthäus, sagt er, mal mein Bild zu Ende!

Matthäus schüttelt seinen Kopf. Das kann ich nicht, mein Meister.
Ich hab jedoch ein andres Bild. Das stell ich gern daneben.

Da hatte ein Vater zwei Söhne und bat sie, sie sollten für ihn
eine mühsame Arbeit tun. Der eine sagte: Ja, ja, mach ich.
Er hatte aber keine Lust und ließ es sein.
Der andere sagte: Nein, mein Vater. Das ist für mich zu schwer.
Doch später tat's ihm Leid. Da ging er hin
und führte alles richtig aus, wie es der Vater wünschte.

Die Frage ist:
Wer von den beiden
sitzt am Tisch
mit seinem Vater
und trinkt den Wein,
der Lohn sein soll
für die getane Arbeit?

Jesus nickt Matthäus zu und legt den Arm um seine Schultern.
Ich hätte es nicht besser sagen können, meint er
und sieht sich nach Jehuda um.

Beantwortet das deine Frage?

Jehuda stutzt. Wie kann eine Frage
Antwort sein auf eine Frage?

Nachdenklich betrachtet er in Jesu Arm den Zöllner.
Und nickt.

Ich glaube ja.

Matthäus betont:
Die Nahen haben Gottes Sohn verkannt

Was dann folgt, sagt Matthäus schaudernd, das ist der Weg der Leiden.
Den Weg der Leiden, sagt Maria, den kennen alle, die je zu Ostern
eine Predigt hörten.
Das hat gewiss auch Markus richtig aufgeschrieben.
Matthäus nickt. Da gibt's nicht viel zu ändern. Jesajas Hirt und Heiler –
in Jesus ist er da!

Wisst ihr, spricht Gott, was meine Boten hoffen?
Wenn sie von einem neuen König David reden?
Sie erhoffen weder Ruhm noch Reichtum
noch einen neuen, prächtigeren Königsmantel.
Sie hoffen nicht auf eine laute Stimme
und nicht auf eine starke Hand. Sondern ersehnen
einen Hirt und Heiler, der Liebe gäbe so wie ich.

So viele Zeichen zeigten's an. Man hätte sie nur sehen müssen!

Gib's zu, Manassem, sagt Jehuda. Nun hat dich Jesus überwunden.
Er weiß viel mehr von Gott als du!
Pah!, ruft Manassem zornig. Er tritt Gott viel zu nahe.
Er wird noch sehen, was er davon hat!

Ich *habe* es gesehen, beharrt Jehuda eifrig.
Du hast dich insgeheim mit einem seiner Jünger gut verstanden.
Manassem nickt und lächelt. Judas, sagt er.
Judas ist sehr vielversprechend.
Da wird Jehuda blass. Was meinst du? Ich versteh dich nicht.
Macht nichts, sagt Manassem. Das kommt noch. Warte ab.

Zunächst einmal, mein Bruder, lass uns gehen.
Gehen? Wohin?
Auf Jesu Spuren nach Jerusalem, zu Moses Fest.
Nun hat dein Jesus auch den letzten Rest Verstand verloren.
Begibt sich freiwillig und frech direkt in des Löwen Versteck.

Jerusalem?, fragt Jehuda besorgt.
Manassem nickt: Wo ihn der Hohepriester schon erwartet
und Roms Verwalter, Pontius Pilatus.
Jerusalem, wiederholt Jehuda, Davids Stadt.
Die Stadt des *wahren* David, sagt Manassem hart,
doch nicht dieses Betrügers.

Jehuda und Manassem beobachten, wie Jesus in Jerusalem einzieht

Hör dir das an, sagt Manassem. Es lebe der König!, rufen die Leute.
Und auch: Der neue David, Gottes Sohn! Gebt ihm allein die Ehre!
Sie reißen Blätter von den Bäumen und streuen sie auf seine Bahn.
Ja, sind sie denn verrückt geworden?

Sieh doch, sagt Jehuda, Jesus kommt! Er reitet auf einem Esel.
Verstehst du nicht? Auf einem Esel! Ganz wie die alten Schriften
sagen:

Freu dich, Jerusalem!, rief einst Sacharja.
Dein König wird kommen, freundlich und sanft –
und reitet auf einem Esel!

Na klar – Manassem spricht verächtlich – das hat natürlich Jesus
auch gehört. Nur deshalb reitet er den Esel.
Die Menschen sollen glauben, dass er's ist.

Sieh, wer voraus läuft, sagt Jehuda,
und höre, wer am lautesten den Königsnamen ruft!
Es ist der, den du vielversprechend nanntest,
es ist Judas Iskariot.

Ich werde noch mal mit ihm sprechen,
antwortet sein Bruder grimmig.

Jehuda und Manassem sprechen über Freundlichkeit und Zorn

Wenn du wüsstest, was Jesus jetzt getan hat!
Manassem kommt zurück vom Hohepriester,
dem er Bericht erstattet hat.
Jehuda sitzt im Schatten eines Feigenbaums,
allein mit seinen Sorgen.

Ich weiß, was er getan hat, sagt Jehuda.
Mein Bruder, diesen Baum hat er im Zorn verflucht,
doch später tat's ihm Leid.
Er hat mit Petrus hier gesprochen und schwor ihm:
Nie mehr will ich zornig sein.
Und dann, mein Bruder, glaub es oder sieh,
kam neues Leben in den Baum.

Manassem, ich sage dir, er ist es.
Der Heiler und der Hirt, Gesalbter, Gottes Sohn!

Pah!, sagt Manassem grimmig. Weit gefehlt,
in Gottes Haus ließ er die Maske fallen.
Er stürzte in den Tempel. Er stieß die Tische um.
Er brüllte wie ein Stier und tobte wie besessen.

Die Händler sind vor ihm geflohen, die Priester sind empört.
Wer wagt es, Gott so zu verletzen?

Was sagst du nun?, fragt er Jehuda.
Wie passt denn das zu deinem sanften Eselsreiter,
von dem Jesaja sagt: Mein Hüter ist wie ich.
Er reißt nichts aus, er lässt es wachsen.

Und wenn es anders herum ist, gibt ihm Jehuda zu bedenken.
Vielleicht sind es die Tische und die Buden,
die Gott viel mehr verletzen als Jesu Zorngeschrei.

Manassem stutzt und überlegt. Wie dem auch sei, sagt er:
Was Jesus da gemacht hat, war weder sanft noch freundlich.
Womit bewiesen ist: Er ist nicht der versprochne König.

Er schwor, er will nicht wieder zornig sein!
Jehuda lehnt am Stamm des Baums.

Jehuda belauscht Judas und Manassem

Als Jehuda später nach Manassem sucht,
findet er ihn beim Feigenbaum.
Manassem sitzt und überlegt.
Jehuda will sich zeigen –
doch da kommt Judas angerannt.

Manassem, ruft er laut, es ist so weit. Ich hab genug von diesem Jesus!
Ich halte nicht mehr zu ihm, ich halte jetzt zu euch!
Wenn ihr Soldaten schicken wollt und ihn verhaften –
ich plane für euch Zeit und Ort!

Manassem rührt sich nicht. Warum auf einmal, Judas?
Er hat mich, schreit da Judas, er hat mich immer nur getäuscht!

Ich dachte doch, er will ein großer König sein!
Ich hoffte, er befreit das Land. Ich glaubte, er verjagt die Römer.

Doch weißt du was, Manassem? Die Römer interessieren ihn nicht!
Er lässt sie machen, was sie wollen. Er will uns nicht befreien.
Er redet nur. Es scheint mir fast,
er würde lieber sterben, als dass er seine Macht beweist.

Wahrhaftig, endet Judas seine Rede, wie hat er mich getäuscht!

Judas, sagt Manassem und hebt langsam den Kopf.
Nicht Jesus, sondern du hast dich getäuscht.

Judas packt ihn bei den Schultern. Was redest du? Freust du dich nicht?
Ich bin bereit, zu tun, was du von mir erbeten hast.
Ich werde Jesus jetzt verraten.

Tu's nicht, sagt da Manassem.
Jehuda klopft das Herz. Mein Bruder …
Er lauscht. Ihm wird ganz warm.

Warum, fragt Judas wild, was hast du?
Bist du auf einmal feige?

Judas, sagt Manassem. Du redest ja im Zorn.

Von Jesus aber weiß ich:
Was man im Zorn anrichtet,
tut einem hinterher sehr Leid.
Jesus zwar kann unbedachten Schaden heilen.
Wie aber steht's mit dir?
Ist Jesus erst verraten – wie machst du das je wieder gut?

Judas wankt. Ich dachte doch, du hasst ihn.
Ich dachte auch … Manassem seufzt.

Da läuft ihm Judas weg.
Jehuda aber kommt und nimmt den Bruder in den Arm.

Jehuda und Manassem wollen Jesus warnen

Wir gehen zu Jesus, sagt Jehuda. Das ist das Wenigste.
Wir gehen hin und sagen ihm, auf Judas darf er nicht mehr trauen.
Sie finden Jesus vor der Stadt und um ihn viele Menschen.
Elf seiner Jünger sind dabei, der zwölfte, Judas, fehlt.
Und Jesus setzt sich und beginnt zu reden.

Hier in Jerusalem muss ich ans Ende denken,
ruft er den Menschen zu.
Es ist wohl nötig, dass ein Samenkorn
erst in die Erde fällt und stirbt,
bevor es zeigt, was in ihm steckt.

In mir, meine Kinder, steckt der, der alles heilt und richtet.
Ich fürchte aber, meine Predigt war nicht gut genug,
euch alle richtig auszurichten.
Nicht alle werden einst die Nähe Gottes spüren.
Nur die, die suchen, werden finden.
Nur offene Herzen werden voll.

Wer niemals einem Hungernden von seiner Fülle gab
und niemals einem Durstigen aus seinem Brunnen schöpfte,
wer niemals seine Tür auftat, wenn da ein Fremder klopfte,
wer für den Nackten keinen Mantel übrig hat
und für den Kranken kein heilendes Wort,
wer den Gefangenen aus seiner Enge nicht befreit –
der hat von Fülle keine Ahnung.

Er kann sich nicht freuen.
Er fühlt sich nie wie im Himmel
und bleibt, wie in der Hölle, allein.

Jehuda und Manassem stehen beieinander, im Schatten,
niemand kann sie sehen. Wie streng er heute ist, wie traurig,
flüstert Jehuda seinem Bruder zu.

Wir müssen ihn nicht warnen, sagt Manassem.
Er weiß es längst, wie's um ihn steht.
Jehuda nickt, mit Tränen in den Augen.
Der neue David ist bereit zu sterben.

Was ihr getan habt einem von
diesen meinen geringsten Brüdern,
das habt ihr mir getan.

Matthäus 25, Vers 40

Manassem und Judas erkennen den neuen David

Manassem fühlt sich elend.
Es ist gekommen, wie er's immer hoffte.
Doch nun tut es ihm Leid.

Judas hat Jesus verraten.
Jesus hat sich nicht gewehrt.
Jesus ist verhaftet worden.
Jesus hat sich nicht gewehrt.
Der Hohepriester hat ihn angehört und dann geurteilt: Er ist schuldig.
Doch Jesus hat sich nicht gewehrt.

Diener spucken Jesus an.
Jesus wehrt sich nicht.
Sie schlagen in sein Gesicht.
Jesus wehrt sich nicht.
Sie übergeben ihn an die Soldaten.
Doch Jesus wehrt sich nicht.

Sie werden ihn töten.
Jesus wird sich nicht wehren.
Sie schlagen ihn ans Kreuz.
Jesus wird sich nicht wehren.
Sie spotten und sehen ihn sterben.
Doch Jesus wird sich nicht wehren.

Was können wir für ihn tun?, fragt Manassem Jehuda.
Nichts, sagt Jehuda, nur beten.

Zu spät, sagt Manassem, zu spät habe ich ihn erkannt.
Woran?, fragt Jehuda. An diesem Blick, mit dem er dich bedachte?
Ja, sagt Manassem.
Weil er so streng war?, fragt Jehuda.
Er war traurig, sagt Manassem.

Warum nur fällt es schwer, ihn zu erkennen?, fragt Manassem.
Warum erkennt ihn nicht einmal der Hohepriester?
Es gibt so viele Zeichen.

Ich glaube, sagt Jehuda, dass diese Zeichen nichts beweisen.
Du musst ja suchen um zu finden.
Musst glauben wollen um zu glauben.

Da hören sie hinter sich Schluchzen.
Sie drehen sich um und sehen Judas da stehen
mit hängenden Armen.

Ich sah die Zeichen, sagt er. Und ich wollte glauben
und hab ihn trotzdem nicht erkannt.

Ich dachte, er würde sich wehren.
Aber er wehrte sich nicht.

Judas hält einen Geldbeutel vor sich hin.
Ich verriet ihn, sagt er, aber nicht wegen des Geldes.
Er wirft den Beutel weg.

Das Geld gaben sie um nichts schuldig zu bleiben.
Aber schuldig sind sie.
Sie, die Nahen, sie müssten ihn doch erkennen!
Wir sind so vielen Fremden begegnet – und die erkannten ihn eher.

Ach, warum wehrt er sich nicht?

Eine kleine Weile ist er still. Auch die Brüder haben nichts zu sagen.
Dann sagt Judas nur noch einen Satz.

Wenn Jesus stirbt, will ich nicht leben.

Es ist in den Schriften, sagt Manassem.
Er wird sich nicht wehren.

Aus Mitleid wird er wie der schwächste Mensch.
Auch der kann sich nicht wehren.

Aus Liebe wird er sterben.
Und der Tod verliert dann seine Macht.

Zur selben Stunde, als Jesus stirbt, ist auch Judas nicht mehr am Leben.
Wie er gesagt hat: Wenn Jesus stirbt, will ich nicht leben.

Manassem und Jehuda weinen heimlich
und leise liest Jehuda aus Jesajas Schrift:

Gott spricht: Mein Hüter ist wie ich. Er reißt nichts aus,
er lässt es wachsen. Und wenn es Unkraut ist – selbst
Unkraut hat ja Blüten! Und wenn es nicht gedeiht –
er wartet in Geduld und pflegt es.
Mein Hüter ist wie ich. Er will das Leben, nicht den Tod.
Euch schützt er, wenn es sein muss, mit dem Leben.

Ein Fremder aber, ein römischer Hauptmann, sagt laut über Jesus:
Dieser Mensch ist Gottes Sohn gewesen.

Matthäus beendet seinen Bericht mit einer großen Hoffnung

Eines fehlt noch, sagt Maria, das Buch von Markus in der Hand.
Matthäus sieht sie fragend an.
Die ersten Worte Jesu nach der Auferstehung – weißt du sie?
Matthäus zögert. Dann greift er ein letztes Mal zur Feder.

Am dritten Tag nach Jesu Tod,
am ersten Tag der neuen Schöpfung,
da gehen Frauen,
Jesu Mutter, Jesu Schwestern,
zum Grab um ihn zu salben.

Und überlegen noch:
Wie kriegen wir den Stein nur von dem Loch gewälzt?
Da bebt die Erde und ein Engel Gottes kommt vom Himmel
und wälzt den Stein zur Seite.

Danke, sagt Maria, Jesu Mutter. Das wissen wir zu schätzen.
Doch wäre es besser noch gewesen, du hättest meinen Sohn
vom Kreuz befreit.

Der Engel hebt lächelnd die Schultern. So scheint es,
sagt er ernst, und doch ist dein Sohn ist besseren Händen
geborgen als den meinen.

Wenn du Gottes Hände meinst, entgegnet ihm Maria bitter,
so höre, was du wohl nicht weißt:
Mein Sohn hat, da am Kreuz, vor Einsamkeit geschrien:
Mein Gott, warum lässt du mich so allein?

Der Engel hebt traurig die Schultern.
Es musste so sein, Maria, sagt er.
Erinnere dich: Der schwächste Mensch musste er sein.
Eine kleine Weile hatte Gott sich abgewandt,
dann aber nahm er ihn fest in seine Arme.

Maria neigt den Kopf, doch sie sieht zweifelnd aus.
Sie bückt sich und späht durch das Loch ins Grab
und sucht den Sohn.
Doch da ist nichts als Leere.

Gestohlen?, fragt sie traurig. Maria, nein, ruft da der Engel.
Erinnere dich, was Jesus sagte:
Am dritten Morgen wird er auferstehen.
Er geht zurück nach Galiläa.
Dort wird er wieder bei euch sein.

Mutter, rufen Jesu Schwestern, das müssen
wir den Elf berichten.
Voll Furcht und Freude laufen sie davon.
Nur Maria bleibt noch stehen.
Da ist es ihr, als komme Jesus selbst.
Er zeigt ihr sein Gesicht.

Die Elf versammeln sich an Jesu liebstem Platz.
Dort warten sie, die Zeit wird lang.
Denkt ihr denn wirklich, dass er kommt, erkundigt sich Andreas.
Er ist ja da, sagt Petrus. Ich seh ihn wieder, wie er war.
Und wie er sagte:

Wer sucht wie ihr, der bleibt beweglich.
Wer Türen offen hält, bei dem weht frischer Wind
und Staub kann sich nicht setzen.
Ihr habt euch auf den Weg gemacht,
weil ihr noch wisst, dass euch was fehlt.
Die, die zu Hause bleiben, und glauben, dass sie alles haben,
die bleiben mir – und auch dem Himmel – fern.
Der Himmel ist, wo Gott euch nahe ist.
Das heißt nicht, fern der Menschenwelt,
nein. Gott ist nah, wo Menschen auf ihn trauen.

Ja, sagt da Andreas. Jetzt sehe ich ihn auch.

Er ist ja da, sagt Petrus wieder. Ich höre, wie er spricht:

Ihr sollt jetzt gehen ohne mich. Richtet alles
so wie ich. Ihr habt es oft genug erfahren.
Wenn ihr nun kommt in meinem Namen, tun sich für euch
nicht alle Türen auf. Jedoch, vielleicht, so manche Falle.
Fürchtet aber nicht die Menschen. Gott geht mit euch –
und er ist stärker.

Ja, rufen alle. Wir hören ihn auch!

Er ist ja da, beginnt Petrus zum dritten Mal.
Ich weiß jetzt, dass er ewig lebt.
Wir aber werden dafür sorgen, dass alle Welt ihn kennt.
Und sich von ihm, ergänzt Matthäus, den Himmel schenken lässt.

Lukas erzählt: Wie Gott die Verlorenen erlöst

Es ist eine Schande, wie wir leben, Vater, sagt Korinna zu Lukas.
Dies war einmal ein reiches Haus. Du machst daraus ein Räuberloch!

Ich tue nur, was Jesus tat, sagt Lukas seiner Tochter. Ich helfe und ich heile.
Die Türen unsres Hauses müssen offen sein.
Dann weht der Geist des Herrn in alle Ecken.

Der Geist?, Korinna rümpft die Nase, wohl eher Wind und Hitze.
Denn deine Gäste, Vater, sie sind schmutzig.
Und Jesus war es auch, sagt Lukas.

Ach, Jesus ist weit weg, wie eine Traumgestalt.
Ich glaub nicht, dass er schmutzig war.
Und wenn, was geht's mich an?

Alles!, ruft Lukas. Alles hängt ja davon ab!
War er ein Traum, dann hüte ihn wie einen Schatz.
War er ein Mensch aus Fleisch und Blut,
voll Angst und Armut und Erbarmen –
dann müssen alle, die ihm folgen, sein wie er!

Lukas betont:
Jesus kommt arm und schwach zur Welt

Ich habe hier, sagt Lukas und zeigt auf eine Rolle Schrift,
das Leben Jesu aus der Feder eines Mannes namens Markus.

Wenn du es liest, wirst du erleben,
wie nah der Herr den Armen war. Wie arm er selbst geboren wurde,
im Stall bei Esel, Rind und Schaf …

Das gerade, Vater, schreibt ja Markus nicht!
Du bist es, der es stets erzählt. Markus fängt mit Jesu Taufe an.

So, wirklich? Ihr Vater wird ein wenig rot. Wann hast du denn
sein Buch gelesen? Als du bei deinen Kranken warst.

Nun, dann … sagt Lukas, sehr betreten. Dann ist es wohl an mir,
das von dem Esel und dem Schaf zu Markus' Buch hinzuzufügen.

Es ist ein weiter Weg von Nazareth nach Bethlehem.
Wenn ein Kamel dich trägt, mag's gehen. Jedoch,
wenn du nur deine eignen Füße hast und einen kleinen Esel,
der störrisch ist und träge, dann ziehen sich die Meilen,
Schritt für Schritt, in die Unendlichkeit.

Josef und Maria gehen diesen Weg gemeinsam;
der Esel folgt und trägt ein leichtes Bündel.
Darin ist alles, was sie mitgenommen haben,
Brote, Decken, weiter nichts, nur noch ein Windeltuch.
Denn unter ihrem Herzen trägt Josefs Frau ein Kind.

Dann sollte sie nicht reisen, sagst du zu Recht.
Sie hätten es auch nicht getan, wenn da nicht ein Gebot
des Kaisers wäre: Israels Männer will er zählen
und sendet sie dazu in ihre Vaterstädte.
Und Josef ist nun mal in Bethlehem geboren.

Am späten Abend sehen sie die Stadt. Sie sieht fast aus,
als ob sie platzt. Denn viele Fremde sind schon da.
Wo sollen wir nur schlafen, Josef?, fragt Maria.
Wir haben weder Freunde hier noch Anverwandte
und bringen weder Gut noch Gaben.

Es begab sich aber zu der Zeit, dass ein Gebot von dem Kaiser Augustus ausging, dass alle Welt geschätzt würde. Und diese Schätzung war die allererste und geschah zur Zeit, da Quirinius Statthalter in Syrien war.
Und jedermann ging, dass er sich schätzen ließe, ein jeder in seine Stadt.

Lukas 2, Verse 1 bis 3

Gehen wir von Tür zu Tür, sagt Josef. Die Menschen
werden Mitleid haben. Man sieht es ja: Das Kind
wird bald geboren werden. Maria legt sich die Hände
auf den Bauch. Noch heute Nacht, sagt sie,
in Bethlehem, wie du und König David.

Welch ein Vergleich!, ruft da Korinna. Wie kann denn diese arme Frau es wagen, ihr Kind dem großen König gleich zu stellen?
Sie hat ja Recht, antwortet Lukas. Sie weiß es sicher, denn ein Engel hat es ihr verkündet.
Ein Engel, Vater? Heutzutage? Das musst du mir erzählen.

Maria, sagt der Engel Gabriel und zeigt sich einer jungen Frau.
Die Tür zu deinem Haus stand offen – so trat ich einfach ein.
Ich neige mich, denn Gott ist dieser Tage niemandem
so nah wie dir.

Maria mustert ihn mit klarem Blick.
Am Glanz erkennt sie Gottes Boten.
Was wünscht mein Herr von mir?, fragt sie gefasst.

Maria, spricht der Engel Gabriel, der zweite David, Gottes Sohn,
der Hüter und der Heiler – er soll geboren werden, als Mensch
in einem Stall. Gott meint, du würdest das verstehen und könntest
seinem Sohn die rechte Mutter sein.

Ich würd ihn lieben und behüten, mit aller meiner Kraft,
antwortet Maria ernst. Doch wie kann es geschehen?

Sorge dich nicht, sagt Engel Gabriel. Was Gott will,
kann geschehen, auch wenn es Menschenkönnen übersteigt.
Das weiß ich auch. Maria nickt. Da kommt mir ein Gedanke:
Der Gottessohn, als Mensch geboren – er braucht auch einen
Menschenvater.

Ich spreche gleich mit Josef, meinem Mann: Er wird an meiner
und des Kindes Seite sein, was immer auch geschieht.
Sag Gott: Was er auch mit uns wagen will – wir trauen auf ihn
und wagen's auch.

Gut, sagt der Engel Gabriel und wendet sich zum Gehen.
Und übrigens, fügt er hinzu: Ihr sollt ihn Jesus nennen.

Und der Engel kam zu ihr hinein
und sprach:
Sei gegrüßt, du Begnadete,
der Herr ist mit dir.

Lukas 1, Vers 28

So einfach, Vater?, sagt Korinna. Und sie nimmt's nickend hin wie eine Nachricht übers Wetter? Weiß sie denn nicht, welch große, heilige Verpflichtung …

Sie weiß es, sagt ihr Vater ruhig. Sie hat es ganz genau verstanden.
Sie nickt nicht nur, Korinna.
Sie lobt auch Gott und singt ein stolzes Lied.

Maria singt,
dass Gott die Schwachen stärkt,
die Armen satt macht
und Gebeugte gerade.

Sie singt,
dass weder Mächtige noch Reiche
auf ihren Thronen sicher sitzen
noch Weise sich mit ihrer Weisheit
Glück erkaufen.

Das alles, singt sie,
hängt von Gottes Willen ab,
ob er uns ansieht
und begleitet.

Klein oder groß, reich oder arm –
in Gottes Augen sind wir gleich,
denn wir sind alle
Gottes Kinder.

Meine Seele erhebt den Herrn, und mein Geist freut sich Gottes,
meines Heilandes; denn er hat die Niedrigkeit seiner Magd angesehen.
Siehe, von nun an werden mich selig preisen alle Kindeskinder.
Denn er hat große Dinge an mir getan, der da mächtig ist und dessen
Name heilig ist.
Und seine Barmherzigkeit währt von Geschlecht zu Geschlecht
bei denen, die ihn fürchten.

Lukas 1, Verse 46 bis 50

Jesus wird geboren

Gehen wir von Tür zu Tür, hat Josef seiner Frau gesagt.
Die Menschen werden Mitleid haben. Das hat er sich zu leicht gedacht.
Die Menschen in den großen Häusern haben Scheu vor Armen.
Die Menschen in den kleinen Häusern haben keinen Platz.

Hört zu, sagt schließlich eine alte Frau. Da draußen, vor der Stadt,
da ist ein leerer Stall. Den wird euch niemand streitig machen.
Da könnt ihr bleiben für die Nacht.

In tiefer Dunkelheit erreichen sie ein halb verfallenes Gemäuer.
Es sieht zuerst recht trostlos aus.
Sogar das Vieh hat diesen Stall schon längst verlassen,
meint Josef bitter. Er ist voll Sorge für Maria.

Umso besser, ruft sie da. Dann lege ich mein Kind
in diese Futterkrippe. Die wird ihm niemand streitig machen.

Wie geht es weiter, Vater?, fragt Korinna ungeduldig.
Es kamen Könige, nicht wahr?
Reiche, weise Männer aus dem Morgenland,
Kamele reitend, mit Geschenken.

Weder Könige noch Kamele, sagt Lukas. Es waren Hirten.
Und sie hatten Schafe.

Noch weiter draußen vor der Stadt flackert ein kleines Feuer.
Da sitzen Hirten auf dem Feld und halten Wache für die Schafe.
Die Nacht ist unheimlich und dunkel.
Horcht, ist da nicht ein Rascheln? Schleichen Schritte?
Das leise Hecheln eines Hundes …

Ich wollte, es wäre endlich Morgen, sagt Micha zum alten Natan.
Er hat es kaum gesagt, da wird es licht, doch anders als am Morgen.
Das Licht ist silberhell und warm, so freundlich wie ein Streicheln
und doch so fern, dass Micha weinen möchte.
Wie unerreichbar wunderschön.

Er hört ein sachtes Wehen. Wie Stimmen klingt es, wie Musik,
und dann versteht er Worte, die tief im Herzen glücklich machen.

Der Heiler und Hüter,
Gottes Sohn, der neue David,
heute ist er in die Welt gekommen.

Wie Licht in Dunkelheit,
wie Leben in den Tod.
Wer auf ihn traut, wird heil.

Micha steht mit erhobenem Kopf, ein Lächeln im Gesicht.
Die anderen Hirten liegen wie betäubt,
die Augen fest vor Furcht geschlossen.

Habt ihr es nicht gehört, sagt Micha.
Fürchtet euch nicht, haben die Engel gesungen.
Engel, fragt Natan und kommt langsam hoch.
Du glaubst: Das waren Engel?

Gewiss, was sonst?, fragt Micha.

Es war wie ein Feuer, sagt einer der Hirten.
Wie ein gewaltiger Sturm, sagt der Zweite.
Ein Beben der Erde, ich konnt mich nicht wehren!,
ruft schaudernd der Dritte.

Aber dann, sagt Natan und sieht Micha neugierig an,
ein sachtes Wehen wie ein Streicheln.

Ja, ruft Micha, und Musik und Worte von Frieden und Heil.

Ein König ist geboren,
als Kind in einem Stall.
Ganz unten auf der Erde,
bei dir und mir,
vom Himmel ganz weit weg.

Oder auch nicht, sagt Natan. Kommt,
das sehen wir uns an!

Fürchtet euch nicht!
Siehe, ich verkündige euch große Freude,
die allem Volk widerfahren wird; denn euch
ist heute der Heiland geboren, welcher ist
Christus, der Herr, in der Stadt Davids.

Lukas 2, Vers 10

Die Hirten laufen durch die Dunkelheit.
Sie fürchten nichts mehr für die Schafe.
Und auch nichts für sich selbst.
Die Dunkelheit ist dunkel wie zuvor.
Doch ohne ihn zu wissen, kennen sie den Weg.

Ein halb verfallenes Gemäuer, ein längst verlassner Stall
ragt wie ein dunkler Finger voll Schwärze in die Nacht.
Licht, ruft Micha, da ist Licht!
Die andern reiben sich die Augen.

Als sie den Stall erreichen, wird es wirklich hell,
silbrig und warm, wie vorher auf der Weide.
Da liegt ein Kind in einem Büschel Stroh
und strampelt mit den Beinen.

Ein Eselchen wärmt es mit seiner Nase.
Die Mutter lehnt an ihrem Mann.
Sie ist erschöpft und dennoch froh.

Ich fühl mich hier, sagt Micha, wie unter einem weichen Mantel.
Das ist der Segen Gottes, sagt der alte Natan.

Maria sieht ihn an. Ihr wisst, wer hier geboren ist?
Die Engel haben es verraten, entgegnet Natan schlicht.
Und Micha hier, der hat's verstanden.

Es hat uns sehr gefreut, sagt Josef zu den Hirten,
als sie dann Abschied nehmen. Und uns, entgegnet Micha.

Es soll auch alle andren freuen, ruft Natan, lebhaft wie ein Junger.
Kommt, wir laufen in die Stadt und sagen's allen weiter!

Lasst uns nun gehen nach Bethlehem
und die Geschichte sehen,
die da geschehen ist,
die uns der Herr kundgetan hat.

Lukas 2, Vers 15b

Lukas betont: Auf dem Schwachen liegt göttlicher Glanz

Vater, das passt mir nicht. Das kann ich mir nicht denken, sagt Korinna.
Die Hirten auf dem Feld – was wissen die von Engeln?
Die Rede von dem neuen David … zu hoch für sie, viel zu hoch!

Wenn Gottes Sohn geboren wird, beginnt Korinna neu, dann geht das
Priester an und Könige, die Großen und die Wichtigen …
Oh, sagt Lukas, das habe ich vergessen: Ein Priester war von Anfang an im Bild.
Doch der sprach so wie du: Das passt mir nicht!

Denk zurück: Bevor die Hirten das Kind fanden, bevor das Kind geboren war,
bevor der Engel Gabriel zu Maria sprach – da ging er in den Tempel …

Zacharias sagt zu früh: Genug!

Zacharias, sagt Gottes Engel Gabriel,
öffne deine Augen. Er trifft den Priester
in Gottes Haus. Laut muss er rufen.
Denn Zacharias ist sein Gebet vertieft.
Was willst du?, fragt Zacharias.
Rauch trübt ihm die Augen.
Er erkennt nicht den göttlichen Glanz.

Zacharias, sagt Gottes Engel Gabriel,
du siehst nicht gut, wenn du beim Beten
deine Augen schließt, und hörst nichts,
wenn du so laut murmelst. Was, wenn
einmal ein Engel kommt, was, wenn ein
Wunder dir begegnet? Mir scheint,
du horchst nicht auf und übersiehst es.

Ich werde alt, sagt Zacharias, und mit mir
meine Frau Elisabeth. Wir warten nicht
mehr auf ein Wunder und Gottes Boten
kommen nicht zu uns. Sonst hätten wir ein
Kind bekommen, wie wir es uns so
sehnlich wünschten. Nun haben wir uns
abgefunden und suchen nichts als Ruhe.

Zu früh, ruft Engel Gabriel, sagt euer Herz:
Genug. Denn gerade heut bin ich erschienen
um euch Erfüllung anzusagen für euren
Herzenswunsch. Ein Sohn wird euch
geschenkt. Er wird euch glücklich machen.
Man wird ihn Wegbereiter nennen
für Gottes Sohn, den Hüter und den Heiler.

Er ruft in der Wüste und tauft mit Wasser.
Ruft laut, dass Gott die Verlorenen sucht,
sie sammelt und sie weidet wie ein Hirt.
Er soll Johannes heißen, ein neuer Elia.
Zacharias lacht. Was für ein Traum,
schon lange ausgeträumt. Er schließt die
Augen. Als er sie öffnet, ist Gabriel fort.

Na also, will er sagen. Da spürt er: Es hat
ihm die Sprache verschlagen. Der Hoffnung
lauthals abzusagen, das hat ihn stumm
gemacht. Bedrückt geht er nach Haus.
Da wartet seine Frau Elisabeth. Sag nichts,
begrüßt sie ihn. Ich habe neue Hoffnung.
Mir scheint, ein Wunder wird geschehen!

Ein Jahr beinahe ist es her, seit Gabriel
bei Zacharias war. Da hält der Priester
den verheißnen Sohn im Arm. Was für ein
Wunder, flüstert seine Frau, lobt Gott
und singt von Herzen: Welch eine Gabe ist
ein Kind! – Und Freunde kommen
um Segen für das Kind zu wünschen.

Wie soll er heißen?, fragen sie. Gewiss
doch wie sein Vater? Da schüttelt Zacharias
seinen Kopf. Warum nicht?, fragen sie.
So ist es Brauch! Er aber schreibt auf eine
Tafel: Der Junge muss Johannes heißen.
Dann öffnet er den Mund und singt ein
Lied – mit einer neuen, starken Stimme.

Gelobt sei Gott, singt er, der gute Vater!
Er hat noch Großes mit uns vor.
Dem Abraham versprach er einen Sohn
und Israel die Freiheit. Und beides wurde
wahr. So wird auch dieses Kind so sein,
wie es verheißen ist: ein Prediger, Elia,
des Gottessohnes Wegbereiter.

Simeon und Hanna erkennen Jesus

Im Tempel in Jerusalem zeigt man die neugebornen Kinder Gott,
damit er weiß, sie sind nun sein. So bringen Josef und Maria
den kleinen Sohn aus Bethlehem in Davids Stadt zum Tempel.

Da ist ein Seher, Simeon, zu dem hat Gott gesprochen:
Hör, Simeon, du bist mein Freund, ich geb dir ein Versprechen:
Mein Sohn, der Heiler und der Hüter – er kommt nun bald zur Welt.
Du sollst nicht sterben, eh du ihn gesehen hast.

So wartet Simeon im Tempel, Tag für Tag. Wo, wenn nicht hier,
denkt er, wird Gottes Sohn zu finden sein?
Er wartet auf ein Königskind, auf eine reich geschmückte Sänfte,
in der ein mächtig reicher Mann das Kind begleiten müsste.

Es kommen Menschen, Tag für Tag, doch keiner ist darunter,
den Simeon für göttlich hält. Er spürt nie Gottes Nähe.
Auch heute wieder nicht, sagt er, wenn er sich schlafen legt.
Und doch bin ich schon längst des Lebens satt und müde.

Dann, eines Morgens, hängt sein Blick an einer Frau
in abgetragnen Kleidern. Ihr Mann hält ihre Hand.
In ihren Armen schläft ein Kind.

Simeon geht wie ein Träumer auf sie zu
und streckt die Hände aus. Erlaube mir, sagt er,
dass ich dein Kind in meinen Armen halte.
Sehr gern, mein guter Vater, sagt Maria und tut, was er verlangt.
Er aber drückt das Kind ans Herz und lacht.

Das hat Gott gut gemacht!, ruft er.
Er hält sein Wort und lässt mich sehen,
wie Gott zur Welt gekommen ist:
nicht anders als der schwächste Mensch.
Dies ist der Gott-mit-uns!
Nun bin ich weiser als zuvor und kann in Ruhe sterben.

Sag, woran hast du uns erkannt?, fragt ihn Maria scheu.
Auf deinem Angesicht ist Glanz, sagt Simeon,
heller als alles Gold und Silber.

Du bist ein Seher, segne uns, bittet den Alten Josef.
Das tu ich gern, sagt Simeon. Er hebt die Hände über
Josefs Kopf. Dann wendet er sich zu Maria.

Er stutzt und seine Stimme zittert.
Gesegnet bist du längst, sagt er.
Doch hoffe ich, du weißt:
Der Segen ist kein Schutz vor Schmerz.
Er hilft nur, ihn zu tragen.

Maria neigt den Kopf und beugt sich über Jesus.
Was siehst du, Vater?, flüstert sie.

Da schüttelt Simeon den Kopf.
Frag mich nicht, sagt er.
Behüte deinen Sohn, so gut du kannst.
Doch lerne: Er gehört dir nicht. Du hast ihn nur geliehen.

Josef hält Maria fest. Na und?, sagt er.
So ist es ja mit allen Kindern.

Die alte Hanna tritt hinzu.
Sie lebt, seitdem sie Witwe ist,
im Tempel, so als sei er ihr Zuhaus.
Der neue David!, ruft sie laut.
Endlich, endlich ist er uns geboren!
Gelobt sei Gott. Er hat uns nicht vergessen!

Herr, nun lässt du deinen Diener in Frieden fahren, wie du gesagt hast; denn meine Augen haben deinen Heiland gesehen.

Lukas 2, Verse 29 + 30

Das Kind aber wuchs und wurde stark, voller Weisheit, und Gottes Gnade war bei ihm.

Lukas 2, Vers 40

Jesus ist im Tempel zu Hause

Zu Moses großem Fest zieht's Menschen nach Jerusalem.
Mit vielen Freunden und Bekannten aus Nazareth
ist auch Maria da, mit Josef, und sie hat Jesus mitgebracht.
Er ist inzwischen zwölf und geht gern eigne Wege.

Als sie sich auf den Rückweg machen, ist Jesus nicht zu sehen.
Er geht wohl weiter vorn, meint Josef,
mit Freunden und Bekannten.

Doch mit der Zeit beginnt Maria sich zu sorgen.
Sie sucht und fragt, doch keiner hilft ihr weiter.
Nein, Jesus wurde nicht gesehen. Und niemand kann's erklären.

Er ist verloren, weint Maria. Ich aber habe Gott versprochen:
Ich gebe auf ihn Acht!

Maria, ruft da Josef, mir kommt so ein Gedanke!
Ob Jesus noch im Tempel ist?
Im Tempel, Josef? Wieso dort?
Wart's ab, sagt er. Wir werden's sehen.

Im Tempel sehen sie ein Wunder: Da steht der Junge,
erst zwölf Jahre, zusammen mit den Priestern!

Gott hat die Kleinen ganz besonders lieb,
ruft Jesus in die Runde und alle hören zu.
Denkt nur an Jakob und an Josef,
an David gegen Goliat!
Die Großen stürzen von den Thronen.
Der kleine Mose überlebte –
und wurde dann … so groß!

Jesus, ruft Maria dazwischen. Jesus, was hast du getan?
Nichts Falsches, Mutter, sagt Jesus.

Ist das euer Kind?, fragt der älteste Priester.
Ja, sagt Josef, und es tut uns Leid, dass er euch Mühe machte.
Mühe, wiederholt der Priester. Ja, Mühe kann man sagen.

Wir hatten Mühe, seine Fragen zu bestehen.
Sie waren ziemlich schwer.
Und Mühe, seine Lehren zu begreifen.
Sie waren klug und wahr.
Höre, Mann, dein Junge redet weise, als sei er geradewegs
von Gott!

Da lächelt Josef. Siehst du, sagt er stolz. Ich habe es gewusst!
Maria aber greift nach Jesu Hand.
Komm, sagt sie ungeduldig. Wir gehen endlich heim.

Und Jesus nahm zu an Weisheit, Alter und Gnade bei Gott und den Menschen.

Lukas 2, Vers 52

Lukas macht klar:
Unter Jesu Schwäche ist Macht

Korinna sieht ihrem Vater zu, wie er heilt. Er hat einem Bettler eine Wunde verbunden.
Du könntest reich werden mit deiner Kunst, Vater.
Ich will aber lieber an guten Taten reich sein als an Geld.
Du solltest mich besser verstehen, meint Lukas enttäuscht.

Tröste dich, sagt sie auf einmal. Im eigenen Haus wird niemand recht verstanden.
Sagte das nicht sogar Jesus?

Lukas ist gleich bei der Sache. In der Tat, ruft er.
Das sagte Jesus, als er predigte in Nazareth! Hör zu, Korinna, denn diese Geschichte kenne ich besser als Markus.

Jesus sagt die Wahrheit,
aber Nazareth will sie nicht hören

Jesus ist erwachsen geworden.
Wie Gott es wollte, hat Johannes ihn getauft,
und wie es sein musste, hat er mit dem Teufel gestritten.

Jesus zieht im Land umher und predigt.
Und alle, alle, die ihn hören, erkennen, dass er
weise redet, als sei er geradewegs von Gott.
Nur die in Nazareth, die wollen ihn nicht hören.

Zuerst geschieht nichts Wunderbares.
Jesus liest vor, was in den Schriften steht,
Worte des Propheten Jesaja:

> Ich bin es, der Gesalbte,
> der Heiler und der Hüter.
> Wenn ich komme, atmet auf!
> Die Armen will ich retten
> und das Verlorene nach Hause bringen.

Dann setzt er sich und sagt,
wie selbstverständlich: Nun also: Atmet auf!

Was meinst du?, rufen die Leute erschrocken.
Der Hüter und der Heiler, sagt Jesus gelassen,
seht doch: Ich bin es!

Lass dich nicht auslachen!, rufen die Leute.
Wir wissen genau, wer du bist:
Josefs Sohn, der Sohn des Zimmermanns.

Ich hätte es mir denken können. Jesus senkt den Kopf.
Ihr wisst mich nicht zu schätzen. Ich bin euch zu vertraut.
Ist es nicht auch Mose so ergangen? Israels Kinder
murrten gegen ihn – obwohl er für sie Wunder tat.

Was wagst du!, schreien die Leute.
Vergleichst du dich mit Mose, Gottes bestem Freund?
In jähem Hass packen sie zu. Sie zerren ihn zu einem Abhang.
Hinab, rufen sie wild, hinab mit dir zur Hölle!

Doch Jesus hebt die Arme
und geht davon, als könnte nichts ihn halten.
Sie sehen ihm nach, mit leeren Händen.
Wie wundersam, wir hatten ihn doch fest im Griff …

Warum ist Jesus so allein? Korinna wundert sich. Bei Markus hat er Freunde.
Jünger, verbessert Lukas. Doch später erst, nicht von Beginn.

Erzähl von Petrus, bittet ihn Korinna. Weißt du von Petrus mehr als Markus?
Markus nimmt Petrus zu wichtig, sagt Lukas.
Petrus hätte Jesus nie erkannt. Ein Wunder musste helfen.

Jesus hilft Simon beim Fischen

Am Ufer des Sees Genezareth haben sich Menschen versammelt.
Es ist noch früh am Morgen.
Von nah und fern sind sie gekommen.
Ein Wort ging nämlich durch die Häuser: Jesus!
Jesus will sprechen und erzählt uns von Gott.

Da ist er schon – sie recken die Hälse –:
nicht groß und prächtig, wie sie glaubten.
In einem zerknitterten Kittel steht er da,
mit langem Haar und ohne Schuhe.
Er hebt die Hand und grüßt.

Ich will, dass ihr mich alle seht, sagt er,
und dass ihr mich gut hört. Du, Simon …

Ein Fischer schreckt von seiner Arbeit auf.
Er hat sein Boot an Land gezogen und wäscht nun seine Netze.

Du, Simon, nimm mich in dein Boot
und rudre mich ein Stück hinaus!

Gewiss, Meister, stammelt der Fischer.
Er ist zwar müde und hat andre Sorgen –
jedoch wer ihn beim Namen kennt,
der hat wohl was zu sagen!

Johannes und Jakobus, ruft er seine Freunde.
Kommt, lassen wir das Boot zu Wasser!

Jesus predigt lang und ernst in Simons Fischerboot.
Er predigt von Gottes Himmel, wo keiner mehr
Angst hat noch hungert.

Er hat dabei Simon im Blick und liest seine Gedanken.
Schöne Worte, kluger Meister. Nichts als Worte
in den Ohren von Männern, die wissen, was läuft.

Wir waren die ganze Nacht auf dem See
und keinen, nicht einen, nicht einen einzigen
Fisch konnten wir fangen …
Ein paar Fische im Netz, kluger Meister,
wären mir lieber als Träume.

Da unterbricht sich Jesus mitten im Satz.
Gut, sagt er laut, du hast Recht.

Simon erschrickt. Das Boot schwankt.
Meister?, fragt er verwirrt.
Zuerst besorgen wir Fische, sagt Jesus.
Fahr mal hinaus, dorthin, wo es tief ist,
und Johannes und Jakobus mit dir.

Die Menschen am Ufer hören's und lachen.
Simon aber sieht Jesus an. Und da erst erkennt er
den göttlichen Glanz. Wie dieser Mann redet,
so wird er auch handeln.

Gut, Meister, sagt Simon. Auch wenn es Unsinn ist.
Niemand fängt Fisch, wenn die Sonne am Himmel steht.

Niemand?, sagt Jesus. Und wäre Gott mit im Boot …?

Es dauert nicht lange, da ist das Netz voll,
voller denn je, es droht schon zu platzen.
Johannes und Jakobus rudern das zweite Boot.
Sie kommen eilig zu Hilfe.

Zusammen bergen sie die gewaltige Fülle
und bringen sie mühsam an Land.
Die Menge steht staunend.
Himmel ist, wo keiner mehr hungert …

Simon aber nimmt Jesu Hände. Tut mir Leid, murmelt er.
Ich hielt dich für einen Schwätzer …

Reden und Tun gehören immer zusammen, sagt Jesus.
Wenn du mich erkannt hast, bleib doch bei mir.
Zusammen gelingt uns gewiss
noch manch reicherer Fang.

Da verlassen Simon, Johannes und Jakobus die Boote
und alles, was sie bis dahin bewegte,
und bleiben für immer bei Jesus.

Simon aber erhält einen neuen Namen:
Petrus, der Fels. Denn du bist, sagt Jesus,
den schönen Worten auf den Grund gegangen.

Und Simon antwortete und sprach: Meister, wir haben die ganze Nacht gearbeitet und nichts gefangen; aber auf dein Wort will ich die Netze auswerfen.

Lukas 5, Vers 5

Lukas zeigt:
Die Macht des Himmels ist Liebe

Korinnas Augen glänzen. Das gefällt mir, sagt sie.
Da haben sie mit eigenen Augen gesehen, was Jesus alles kann!
Und diese Fischer, sie konnten ihm wenigstens dienen.
Lukas sieht nachdenklich aus. Gewiss, sagt er zögernd, die Menschen am See haben es ähnlich verstanden wie du. Von da an kamen sie nicht mehr, um seine Worte zu hören, sondern damit er sie heilte. Sie bedrängten ihn so, wie es Markus beschreibt, Besessene und Gelähmte, Blinde, Taube, Ausgestoßene.
Am Ende hat er sich ihnen entzogen.

Als Jesus aus der Wüste kommt und wieder vor die Menschen tritt, umhüllt ihn Glanz von Gott und niemand wagt, ihn zu bedrängen. Er geht durch die Menge hindurch, als könnte niemand ihn halten. Dann hebt er die Arme und segnet mit heilender, göttlicher Kraft.

Hört zu, ruft er:
Himmel ist, wo Arme keine Not mehr leiden.
Himmel ist, wo Hungrige satt werden.
Himmel ist, wo Traurige getröstet werden.
Himmel ist, wo euch der Gott-bei-uns begegnet.

Hört zu, ruft er:
Hölle ist, wo Reiche festhalten, was sie haben.
Hölle ist, wo das Brot nicht geteilt wird.
Hölle ist, wo Tränen nur Spott finden.
Hölle ist, wo der Gott-bei-uns unerkannt bleibt.

Hört zu: Ihr könnt gar nicht freundlich genug sein.
Die euch hassen: Liebt sie.
Denn wenn ihr zurück hasst, ... werdet ihr wie sie.
Die euch verfluchen: Segnet sie.
Denn wenn ihr zurück flucht, ... werdet ihr wie sie.
Die euch beleidigen: Sagt ihnen Gutes.
Denn wenn ihr sie zurück beleidigt, ... werdet ihr wie sie.
Wenn sie euch schlagen, wehrt euch nicht.
Denn wenn ihr euch wehrt, ... werdet ihr wie sie.
Wenn sie euch den Mantel nehmen,
gebt ihnen auch den Kittel.
Denn wenn ihr euch an Sachen klammert, ... werdet ihr wie sie.
Handelt so, wie ihr behandelt
werden wollt, ... dann werdet ihr wie ich.

Er sagte ihnen aber ein Gleichnis: Kann auch ein Blinder einem Blinden den Weg weisen? Werden sie nicht beide in die Grube fallen? Der Jünger steht nicht über dem Meister; wenn er vollkommen ist, so ist er wie sein Meister.

Lukas 6, Verse 39 + 40

Lukas betont: Liebe durchbricht Mauern

Vater, ich habe dich durchschaut!, ruft Korinna nach einem
kleinen Zwischenfall.
Ein Junge hat sich Brot gestohlen
und Lukas gibt ihm Käse noch dazu.
Du willst genau wie Jesus sein. Erhoffst du davon Lohn?
Ein Stück vom Himmel, sagt Lukas und lächelt.

Mauern aus Fremdheit

Ein römischer Hauptmann lebt in Kapernaum.
Er hat ein Haus mit dicken, festen Wänden –
gegen den Hass, hat er anfangs gedacht.
Denn Römer sind in Israel verhasst
und mehr noch: römische Soldaten.

Der Hass ist mit den Jahren eingeschlafen.
Er ist ein offener, freundlicher Mann.
Er hat Freunde gefunden, die gut von ihm sprechen.
Für das Gebetshaus gibt er großzügig Geld.

Aber noch immer, das weiß er, gilt das Verbot:
Kein Jude wird je das Haus eines Römers
betreten. In seinen Mauern ist er allein,
mit einigen Knechten aus Rom.

Da wird ihm einer der Knechte todkrank
und der gerade ist ihm der liebste von allen.

Einen Heiler, einen Arzt!, bittet er seine Freude,
vornehme Juden. Den Besten müsst ihr holen!
Den, den ihr holen würdet für euer eigenes Kind.

Ich wüsste schon einen, sagt Eli zögernd.
Ich weiß, er heilt alle, deren Not ihn bedrückt.
In deinem Fall allerdings …

Ja, ja, ich weiß, sagt der Hauptmann, ich bin nur ein Römer!
Aber diesen Jungen, den liebe ich trotzdem.
Lieben können auch Römer.

Eli, wen hast du gemeint?, fragt Thomas.
Doch nicht etwa *ihn?*
Wen sonst, sagt Eli,
Jesus von Nazareth. Er ist sogar in der Stadt.

Was ist denn mit ihm?, fragt der Römer.
Warum seid ihr so ernst?
Man sagt, er ist Gottes Sohn, sagt Thomas.
Des Gottes Israels, verstehst du?

Als Eli und Thomas sehen, wie betroffen
der Hauptmann ist, stößt Eli Thomas an.
Komm, sagt er, wir fragen mal.
Mehr als wegschicken kann er uns nicht.

Sie treffen Jesus im Kreis seiner Jünger.
Meister, sagt Eli, wir haben einen Freund.
Und Thomas fügt hinzu: Der Freund hat
einen Diener, den hat er gern.

Der Diener, sagt wieder Eli, liegt im Sterben.
Wir möchten dich bitten, sagt Thomas,
geh hin und mach ihn gesund.
Wenn du willst …, sagt Eli unsicher.

Jesus sieht die beiden aufmerksam an.
Warum seid ihr so unsicher?, fragt er.
Es freut mich, wenn sich ein Herr um den Diener sorgt.
Da will ich gern behilflich sein.
Kommt! Zeigt ihr mir den Weg?

Jedoch, sagt Thomas zögernd, dieser Herr ist …
Eli stößt ihn an. Ach, nichts!, ruft er dazwischen.
Nichts, was den Meister kümmern müsste!

Sie sind dem Haus des Hauptmanns nah.
Da kommt Jakobus angelaufen, Thomas' Bruder.

Unser Freund, Meister … er lässt dir sagen …
Jakobus keucht. Er ist sehr schnell gelaufen.
Er lässt dir sagen: Komm nicht her!

Du müsstest nicht sein Haus betreten. Es wäre ja genug,
wenn du von fern ein Wort des Heilens sprichst.
Das tut dann seine Wirkung.

Jesus bleibt verwundert stehen.
Das hat dein Freund gesagt?, fragt er.
Den will ich kennen lernen.

Meister, es wäre wirklich besser, nicht zu gehen!
Besser für wen?, fragt Jesus und sieht auf einmal wütend aus.
Für dich, Meister, sagt Eli.

Weil er ein Römer ist?, fragt Jesus.
Sie tauschen verlegene Blicke.
Wir haben ihn trotzdem recht gern, sagt Thomas.

Jesus lacht ihn an. Na also!, ruft er.
Kommt, dann gehen wir zu viert jetzt in sein Haus.
Der Knecht ist schon gesund.
Doch ihr, was fehlt denn euch?

In eines *Römers* Haus?, fragt Thomas, leise zaudernd.
Dann aber gehen sie gemeinsam.

Und finden: Dieses große, feste Haus
hat weite, offne Türen.

Ich bin nicht wert, dass du unter mein Dach gehst; darum habe ich auch mich selbst nicht für würdig erachtet, zu dir zu kommen; sondern sprich ein Wort, so wird mein Knecht gesund.

Lukas 7, Verse 6 + 7

Mauern zwischen Leben und Tod

Eine Witwe lebt in Nain, nicht weit von Nazareth.
Als einst ihr Mann im Sterben lag, sprach er zu ihr:
Du musst nicht weinen. Verlasse dich auf unsren Sohn.
Er wird dir Burg und Festung sein, ein Bollwerk
gegen Angst und Not.

Und so ist's jahrelang gewesen. Der Junge war ihr
ganzes Glück. Dann aber legt er sich zu Bett
und wacht am Morgen nicht mehr auf.

Die Mutter ruft ihn laut und nimmt ihn in die Arme.
Tot, sagen Freunde. Fasse dich! Du holst ihn nicht mehr wieder.

Das kann nicht sein, das darf nicht sein,
jammert die alte Witwe. Er ist mein Bollwerk,
meine Burg, er lässt mich nicht allein.

Andere Mauern halten ihn gefangen, sagen Freunde,
des schwarzen Todes und der Schatten. Von dort kommt
niemand je zurück. Das Tor ist zu, das Leben aus.
Nicht einmal Gott weilt bei den Toten.

Sie bahren den Jungen auf, in einem weißen Trauerkleid,
und ziehen dann im Leichenzug mit Klagen aus der Stadt.

Die Mutter geht nah bei der Bahre,
berührt nur zitternd seinen Arm.

Da steht auf einmal einer neben ihr
und legt auf ihre seine Hand.
Du musst nicht weinen, sagt der Fremde,
genau wie einst ihr Mann.
Denn Liebe ist stärker als Tod.

Du meinst, dass Gott auch zu den Toten geht?,
fragt sie mit neuer Hoffnung.

Ich meine, dass er Tote
zurück ins Leben holt.

Und er sprach: Jüngling,
ich sage dir, steh auf!
Und der Tote richtete sich auf
und fing an zu reden, und
Jesus gab ihn seiner Mutter.

Lukas 7, Verse 14b + 15

Die Trauernden, die diese Worte hören,
erschaudern und sie schütteln sich entsetzt.

Aber die Witwe sieht Jesus an. Und da erkennt sie
den göttlichen Glanz. Wie er redet, so wird er auch handeln.
Wer bist du, Herr?, fragt sie.

Auch ich bin einer Mutter Sohn, sagt Jesus.
Ich kenne deine Liebe und ahne deinen Schmerz.
Warte, ich will ihn heilen
und alle diese Leute auch …

Der Trauerzug ist stehen geblieben.
Es scheint, er ist vor Schrecken starr.
Traut ihr denn Gott so wenig zu?,
fragt Jesus in die Menge.

Da senken die meisten den Kopf.
Wir haben's nicht anders gelernt …
Eine unüberwindliche Mauer
ist zwischen Leben und Tod.

Hört und seht, ruft Jesus, was mein Vater kann!

Noch immer hält er die Hand der Mutter
über dem Arm des Toten gefasst.
Komm, Junge, sagt er der weißen Gestalt.
Steh auf, deine Mutter wartet!

Als es geschieht, sind alle stumm.
Dann jubeln sie und loben Gott.
Die Frau hält ihren Sohn im Arm
und Jesus geht langsam weiter.

Er hört noch, wie sie sagen: Da hat er
das Tor der Hölle mittendurch gebrochen.

Lukas fährt fort: Liebe kennt keine Grenzen

Korinna kommt nach Hause und findet ihren Vater umringt von
Kranken und von Bettlern.
Wie Jesus, sagt sie neckend, als die Jünger des Johannes zu ihm kamen,
zu fragen, wer er sei. Doch Jesus zeigte nur auf die, die um ihn waren.

Blinde sehen, Lahme gehen, Aussätzige werden rein,
Taube hören, Tote stehen auf
und die Armen spüren, dass sie Hoffnung haben.
Wer das nicht versteht, tut mir Leid.

Wo hast du diese Worte her, Korinna? Sie stehn ja nicht bei Markus.
Ein anderer hat sie aufgeschrieben, sagt Korinna. Ich hörte davon reden.
Man sagt, dass er Matthäus heißt und mehr geschrieben hat als Markus.

Schreibt er auch von den Frauen?, fragt Lukas gespannt.
Korinna hebt die Schultern. Davon weiß ich nichts.
Dann habe ich noch mehr zu schreiben, sagt ihr Vater.

Im Haus des Pharisäers

Wollen wir wirklich in Simons Haus?, fragen die Jünger Jesus.
Du weißt, er ist ein Pharisäer. Die meisten Pharisäer sind dir Feind,
weil du am Sabbat heilst und weil du niemals fastest.

Simon hat mich eingeladen, sagt Jesus. Wisst ihr nicht:
Eine Einladung auszuschlagen ist nicht nur lieblos,
sondern dumm?

Sie sitzen stumm am Tisch des Pharisäers.
Nur Jesus unterhält sich leise.
Da kommt auf einmal eine Frau herein.
Sie ist nicht eingeladen.
Simon blickt auf und winkt sie fort.
Wir haben nichts mit ihr zu schaffen.
Es klingt, als ob er sich entschuldigt.

Sie aber tut, als merkt sie's nicht. Sie geht direkt zu Jesus.
Sie hat ein Fläschchen Salböl und beträufelt ihn,
wortlos, wie eine Dienerin den Herrn.

Simon schüttelt ärgerlich den Kopf. Er neigt sich Petrus zu.
Man sagt doch, euer Herr sei weise.
Wieso erlaubt er dieser Frau ihn anzurühren?
Er muss doch sehen, wer sie ist.

Eine Liebe auszuschlagen ist nicht nur lieblos,
sondern dumm, entgegnet Petrus.

Andreas, sein Bruder, flüstert mit Simon.
Was hat sie getan?
Sie hat ihrem Mann nur Schande gebracht,
sagt Simon hinter vorgehaltener Hand.
Sie tut nicht seinen, sondern ihren eignen Willen.
Gute Frauen bleiben ja im Haus.
Sie aber öffnet alle Türen.

Die Frau hört sie tuscheln, sie hört jedes Wort.
Sie richtet sich auf und schleudert das Ölfläschchen fort.
Ihr Gesicht wird trotzig und hart. Glaubst du das auch?,
fragt sie Jesus und kreuzt die Arme.

Ja, sagt Jesus und lächelt sie an.
Ich glaube auch, dass du tust, was du willst.
Und dass du Türen öffnest, da bin ich mir sicher.
Nur, dass das eine Schande ist
für deinen Mann, das seh ich nicht.
Es sei denn, allerdings: Du tust ihm weh.

Da lässt die Frau die Arme hängen und den Kopf.

Simon sagt: Meister, was redest du da?
Eine Frau muss dem Mann folgen.
Das ist alles, was zählt.

Hat nicht Sara die Türen für Abraham aufgemacht?
Und Mirjam für Mose?, fragt Jesus. Hätte je Adam den Garten
verlassen, wenn Eva ihm nicht gesagt hätte: Geh?

Nein, Simon: Nirgendwo steht geschrieben,
dass Frauen nichts Eigenes wollen. Und schließlich:
Wer trägt denn, für alle, das neue Leben?

Ich glaubte, ich müsste es allen zeigen,
sagt plötzlich die Frau.
Aber, Meister, so wie du sagst:
Es geht um Liebe und Achtung
zwischen mir und meinem Mann.
Meinst du, er wird mit mir reden?

Jesus lächelt wieder.
Nur, wenn du Trotz und Zorn draußen lässt.
Die lasse ich hier bei dir, sagt die Frau.
Dann läuft sie eilig heim.

Von da an gingen auch Frauen mit Jesus, sagt Lukas zu Korinna.
Ich versteh es nicht ganz, sagt Korinna. Was wollte die Frau von Jesus?
Dass er sie ansieht, meint Lukas, und dass er ihr den Weg zeigt.

Nicht alle haben Mut, fährt Lukas fort, dem Herrn so nah zu treten
wie diese Frau mit ihrem Öl. Sie sehen seinen Glanz und geben auf,
bevor sie es versuchen.
Dann aber ist es wieder eine Frau, die wagt ihn anzusprechen …

Der ungerechte Richter

Meister, sagt sie, als er beim Essen sitzt, ich brauche deinen Rat.

Da ist ein ungerechter Richter. Er denkt nur an sich selbst.
Für Arme hat er nie ein Ohr. Er handelt nur,
wenn man ihn gut bezahlt.

Vor diesen Richter bring ich meinen Fall.
Ein Nachbar tut mir Unrecht und ich hab keinen, der mir hilft.
Der Richter sagt mir offen: Ich habe keine Lust.

Herr, sagt sie, was ist da zu tun? Ich bin im Recht.
Hört er mich nicht, komm ich in Not.
Denn sieh, ich bin ja Witwe und allein.

Ich rate dir, sagt Jesus: Geh noch drei weitre Tage hin.
Gib keine Ruhe, bitte ihn. Ruf ohne Unterlass nach seiner Hilfe.
Und dann komm wieder und berichte.

Die Frau geht, kaum getröstet, fort.
Die Jünger sind enttäuscht.
Meister, weißt du denn nichts Besseres?
Warum denn nicht … ein Wunder?

Jesus hebt die Schultern. Wartet's ab, sagt er. Das Wunder tut sie selbst.

Drei Tage später kehrt die Frau zurück
und strahlt und jubelt voller Freude.
Der Richter hat mir Recht verschafft, ruft sie, weil ich ihn so sehr bat!

Jesus sieht sehr fröhlich aus. Was hat er denn genau gesagt?
Er sagte: Ich bin's leid. Ich will dich nicht mehr sehen.
So tu ich, was du willst, und du gibst endlich Ruhe.

Die Jünger schütteln ihre Köpfe. Das ist kein guter Grund.
Warum nur, Meister, bist du so erfreut?

Wartet's ab, sagt er. Ich will euch etwas sagen.
Zunächst einmal: Erkennt das Wunder:
Welch große Macht hat Bitten!

Und weiter?, fragt Andreas ratlos.
Wie diesen ungerechten Richter, sagt Jesus, so sollt ihr Gott, den Vater, bitten.

Wann wäre Gott je ungerecht, ruft da die arme Frau
und fängt sogleich ein Loblied an:

Gott ist kein ungerechter Richter.
Gott lässt die Armen und die
Schwachen nicht im Stich.
Er hört das Schreien der Gequälten
und sieht das Elend derer,
die längst stumm geworden sind.

Gott neigt sich uns, wie kleinen Kindern
ein guter Vater, zu. Wie Flügel breitet
er die Arme zum Schutz und Schirm
weit über uns. Wir finden Zuflucht
wie die Küken und sammeln Kraft
hoch aufzufliegen wie die Adler.

Gott freut sich nicht an Unheil,
nicht an Macht, die unterdrückt.
Er freut sich über Freundlichkeit und
Güte und gibt gern, was wir bitten.
Wenn Gott die Hände öffnet,
regnet Fülle mit Segen auf die Welt.

Alle, die es hören, werden still und ihre Herzen loben Gott.
Jesus reicht der Frau die Hände. Das hast du gut gesagt, lobt er.

Und nun will ich euch fragen: Bei wem ist wohl leichter zu bitten, beim ungerechten Richter oder Gott?

Mose und Elia?

Als Jesus merkt, dass die Leute den Gottessohn in ihm
lieber sehen als den ärmlichen Menschen,
weiß er, er muss seinen Vater um Rat fragen.

Er steigt allein auf den Berg.
Nur Petrus, Johannes und Jakobus gehen mit.
Die Drei sind einfach nicht loszuwerden.

Oben auf dem Berg wirft Jesus den schmutzigen Umhang ab
und steht unverhüllt in seinem göttlichen Glanz.
Es ist ein warmes Silberlicht, weich wie ein Streicheln,
denkt Petrus und schluckt.
Er ist glücklich und traurig zugleich.

Meister, flüstert Petrus, hier musst du bleiben.
Fern von den Menschen strahlt
dein göttlicher Glanz umso heller!

Sei still!, befiehlt Jesus und streckt die Arme gegen ihn aus.
Da tritt eine zweite helle Gestalt ihm zur Seite.

Höre mich, Gott-bei-uns, sagt der Helle.
Dein Vater schickt mich dir zu sagen:
Er hat sich mir einmal gezeigt.
Er war kein Feuer, kein Sturm und kein Beben.
Er war ein sachtes Wehen.

Elia, flüstert Petrus. Gott hat ihn einst entrückt.
Hier also lebt er. Ich baue eine Hütte
für ihn und für Jesus.

Sei still!, befiehlt Jesus. Er richtet sich auf und wird höher.
Da tritt eine dritte helle Gestalt zu den zweien.

Höre mich, Gott-bei-uns, sagt der Dritte.
Dein Vater schickt mich, dir zu sagen:
Er hat sich im Dornbusch gezeigt.
Er war ein Feuer, das nicht verbrannte,
weder den Busch noch den Mann, der sich nahte.

Mose, flüstert Petrus. Gott hat ihn
niemals sterben lassen.
Hier also finden wir ihn.
Ich baue drei Hütten.

Sei still, sagt Jesus zum dritten Mal.

Da sprach Petrus zu Jesus:
Meister, hier ist für uns gut sein.

Lukas 9, Vers 33

Da kommt eine Wolke und verdunkelt den Glanz.
Und eine Stimme ruft laut:
Gott-bei-den-Menschen, mein lieber Sohn!
Du hast jetzt die Wahl: Ganz oder gar nicht. Wähl!

Auf einmal weiß Petrus, um was es geht.
Meister, geh! Rette dich selbst!
Du bist viel mehr wert als alle Menschen.

Da zieht die Wolke vorüber. Es wird wieder hell.
Mose und Elia sind nicht mehr da und Jesus steht da ohne Glanz.

Herr, warum konntest du nicht auf mich hören?,
fragt Petrus, schrecklich traurig.

Jesus lächelt ihm zu.
Weil ich auf einmal spürte, wie lieb du mich hast, sagt er,
und weil du gelogen hast.
Gelogen, Meister? Nein!

Jeder Mensch, Petrus, ist meines Vaters Kind,
sagt Jesus ernst. Da müssen sie doch unendlich wertvoll sein.

Sie steigen den Berg hinab.
Mit dem göttlichen Glanz ist es vorbei.

Lukas lehrt: Liebe achtet das Leben

Vater, wer ist das?, fragt Korinna. Sie findet ihren Vater
gebeugt über einen struppigen, schmutzigen Mann.
Sein Atem riecht nach saurem Wein.

Ich weiß nicht, sagt Lukas. Bring mir warmes Wasser, Korinna.

Ach, Vater, kümmere dich nicht um ihn. Ihm fehlt ja nichts.
Er hat zu viel getrunken.

Wie kann ich ihn liegen lassen?, sagt Lukas.
Er könnte unter Räuber fallen!

Die würden bei ihm gar nichts finden, denkt Korinna,
als sie Wasser holt. Als sie wiederkommt, lächelt der Säufer sie an:
Barmherziger Engel, murmelt er.

Als Jesus seinen Glanz verloren hat,
redet er deutlicher zu den Menschen.
Er kleidet, was er vom Himmel weiß,
in Geschichten und Bilder der Erde.

Da kommt einer und fragt ihn, worauf es ankommt im Leben.
Gott zu trauen, sagt Jesus, und zu lieben und zu achten alles, was lebt.
Alles? Es ist ein Gelehrter, der fragt. Du meinst auch alle Menschen?
Ob sie nah sind oder fern? Gut oder schlecht, Freund oder Feind?

Vom Samaritaner

Hört zu, sagt Jesus zu allen, ich sage euch, was Liebe ist.
Da ist ein Mann auf dem Weg. Er will von Jerusalem nach Jericho
und er ist ganz allein.

Er gerät in einen Hinterhalt. Räuber schlagen ihn nieder.
Sie nehmen ihm alles, was er hat, sogar den Schlauch mit dem Wasser.
Zum Schluss reißen sie ihm die Kleider vom Leib, schlagen ihn
und lassen ihn besinnungslos liegen.

Er kann sich nicht helfen. Er kann nicht mal schreien.
So liegt er in der glühenden Sonne, zum Sterben bereit.
Da kommt ein Priester vorbei, auf seinem Weg zum Tempel.
Er sieht ihn liegen und zögert.

Wenn er ein Verwandter ist, einer, der die Gebote hält und rein ist,
wenn ich ihn kenne und weiß, dass er betet und fastet, wie
das Gesetz es verlangt – ja, dann müsste ich ihm wohl helfen.
Aber ich bin mir nicht sicher. Und es ist höchste Zeit für den
Gottesdienst. So Leid es mir tut. Ich kann nichts machen.
Und so eilt er weiter. Er dreht sich nicht einmal um.

Der Verletzte hat ihn nicht bemerkt. Er fleht tonlos zu Gott.
Ach, sende mir einen Menschen, der hilft.
Da kommt ein Tempeldiener vorbei auf seinem Weg zum Dienst.
Er sieht ihn liegen und zögert.

Wenn er ein Verwandter ist, einer, der die Gebote hält und rein ist,
wenn ich ihn kenne und weiß, dass er betet und fastet, wie
das Gesetz es verlangt – ja, dann müsste ich ihm wohl helfen.
Aber ich bin mir nicht sicher. Und es ist höchste Zeit für den
Gottesdienst. Ich komme zu spät. Ich kann nichts machen.
Und so eilt er weiter. Er dreht sich nicht einmal um.

Der Verletzte hat ihn nicht bemerkt. Er fleht tonlos zu Gott:
Ach, sende mir doch einen Engel. Ich bin so allein.
Da kommt ein Samaritaner, einer von denen, die den Tempel
nicht richtig ehren. Er sieht ihn liegen und bleibt.

Du armer Mann!, ruft er. Was ist dir geschehen?
Der Verletzte hebt mühsam den Kopf. Ein Engel, sagt er lächelt.
Dann schwinden ihm gänzlich die Sinne.

Jesus blickt auf und sieht ein paar Kinder in der Nähe stehen.
Nun?, fragt er lächelnd. Was hat der Samaritaner gemacht?
Die Wunden versorgt … zu trinken gegeben … in seinen Umhang gehüllt …
Die Kinderstimmen schwirren hin und her. Jedem Kind kommt ein Gedanke.
Auf den Esel gehoben … zum Heiler gebracht …
Zu einer guten Frau, die ihn versorgt …

Wie kommt ihr darauf?, fragt Jesus.
Na hör mal! Eines der Mädchen ist richtig empört. Das braucht er doch!
Sie meint, sagt ihr Bruder: Der Verletzte – das braucht er doch: Wasser,
Kleidung und Heilung. Wer ihn findet, muss es ihm geben.

Das, meine Kinder, ruft Jesus laut, das ist Liebe:
Sehen, was der andere braucht, und es ihm geben.

Vom reichen Mann

Hört, wie es um das Leben steht, sagt Jesus, laut für alle.
Ein Mann hat eine schwere Sorge.
Er hat so viel geerntet, dass es nicht in seine Scheunen passt.
Sie sind zum Platzen voll, doch noch viel mehr liegt draußen.

Verteil es an die Armen, rät ein Ältester.
Ach nein, das wäre schade, sagt der Mann. Da weiß ich doch
was Besseres. Ich baue noch mehr Scheunen.
Dann hab ich alles unter Dach und Fach.

So macht er es. Die Menschen, die es sehen, schütteln ihre Köpfe.
Er hat so viel. Was will er mit noch mehr?

Da gibt es keinen, der ihn mag, und niemand würde ihn besuchen.
Der Mann sitzt stets allein zu Tisch, er muss den Tag allein verbringen.
Er liest und rechnet alle Zeit, ob seine Güter wachsen.
Am Abend legt er sich zur Ruh mit einer einzigen Freude:
Dass nie, solang er lebt, in seinen Scheunen Leere wär.

Ich frage euch, sagt Jesus. Lebt er denn?

All sein Korn, sagt da ein Mann: Stirbt er, so fressen es die Mäuse.
Und denen nützt es mehr als ihm.

Da lachen alle, die es hören.
Um was es geht, das haben sie verstanden.

Die Jünger erzählen die Geschichte später anders, sagt Lukas,
so dass sie richtig gruselig ist.

Vor eines reichen Mannes Tür, da liegt ein Armer,
Lazarus mit Namen. Er wäre dankbar für die Krümel,
die manchmal von dem Tisch des Reichen fallen.
Jedoch nicht einmal die sind ihm gegönnt,
so dass am Ende Lazarus verhungert ist.
Und Engel tragen ihn hinaus in jenen Garten,
den Eva und Adam einst verlassen haben.

Und ich?, denkt da der Reiche plötzlich. Wenn ich
einst sterbe – wird es auch nur *einen* Engel kümmern?
Ich fürchte fast: Ich bliebe ganz allein und keiner
würde nach mir fragen.

So ist es längst, fällt ihm mit Schrecken ein.
Ich bin ja ganz allein und keiner fragt nach mir.
Da ist sein Leben für ihn … Hölle.

Die Einsamkeit frisst seine Freude. Er traut sich
nicht mehr aus dem Haus. Das Korn in seinen Scheunen
modert. Er fühlt sich tot, auch wenn er lebt.

Ach, Lazarus, weint er. Wenn du doch noch am Leben wärst!
Ich würde alles mit dir teilen. Zusammen feiern wir ein Fest.

Zu spät, lachen die Mäuschen auf der Tenne,
zu spät für dich und Lazarus.
Schon morgen bist du tot und wir,
wir füllen uns die Bäuche!

Einmal hört Jesus zu, als seine Jünger so von Lazarus erzählen.
Ihr malt allein mit schwarzen Farben, sagt er und kraust die Stirn.
Die Jünger nicken voller Eifer.:Wie du gesagt hast, Meister:
Wo Reiche nicht teilen, ist Hölle.

Jesus nickt. Ihr habt ja Recht.
Jedoch, es gilt auch andrerseits:
Wo die Verzweiflung tief ist wie die Hölle,
ist Gottes erlösende Liebe schon nah.

Vom Verlorenen

Je öfter Jesus Grenzen überwindet, je öfter tadeln ihn die Pharisäer
und sagen: Wärst du wirklich Gottes Sohn, so liebtest du die,
die Gott achten, und gingest den Verirrten aus dem Weg!
Verirrte müssen doch gefunden werden, sagt Jesus.
Die andren sind ja da.

Hört, wie es um Verlorenes steht, ruft Jesus allen zu. Und sagt mir dann:
Hab ich nicht Recht?

Simons Herde, das sind hundert Tiere. Er zählt sie jeden Tag.
Nicht dass sie ihm gehören – jedoch weiß er: Sie hängen von ihm ab.
Wie er sie achtet, werden sie gedeihen. Wenn sie verderben,
ist es seine Schuld.

Als ihm nun eines Tages *ein* Schaf fehlt, erschrickt er sehr
und lässt die andern stehen. Zusammen seid ihr stark, sagt er,
jedoch das Eine, das Verlorene, kommt nicht allein zurecht.
Ich such es jetzt und wenn ich's habe, gehen wir zusammen
fröhlich heim.

Jesses ganze Hoffnung sind zwei Söhne. Er sieht sie an und denkt:
Sie werden leben, wenn ich sterbe. Wie eigen sind sie beide, der
eine ruhig, besonnen, der andre wild und unbeherrscht.
Einzigartig sind sie beide, in ihrer Art so liebenswert!

Als nun der eine zu ihm kommt und sagt: Ich möchte fort,
erschrickt der Vater und ist traurig. Er zeigt es aber nicht.
Er gibt dem Jungen Geld und guten Rat und winkt ihm segnend nach.

Er hat dir wehgetan, sagt da der andere Sohn.
Wir werden ihn vermissen, sagt Jesse.
Warum hast du es nicht verboten, Vater?, fragt der Sohn.
Der Vater hebt die Schultern.
Dann hätten wir ihn umso sicherer verloren.

Der Sohn ist weit gewandert. Nur fort, hat er zuerst gedacht,
weit fort und mal was andres sehen und machen, was ich will.
Er findet, dass die Freiheit teuer ist. Für alles muss er zahlen.

Ob schlafen, essen, fröhlich sein – selbst Freunde kosten Geld.
Das sind sie dann auch wert, denkt er und macht sich keine Sorgen.
Doch als sein Geld zur Neige geht, verlassen ihn die Freunde.
Er weiß nicht, wo er schlafen soll. Sein Magen knurrt vor Hunger.

Na und?, denkt er sich trotzig. Zu Hause diente ich dem Vater.
Nun dien ich also mir – und sucht sich eine Arbeit.

Die Arbeit für die fremden Herrn ist schwerer als erwartet.
Nicht einen Fehler wollen sie verzeihen. Und wenn er
auch nur einmal sagt: Nein, heute mag ich nicht, dann jagen
sie ihn fort.

Da fällt ihm ein, wie oft der Vater nur gelächelt hat
und ihm gesagt: Beim nächsten Mal mach's besser.
Zurückzudenken tut ihm weh.
Er gibt es auf und sucht sich neue Arbeit.

Inzwischen ist er schwach und krank.
Kein Herr will ihn mehr nehmen.
Am Ende wird er Schweinehirt
und sitzt im Dreck und denkt an seinen Vater.

Auch der geringste Mann daheim kann leben ohne Not.
Warum, fragt er sich plötzlich, warum ging ich nur fort?
Da, wo ich war, war's ja am besten.

Da geht er seinen Weg zurück. Mit jedem Schritt fühlt er es mehr:
Der Weg ist richtig. Er geht, wohin er gehen soll.
Zugleich wächst die Beklommenheit. Was wird der Vater sagen?
Du wolltest fort – nun bleib auch dort?
Erst bring mein Geld zurück – sonst lass ich dich nicht ein?

Ich komm mit leeren Händen, muss der Junge sagen,
und schwächer bin ich als der schwächste Knecht.

Als er das Vaterhaus schon vor sich sieht, bleibt er voll Sorge stehen.
Er möchte gern und traut sich nicht.

Da springt die Tür auf und der Vater kommt.
Mit offnen Armen läuft er dem Sohn entgegen.
Mein Sohn, o mein Sohn, du bist zurück!
Du hast zurück gefunden – und zu dir!

Vater, ich habe mich geirrt, sagt ihm der Sohn ganz leise.
Der Vater sieht ihm ins Gesicht. Beim nächsten Mal mach's besser.

Der andere Sohn kommt von der Arbeit abends heim.
Da ist das Haus voll Gästen und Musik.
Und mittendrin feiert der Bruder, prächtig gekleidet und geschmückt.
Da wird er starr.
Im Dunklen bleibt er stehen.
Der Bruder, der verloren ging, darf feiern.
Und ich, wer fragt nach mir?

Der Vater kommt zu ihm heraus und stellt sich neben ihn.
Du tust mir weh, sagt Jesse. Du solltest bei uns sein.
Warum hast du ihn wieder aufgenommen, Vater?, fragt der Sohn.
Ich hab ein Fest verdient, nicht er.
Es ist mein Fest, nicht seines, sagt Jesse.
Ich feiere, dass ich zwei Söhne hab.

Er hätte nicht fortgehen sollen, sagt der Sohn.
Ach, weißt du, sagt der Vater. So mancher muss erst
fort gewesen sein um wirklich anzukommen.

Ich glaube, er hat beide Söhne lieb, bemerkt Korinna. Einen jeden so, wie er es braucht.
Das denk ich auch, sagt Lukas. Und um *verdient* und *nicht verdient* geht's bei der Liebe nicht.

Korinna runzelt ihre Stirn. Das hab ich schon gehört, sagt sie.
Jetzt fällt's mir wieder ein: Matthäus schreibt, was Jesus über einen Weinberg sagt und über die, die darin ernten.
Sie alle haben gleichen Lohn für sehr ungleiche Arbeit –
doch haben alle, was sie brauchen.

Lukas nickt. So war es auch, als Jesus die zwei Schwestern traf,
die sich um ihn bemühten …

Marta und Maria

Auf seinem Weg kehrt Jesus in einem kleinen Dorf
bei Marta ein. Sie freut sich sehr, dass er gekommen ist,
und gibt sich große Mühe, es ihm in allem recht zu machen.
Sie bringt Getränke, kocht ein Mahl. Sie deckt den
Tisch und fegt das Haus und richtet Lager für die Jünger.

Maria jedoch, ihre Schwester, sitzt wie gebannt bei Jesus.
Sie lauscht, wie er sich mit den Jüngern unterhält,
und merkt sich seine Worte.

Maria, ruft Marta schließlich ungehalten, du bist faul!
Scherst du dich nicht um all die Mühe, die ich habe?
Hilf mir gefälligst. Denn so soll es sein.
Du bist die jüngre Schwester!

Maria wird rot und senkt den Kopf. Marta, sagt sie,
du weißt, faul bin ich nicht. Ich helfe immer gern.
Doch heute ist der Meister da – und glaub mir:
nicht zum Essen und zum Trinken.
Wir sollen hören, was er sagt.

Marta stemmt die Hände in die Hüften. Gibst du ihr Recht?,
so fragt sie Jesus. Er hat bis jetzt dem Streit nur zugehört.
Ja, sagt er knapp und nimmt vom Tisch sich eine Feige.

Gut, sagt Marta und wird rot wie ihre Schwester.
Dann Schluss mit Essen und mit Trinken.
Es gibt nichts mehr. Auch ich will hören.

Spricht's und schnappt mit raschem Griff das Brot,
die Feigen und die Krüge und trägt sie wieder fort.
Dann setzt sie sich zu Jesu Füßen und lauscht,
wie ihre Schwester, seiner Rede.

Am andren Tag ziehen Jesus und die Jünger weiter.
Sie haben nicht gegessen noch getrunken. Da kommt
Maria ihnen mit einem kleinen Bündel nachgelaufen.

Ein wenig Brot und Käse sendet Marta, sagt sie mit einem Lächeln.
Von Worten, meint sie, wird auch Gottes Sohn nicht satt.
Und drückt verstohlen Jesus eine Feige in die Hand.

Lukas betont: Jesus geht arm und schwach nach Jerusalem

Er hat sich aufgemacht nach Jerusalem, sagt Lukas.

Ach, Vater, nein!, ruft Korinna traurig. Ich weiß schon, was jetzt kommt: Nur noch Leid und Einsamkeit und am Ende das Kreuz.

Korinna, sagt Lukas. Das Kreuz war nicht das Ende, sondern ein Anfang. Und außerdem: Ohne Glanz ist der Weg nach Jerusalem weit …

Jesus steht vor geschlossenen Türen

Auf seinem Weg nach Jerusalem muss Jesus durch Samarien.
Die Leute aus Samarien mögen Israels andere Kinder nicht
und werden ihrerseits nicht sehr gemocht.

So kommt es: Als Jesus um Gastfreundschaft bittet, abends
in einem Dorf, da sagen alle nein und knallen mit den Türen.

Wie können sie es wagen, rufen die Jünger zornig.
Meister, schlag die Türen ein! Das sollen sie bereuen.

Doch Jesus dreht sich um und geht ganz langsam weiter.
Meister! Die Jünger kommen nicht zurecht.
Was hast du vor? Was soll nun werden?

Wir suchen weiter, sagt er nur. So lange, bis wir offne Türen finden.
Warum denn, Meister?, fragen sie erschrocken.
Du könntest doch … du kannst doch, was du willst …

Nur Petrus sagt kein Wort. Er denkt an Mose und Elia
und an die Wahl, die Jesus hatte und dass der Glanz verloren ist.
Es ist inzwischen finster.

Auch wenn es unbequem erscheint, sagt Petrus später,
du hast die rechte Wahl getroffen. Was hätte es
genützt, die Türen zu zerbrechen? Die Herzen hätten dir getrotzt.

Da lacht Jesus und singt ein Lied.
Der dunkle Weg wird hell.

Jesus erhält wenig Dank

Als Jesus auf dem Weg ist nach Jerusalem,
begegnen ihm zehn Ausgesetzte.
Fern ihres Dorfes fristen sie ihr Leben. Kommt ja nicht näher,
rufen selbst Verwandte.
Ihr macht uns krank und ihr seht furchtbar aus.

Jesus scheut die Kranken nicht noch fürchtet er die Krankheit.
Sie sehen, dass er stehen bleibt, und rufen laut nach ihm.
Meister, wirst du mit uns Mitleid haben?

Dazu muss ich euch näher kommen, sagt Jesus und berührt sie.
Sie halten still und schämen sich. Dem einen kommen Tränen.
Mitleid wird nicht nötig sein, sagt Jesus. Ihr seid rein.
Lauft, zeigt den Priestern eure Heilung. Sie schicken euch gewiss
nach Haus.

Jubelnd rennen die Geheilten fort und tun, was Jesus sagt.
Das Wunder ist geschehen. Es ist wie neues Leben.
Der eine aber, der geweint hat, läuft Jesus hinterher.

Du bist mir nah gekommen, Meister, sagt er,
und es war mehr als Mitleid. Ich bin ein neuer Mensch
und wüsste gern: Wie kann ich danken?

Vielleicht kannst du mir eine Antwort geben, meint Jesus in Gedanken.
Zehn wurde heil, nur einer kommt und sagt Gott Dank.
Und dieser ist Samaritaner.
Sind denn die Leute aus Samarien wohl besser als der Rest?

Petrus hält die Luft an um nicht Einspruch zu erheben.
Er erinnert sich noch allzu gut an jenes Dorf der zugeschlagnen Türen.

Der Geheilte hebt die Schultern. Ich weiß nicht, Herr,
sagt er. Ich dachte nur an dich und mich.

Zwischen dir und mir ist alles heil, sagt Jesus. Geh nach Haus.
Nimm Gottes Segen mit für dich und deine Kinder.

Jesus sucht und findet

Als Jesus auf dem Weg ist nach Jerusalem, kommt er durch Jericho.
Die Menschen haben schon von ihm gehört und warten an den Straßen.
Doch sie vermissen seinen Glanz. Sie ziehen sich rasch enttäuscht zurück.

Meister, sagt einer von den Zwölf, du müsstest wohl ein Wunder tun?
Aber Jesus hört ihn nicht.
Er steht bei einem Maulbeerbaum und späht hinauf zur Krone.

Ein seltener Vogel, Meister?, fragt Andreas.
Komm, hört er Jesus sagen. Komm rasch herunter, Zachäus.
Ich möchte heut dein Gast sein.

Ein kleiner Mann mit rotem Kopf kommt aus den Ästen vorgekrochen.
Die reiche Kleidung macht es klar:
Er ist ein Zöllner, ein Verräter, einer von denen, die im Namen Roms
das Land um seinen Reichtum bringen.

Mein Gast, Herr?, stammelt er. Ja, gern, wie wunderbar!
Jedoch, warum? Du kannst mich ja nicht mögen!

Ob ich dich mag, Zachäus, das weiß ich doch erst hinterher,
sagt Jesus ihm mit einem Augenzwinkern.

Hier entlang, Herr, ruft Zachäus.
Er tänzelt auf dem Weg vor lauter Freude.
Was möchtet ihr essen? Was trinkt ihr gern?
Oh, ich weiß schon:
Ihr seid gar nicht hungrig.
Ihr möchtet wohl lieber was hören.

Ich könnte gut einen Happen vertragen, tuscheln die Jünger.
Zachäus öffnet weit die Türen seines Hauses
und lädt seine Gäste zu Tisch.

Sag mal, fragt einer den Zöllner, was hast du auf dem Baum gemacht?
Zachäus wird verlegen.
Ich bin nicht groß, wisst ihr, und nicht beliebt.
Und als nun alle Leute an den Straßen standen – ich aber
musste hinten bleiben – da konnte ich nichts sehen.
Ich aber musste … Jesus sehen.

Die meisten waren von Jesu Anblick enttäuscht, sagt Petrus.
Du auch?

Wie könnte ich?, ruft da Zachäus. Er suchte mich und
hat mich auch gefunden.

Und deshalb, Herr … Auf einmal wirft er sich zu Boden.
Du hast ganz Recht. Die Gier verdirbt mein Leben.
Ich will das große Geld nicht mehr. Es macht ja keine Freude.
Ich gebe es zurück und mehr dazu und will von nun an ehrlich sein.

Später, als sie weitergehen, sieht Andreas fragend Jesus an.
Welch seltener Vogel, dieser Zachäus!
Du hast über sein Geld kein Wort gesagt.
Er aber ändert gleich sein ganzes Leben!

Jesus setzt sich nicht durch

Hört zu, sagt Jesus, kurz vor Davids Stadt.
Sie sehen schon die Mauern.
Jerusalem wird mich nicht lieben. Das habe ich euch schon gesagt.

Die hohen Herrn im Tempel und im Königsschloss
fürchten mich gleichermaßen.
Sie halten ihre Türen gern verschlossen.
Ich aber bringe Sturm.
Sie sind zu starr und stolz sich darauf einzulassen.

Da lob ich mir Zachäus!
Er weiß, dass er
vor Gott
mit leeren Händen steht.

Die Zwölf sehen den Meister fragend an. Ich kenne viele Menschen,
sagt Jakobus,
die du mehr loben solltest als Zachäus.

Zum Beispiel?, fragt Jesus aufmerksam.
Zum Beispiel uns, ruft da Johannes.
Warum?, fragt Jesus.

Wir haben alles aufgegeben um deinetwillen und für Gott.
Ihr könnt euch glücklich schätzen, sagt ihm Jesus. Jedoch zu loben
gibt's da nichts.

Ihr habt den Glanz erkannt, als er noch strahlte.
Weiter nichts.

Trotzdem!, ruft Jakobus, nach einem verlegenen Schweigen.
Es gibt Menschen, die dein Lob verdienen!

Zum Beispiel?, fragt Jesus wieder.
Zum Beispiel Pharisäer, ruft Jakobus.
Sie ehren Gott und mühen sich,
es ihm in allem recht zu machen.

Ich sage euch ein Beispiel, fällt Jesus ihm ins Wort.

Ein Pharisäer und ein Zöllner gehen zum Beten in den Tempel.
Der Pharisäer tritt nach vorn an den Altar.
Er hebt den Blick. Er ruft mit lauter Stimme:
Gott, nicht wahr, wie bin ich gut!
Ich halte die Gebote. Ich faste. Ich teile mein Gut mit den Armen.
Danke, dass ich nicht schlecht bin – wie dieser Zöllner da!

Der Zöllner bleibt ganz hinten stehen.
Er hält den Kopf gesenkt. Er flüstert nur,
er wagt nicht laut zu sprechen.
Tut mir Leid. Ich kann's nicht besser.
Hör mal, sagt Gott, ich will dich anschauen.
Dann kannst du es gewiss …

Der Pharisäer ist nicht freundlich, gesteht Jakobus zu.
Es fällt sehr schwer ihn gern zu haben.
Wenn er das wüsste, sagt Johannes,
dann spräche er bescheidener.
Dann spräch er wie der Zöllner, sagt Jesus.
Und Gott könnte ihm Antwort geben.

Meister, sagt Petrus später.
Die Pharisäer müsstest du heilen und hüten,
die Pharisäer und alle, die stolz sind und starr.
Sie sind ja viel verlorener als alle die,
die du verloren nennst!

Petrus, sagt Jesus. Du gehst den Worten wahrlich auf den Grund.

Die Menschen suchen,
die glauben, sie sind nicht verloren,
die Menschen heilen,
die gar nicht wissen, sie sind krank,
die Menschen hüten,
die glauben, sie hüten sich selbst,
und zeigen, dass Reichtum nur wächst, wenn man teilt –
das ist am allerschwersten.

Im Leben wird's mir nicht gelingen,
vielleicht im Sterben, wenn Gott will.
Dann fängt er an zu weinen.

Und als er nahe hinzukam,
sah er die Stadt und weinte über
sie und sprach: Wenn du doch
auch erkenntest zu dieser Zeit,
was zum Frieden dient!
Aber nun ist's vor deinen Augen
verborgen!

Lukas 19, Verse 41 + 42

Lukas betont: Jesus leidet aus Liebe

Vater, ich will die Leidensgeschichte nicht wieder hören, sagt Korinna.
Ich kenne sie gut genug. Ich will nicht wieder hören,
wie heuchlerisch die Stadt den Gottessohn empfing.
Gelobt sei, der da kommt …!,um kurz darauf zu rufen:
Kreuzige, kreuzige ihn!

Ich will nicht wieder hören, wie Jesus die Fassung verlor,
als er den Tempel missbraucht fand und den Feigenbaum ohne Früchte,
als ihn seine Freunde verließen, als die Soldaten kamen und es ans
Sterben ging.

Ich will seinen Schrei am Kreuz nie wieder hören:
Mein Gott, mein Gott, warum hast du mich verlassen?

Was du da aufzählst, sagt Lukas, ist leider sehr wahr.
Und doch sind einige Dinge ein bisschen anders gewesen.
Hör zu und sieh, ob es dich tröstet.

Gelobt sei, der da kommt

Der Esel, auf dem Jesus durch Jerusalems Tore ritt,
war ein Tier, auf dem niemand vor ihm je gesessen hatte.

Ein Zeichen dafür, dass Neues geschieht und gänzlich Wunderbares.
So sagt es Jesus selbst.

Die Pharisäer, die die Rufe hören – Gelobt sei der neue David –,
sagen zu Jesus: Gebiete deinen Freunden, dass sie schweigen.
Da sagt Jesus: Es hätte keinen Sinn.

Er sagt: Jerusalem kann gar nicht anders.
Es muss den zweiten David grüßen.
Es ist ja Davids Stadt. Wenn ich den Menschen gebiete: Seid still,
so würden die Steine selbst ihre Stimmen erheben.

Jesus findet den Tempel missbraucht und den Feigenbaum ohne Früchte

Der Tempel ist wüst und voll, als Jesus ihn betritt.
Er schreit aber nicht und tobt nicht. Er weist die Händler besonnen hinaus.
Er sagt ihnen auch den Grund: Meines Vaters Haus soll ein Bethaus sein.
Dann predigt er und alle hören zu.

Gewiss, die Priester und Gelehrten hatten ihre Zweifel.
Sie fragten Jesus: Darfst du das?
Da sagte er: Ich darf nicht nur, ich muss.
Jedoch ich weiß, ihr könnt's nicht glauben.
Johannes konntet ihr nicht glauben, ebenso wenig nun auch mir und das ist euer Unheil. Es tut mir für euch ehrlich Leid.
Das hat sie sehr gekränkt.

Das mit dem Feigenbaum ist nicht wirklich geschehen.
Es ist ein Beispiel, das Jesus gab, als er mit den Pharisäern sprach.
Er rang mit ihnen und er hoffte immer noch, dass sie am Ende doch verstehen – und wären dann gefunden und geheilt.
So war das Beispiel:

Ein Mann hat einen Feigenbaum, von dem er viel erhofft.
Dem Gärtner sagt er: Sei nicht faul! Wenn du ihn richtig pflegst, wird dieser Baum einst gute Früchte tragen.

Der Gärtner nimmt des Baumes sich mit großer Sorgfalt an.
Er gießt und düngt und meint es gut.
Doch keine Blüten, keine Früchte will er tragen.
Da sagt der Herr: Nun hau ihn ab. Es hat ja keinen Sinn.
Er nützt nichts und nimmt andren Pflanzen Raum und Luft und manche gute Gabe.

Ach, Herr, sagt da der gute Gärtner. Gib mir doch noch ein Jahr mit ihm. Ich hab ihn lieb gewonnen.
Ich grab die Erde noch mal auf und geb ihm neuen Dünger.
Gut, sagt der Herr. Das ist in meinem Sinn.
Doch trägt er dann noch immer nicht, so gilt mein Wort:
Dann hau ihn ab.

Jesus bleibt allein

In Gethsemane haben die Jünger nicht einfach geschlafen.
Sie sind mitgekommen und haben Jesus getröstet.
Sie haben gewusst, was geschehen muss.
Er hat es ihnen gesagt.

Erinnert euch an das Dorf in Samarien, hat er gesagt.
Sie wollten mich nicht und so ging ich.
Doch später kam ein Samaritaner
mir freundlich und offen entgegen.
So muss es auch diesmal sein.

Die Stolzen und Starren wollen mich nicht leben lassen.
So werde ich sterben.
Dann aber werden sie mich suchen.
Meister, ist es dann nicht zu spät?, haben die Jünger gefragt.
Da hat Jesus geweint und gesagt: Mein Gott, hoffentlich nicht.

Sie haben ihn wieder getröstet. Sie hatten ihn fest im Arm.
Ich habe Angst, hat Jesus gesagt.
Vor den Schmerzen, fragt Johannes, vor dem Tod?
Jesus schüttelt schluchzend den Kopf.
Dass der Baum am Ende verwelkt …

Das haben sie nicht verstanden.
Er reißt sich von ihnen los und sagt: Lasst mich.
Er geht ein paar Schritte weit weg.
Er will beten, sagt Petrus. Lasst ihn.

Petrus sieht wieder den göttlichen Glanz.
Nicht um Jesus liegt er, sondern um die Gestalt eines Engels.
Nimm, sagt der Engel. Aber Jesus sagt: Nein.

Nimm, sagt der Engel. Du stirbst ja vielleicht vergebens.
Jesus wehrt sich. Lass mich! Ich bin der Hüter und Heiler.
Dich selbst wirst du weder hüten noch heilen, sagt traurig der Engel.
Das tut für mich mein Vater, sagt Jesus, wenn er will.

Schweißüberströmt bleibt Jesus zurück, als der Engel endlich weicht.
Petrus sieht: Jesus hat Blut geschwitzt. Da leiht er ihm seinen Umhang.

Es geht ans Sterben

Da kommen sie schon: bewaffnete Soldaten, in ihrer Mitte Judas.
Der zwölfte Jünger, ein Freund! Judas kommt zu Jesus.
Er spitzt die Lippen.
Den, den ich küsse, den müsst ihr verhaften – so hat er es ausgemacht.
Jesus hält still.
Aber er sieht ihn an.
So beginnt mein Leiden … mit einem Kuss.
Judas zaudert. Zuckt zurück.
Soll ich? Soll ich wirklich?
Vielleicht ist der Engel noch da und hält ihn zurück?
Doch nein. Der Engel hat Jesus endlich verstanden.
Die letzte Chance für die Starren und Harten
ist Jesu Tod.

Judas küsst Jesus und die Soldaten rücken vor.
Sie haben Schwerter und Stangen.
Wie albern, sagt Jesus.
Ich war ja täglich im Tempel.
Da kamt ihr leichter an mich heran.
So aber passt es zu eurer List:
Dunkelheit, Schwerter und Blut.
Nun gut, nehmt mich mit.
Da konnten sich die Soldaten an ihrem Fang nicht mehr freuen.

Vor dem Hohepriester und vor Pilatus sagt Jesus klar,
wer er ist. Jesus, der Sohn des Vaters, Heiler und Hüter.
Und wenn ich sterbe, sterb ich für euch,
damit ihr erwacht und ihr mich dann sucht
und werdet gefunden.

Der Hohepriester und Pilatus wollen nicht auf ihn hören.
Sie denken an König Herodes und sagen: Er soll ihn richten.
Und König Herodes freut sich sehr. Jesus aus Bethlehem,
sagt er, seit deiner Geburt war mein Vater hinter dir her!

Er sieht Jesus vor sich stehen, einen schmächtigen Mann,
in einem geliehenen Umhang, staubig, blutig, in Ketten –
und lacht.
Vor dir habe ich mich gefürchtet, ruft er.
Vor einem wie dir,
einem Kleinen, Verlorenen, einem armseligen Wicht!
Komm, zeig, was du kannst.
Sie sagen ja: Du kannst zaubern.

Jesus sieht ihn an.
Du bist der Mann, sagt er leise.
Du bist der Mann, der die Kleinen ermordet.
Das war mein Vater, sagt Herodes verstimmt.
Du bist der Mann, sagt er.
Du bist der Mann, der die Kleinen ermordet.

Da schaudert Herodes vor ihm zurück.
Nichts ist er, nichts!, ruft er seinen Großen zu.
Bringt ihn fort, sagt dann Pilatus: Er ist zu gering
für die Augen des Königs!

Jesus aber weint. Er hat erkannt:
Es gibt noch Starrere als Pharisäer
und Härtere noch als die Römer.

Auch am Kreuz bleibt Jesus sich treu

Jesus ist nicht verzweifelt, weder als er verspottet wird
noch als er leidet. Er ist nicht verzweifelt. Bis zum Schluss
hat er sich um die Verlornen gesorgt.

Da ist dieser Verbrecher am Kreuz neben ihm.
Als alle anderen über Jesus lachen, sagt der:
Mir geschieht es recht zu sterben. Dir, Jesus,
aber nicht. Du hast es immer gut gemeint.
Meinst du, ich könnte – trotz meiner bösen Taten –
Gott sehen und dann, nach dem Tod, glücklich leben?

Ja, sagt Jesus, ich glaube, das kannst du. Denn siehe:
Zu einem guten Vater darf jedes Kind wieder und wieder
gelaufen kommen und sagen: Ich hab mich geirrt.

Als Jesus dann stirbt, ruft er nicht: Mein Gott, warum lässt du mich allein?
Er weiß ja, dass Gott auf ihn wartet. Nein, sondern sein letztes Wort
gilt wiederum den Verlorenen.

Sei ihnen nicht böse, Vater, ruft er.
Sie wissen noch nicht, dass sie irren.
Und dann sagt er noch, leise wie ein Gebet:
Komm, Vater, komm mir entgegen, mit offenen Armen.
Denn vielleicht hab auch ich mich geirrt.

Vater, vergib ihnen;
denn sie wissen nicht,
was sie tun.

Lukas 23, Vers 33

Wahrlich, ich sage dir:
Heute wirst du mit mir im
Paradies sein.

Lukas 23, Vers 43

Vater, ich befehle meinen Geist
in deine Hände!

Lukas 23, Vers 46

Lukas erzählt: Die Macht der Liebe lebt

Ich wollte, er wär nicht gestorben, sagt Korinna.
Dann wäre er nicht auferstanden, sagt Lukas.

Weißt du seine ersten Worte?, fragt Korinna, sehr gespannt.
Oh, sagt Lukas und lächelt, das waren keine Worte.
Das war eine ganze Predigt!

Zwei Jünger gehen, nicht lange nach Jesu Tod,
von Davids Stadt nach Emmaus,
nicht mehr als zwei Stunden entfernt.
Kleopas heißt der eine, der andere ist Simon.

Was haben die Frauen uns da nur erzählt?,
sagt Kleopas auf dem Weg zu Simon.
Das Grab sei leer und Engel hätten es bewacht.
Und dann verkündigt, der Meister sei am Leben!
Wie kann das sein? Er heilt sich ja nicht selbst.

Gott muss ihn wohl gerettet haben, meint Simon.
Denn auch Petrus sagt, das Grab ist leer.

Wo kann er sein?, fragt ihn Kleopas.
Ich würd ihn so gern wiedersehen.
Ich auch, sagt Simon, und wir alle. Nur Petrus, Petrus zaudert.
Er schämt sich wohl, weil er nicht besser zu ihm stand.

Ich wollte, er wäre nicht gestorben!, sagt Kleopas.

Dann wäre er nicht auferstanden,
sagt da auf einmal eine unbekannte Stimme.
Und niemand würde je begreifen: Er war in Wahrheit Gottes Sohn.
Er ging verloren, damit Menschen nach ihm suchen.

Kleopas und Simon starren den Fremden an.
Wo kommst du her? Was weißt denn du von Jesus?

Er konnte, als er lebte, nicht alle finden, die sich irrten,
sagt der Fremde. So sucht er sie nun weiter,
nachdem sie ihn getötet haben.

Das ist doch Unsinn, sagt Kleopas.
Tot ist tot – und dann kommt nichts.
Nach nichts kommt immer alles, sagt der Fremde.
So ist es seit der Schöpfung.

Und falls ihr es vergessen habt: Vor Hunderten von Jahren schon
verkündigten Propheten: Ein neuer König wird einst kommen.
Der wehrt sich nicht. Der leidet und der stirbt für Gottes Kinder.
Aus tiefster Nacht kommt er zurück, am dritten Morgen nach dem Tod.
Versteht ihr nicht?

Die Jünger haben zugehört und sich dabei gewundert.
Der Fremde scheint so wundersam. Und doch auch fast vertraut.
Komm, sagen sie in Emmaus, komm doch und iss mit uns.
Es ist ja schon so dunkel!

Er will es auch und geht mit ihnen. Am Tisch bricht er das Brot
und lässt den Becher Wein von einer Hand zur andren wandern.
Und da, auf einmal, sieht Kleopas.

Meister, ruft er, Herr!
Da ist der Fremde fort.

Kein Fremder, murmelt da Kleopas.
Als er das Brot brach, hab ich ihn erkannt.

Vater, sagt Korinna, ist das nun das Ende?

Korinna, wie oft soll ich es dir noch sagen: Es ist der Anfang!
Nach der Geschichte von Emmaus hat Jesus sich vielen Jüngern gezeigt
und ihnen gesagt, sie sollen weitermachen ohne ihn. So wie es Markus
erzählt. Doch dann …war es wohl etwa so:

Bleibe bei uns;
denn es will Abend werden und
der Tag hat sich geneigt.

Lukas 24, Vers 29

Jesus ist mitten unter seinen Jüngern. Auch Frauen sind dabei.
Sie essen gemeinsam, Fisch und Brot.
Sie lachen und sie wandern und Jesus lehrt sie,
was ihm geschehen musste.

Er spricht Menschenworte.
Vom Verlorengehen und Finden,
von Einsamkeit und Schmerz,
von Trost und Wärme, Finsternis und Licht.
Das Wunder aber lässt er wunderbar.

Er geht mit ihnen auf ein freies Feld.
Hebt seine Arme und segnet sie
für den Weg.
Und dann ist er wohl fortgegangen.

Manche derer, die's gesehen haben, sagen,
er verschwand. Er schwebte, sagen andre.
Er hat sich aufgelöst, empor zum Himmel sich geschwungen.
Engel trugen ihn davon. Wer weiß?

Nur eines ist mir sicher:
Er ist in Gottes Hand geborgen.
Und wir, wir machen weiter.

Sie aber beteten ihn an und kehrten zurück nach Jerusalem mit großer Freude und waren allezeit im Tempel und priesen Gott.

Lukas 24, Verse 52 + 53

Mir ist gegeben alle Gewalt im Himmel und auf Erden.
Darum gehet hin und machet zu Jüngern alle Völker:
Taufet sie auf den Namen des Vaters und des Sohnes und des Heiligen Geistes und lehret sie halten alles, was ich euch befohlen habe.
Und siehe, ich bin bei euch alle Tage bis an der Welt Ende.

Matthäus 28, Verse 18b bis 20

Die ersten Christen

Der Heilige Geist verbindet Menschen und Gott

Petrus, der Fels,
der mit dem Schlüssel zum Leben,
was wird aus ihm?
Er hat an Jesu Seite
nicht ausgehalten
bis zum Schluss.
Und dann?
Macht seine Reue ihn krank?
Ist seine Angst zu groß
um zu vertrauen?

Die Jünger:
So oft haben sie nur den Kopf geschüttelt.
Gewiss: Sie konnten, was Jesus konnte.
Ab und zu.
Aber sie wussten stets:
Sie kamen vom Meister.
Und konnten zu ihm zurück.
Und dann?
Schaffen sie es allein?
Und wenn sie es schaffen,
wartet am Ende auf sie
wie auf ihn
das Kreuz?

Der Neue:
Er nennt sich selbst
den Zu-Spät-Gekommenen,
Paulus,
Pharisäer.
Paulus nennt sich
schwach und klein.
Wird er dennoch wirken?
Gott sagt:
Im sachten Wehen
liegt das wahre Leben.

Petrus sprach:
Steh auf, ich bin auch nur ein Mensch!

Apostelgeschichte 10, Vers 26

Johannes und Petrus sprachen:
Wir können's ja nicht lassen,
von dem zu reden, was wir gesehen
und gehört haben.

Apostelgeschichte 4, Vers 20

Gott spricht:
Lass dir an meiner Gnade genügen;
denn meine Kraft ist in den Schwachen
mächtig.

2 Korinther 12, Vers 8

Himmelfahrt: Die Jünger halten still

Korinna fragt ihren Vater Lukas.
Was geschah, als der auferstandene Jesus von seinen Jüngern Abschied genommen hatte? Was haben sie getan? Was konnten sie tun?

Die Wahrheit, Korinna, ist: Nichts!

Die Jünger sind benommen. Wie betäubt.
Sie bleiben auf der Stelle stehen.

Eben ist er da gewesen.
Jetzt aber ist er fort.

Jetzt wird er wahrhaftig König, sagt Johannes.
Habt ihr die Krone nicht gesehen in silbern-blauem
Glanz wie Saphir? So sah Mose Gott.

Jetzt wird er nie mehr Menschen in die Hände fallen,
sagt Jakobus. Aber wir …

Eben ist er da gewesen.
Jetzt aber ist er fort.

Habt ihr nicht gehört, was er uns sagte?, fragt Andreas. Er kommt wieder.
Er hat gesagt, wir sollen warten, sagt Matthäus.
Er hat gesagt, wir sollen alles tun, wie er es immer tat, sagt Philippus.

Eben ist er da gewesen.
Jetzt aber ist er fort.

Er kommt wieder!
Er lebt jetzt im Himmel.
Er ist und bleibt unser Meister.
Er ist der König der Könige, der ewige David,
hoch, viel zu hoch für uns.
Er ist und bleibt …

Sie sehen sich verwundert an.
Hat jeder den Abschied anders erlebt?

Eben ist er da gewesen.
Jetzt aber ist er fort.

Petrus, sag doch auch mal was!

Petrus gibt Jesus einen neuen Namen

Petrus hat überhaupt nichts gesagt.
Warum regt ihr euch auf?, fragt er, als sie ihn drängen.
Was ist denn schon geschehen?

Petrus! Er war da und er ist fort!
Das ist lange her, sagt Petrus. Das geschah im Garten von Gethsemane.
Das ist geschehen, als ich dreimal sagte: Nein, ich gehöre nicht zu Jesus.

Da rücken sie näher und starren ihn an.
Petrus, er ist auferstanden!, ruft Jakobus außer sich.
Hast du ihn nicht gesehen und gehört?

Petrus nickt, als ob er träumt.
Ich habe ihn gesehen und gehört
und doch bin ich ihm nicht begegnet.
Es war nicht unser Jesus.

Er hat gegessen und getrunken, sagt Andreas.
Er hat gelacht, gepredigt und gesegnet, sagt Philippus.

Petrus nickt, als ob er träumt.
Ich habe ihn gesehen und gehört, sagt er.
Und doch bin ihm nicht begegnet.
Nicht ihm, nicht meinem Jesus.

Petrus, er ist auferstanden!
Ich weiß, sagt Petrus,
und doch bin ich verloren.
Er gibt sich einen Ruck.

Ich werde ihn von nun an *Christus* nennen.
Das heißt: der Gesalbte.
Ja, meine Brüder, er hat es allen gezeigt.
Er ist wahrhaftig Gottes Sohn,
sein Hüter, sein Heiler,
der ewige König.
Nur Jesus, mein Jesus ist er nicht.

Die Jünger bleiben beieinander.
Sie freuen sich in aller Stille.
Er lebt. Jesus? *Christus?*

Warum kann Petrus ihn nicht Jesus nennen?
Ich habe ihn wiedererkannt, sagt Jakobus leise.
Ich auch, sagen zehn.

Petrus nicht.
Und Judas ist nicht mehr dabei.

Pfingsten:
Die Jünger kommen in Bewegung

Siehst du, Korinna, was sie tun konnten? Nichts.
Nach nichts kommt immer alles, murmelt Korinna.
Hat das nicht Jesus selbst gesagt, auf seinem Weg nach Emmaus?
Lukas lacht. Wer weiß es besser als du? Du hast es aufgeschrieben.
Und du hast Recht.

Fünfzig Tage nach dem Fest des Mose
feiert Jerusalem das Fest der Zehn Gebote.
Die Stadt ist voller fremder Leute,
aus allen Ländern strömen sie herbei,
am Tag des Fests in Gottes Haus zu sein.

Da kann man Sprachen auf den Straßen hören,
die sind so fremd wie Schneegestöber.
Meder kommen an und Perser, Leute aus dem Zweistromland,
aus Elam, Kappadozien, Judäa,
vom Schwarzen Meer und aus Arabien,
aus Phrygien, Pamphylien, Ägypten und Kyrene,
aus Rom und von der Insel Kreta.

Die Jünger halten sich zurück. Sie bleiben unter sich.
Sie beten und sie freuen sich still,
noch immer ungewiss, was werden soll.

Was dann geschieht, können sie später gar nicht sagen.

Dem einen scheint es, dass er neu geboren wird,
dem andern, dass er Gott ins Antlitz sieht.
Jakobus liest ein großes schweres Buch,
Philippus isst und isst –
und es sind viele Rollen Schrift,
die er sich schmecken lässt wie Honig.

Für manche ist es wie ein heißes Feuer,
sie fühlen sich brennen
und verbrennen doch nicht,
für andre ein Wehen wie frischer Wind,
der Staub aufwirbelt und Angst vertreibt.

Und es geschah plötzlich ein Brausen vom Himmel wie eines gewaltigen Windes und erfüllte das ganze Haus, da sie saßen. Und es erschienen Zungen, zerteilt, wie von Feuer; und er setzte sich auf einen jeglichen unter ihnen, und sie wurden alle voll des Heiligen Geistes …

Apostelgeschichte 2, Verse 2 bis 4

Petrus findet Jesus wieder

Petrus aber …
sitzt wieder draußen und drinnen verhören sie Jesus
und wieder fragt ihn eine Magd: Gehörst du zu Jesus?
Und wieder und wieder sagt er nein.

So ist es recht, mein Fels, sagt eine Stimme.
Du musst ja bleiben, wenn ich gehe.
Wer, wenn nicht du, sagt Gottes Kindern,
dass ich am Leben bin und auf sie warte?
Und dass ich ihnen gar nicht böse bin?

Herr, sag es *mir*, flüstert da Petrus.
Denn Jesus steht vor ihm und schaut ihn an.
Sag mir, du bist am Leben, und dass du mir nicht böse bist.

Petrus! Er fühlt, dass Jesus ihn berührt.
Du zweifelst? Das sieht dir gar nicht ähnlich.
Was dich und mich betrifft – glaub mir:
Es steht nichts zwischen uns.

Doch, Herr, dein Glanz und deine Weisheit, sagt Petrus.
Du warst im Tod und bist bei Gott.
Ich aber weiß von nichts.

Da lacht ihn Jesus an. So war es immer, Fischer, sagt er.
Es hat dir nie was ausgemacht.

Herr, ich kann dich nicht mehr Jesus nennen.

Jesus nickt. Der Name Christus ist nicht falsch,
sagt er. Ich will ihn tragen, wenn du willst.
Doch wäre ich dir dankbar, wenn du auch Jesus nie vergisst.

Da endlich kann es Petrus spüren.
In Christus hat er seinen Jesus wieder.

Jesus Christus – Petrus erfindet den Doppelnamen

Dann ist es vorbei. Die Jünger sitzen wie zuvor
und doch sind ihre Augen heller und ihre Rücken gerade.
Sie atmen rasch und lächeln.

Der Schleier ist gefallen, sagt Jakobus. Ich sehe alles klarer.
Gewichte sind von meinen Schultern, sagt Johannes.
Ich bin befreit, von was auch immer.
Ich könnte singen, sagt Bartholomäus.

Petrus sagt: Ich muss von Jesus Christus reden.

Jesus, der gestorben war, ist auferstanden – Christus.

Jesus Christus, sagen die Jünger verwundert.
Ist das jetzt sein Name?
Das sagt alles, antwortet Petrus und nickt.
Das wird ihm sehr gefallen.

Auf einmal stehen sie bei Petrus, alle elf –
für Judas ist Matthias mit dazugekommen –
und drängen sich zur Tür.
Auf!, rufen sie. Macht weit die Türen auf.
Wir müssen jetzt nach draußen.

Und in die Menge, das Gedränge rufen sie,
was sie bis jetzt für sich behalten haben:
Er ist auferstanden. Er ist wahrhaftig auferstanden!

Wer?, fragen Stimmen durcheinander. Auferstanden? Wer?
Jesus Christus, sagen alle Zwölf.

Da steht die Menge still und das Gedränge kommt zur Ruhe.
Die Botschaft ist verwunderlich.
Die meisten haben nie davon gehört.
Jesus von Nazareth? Den wir für einen Lügner hielten?
Der, der am Kreuz gestorben ist?
Dann war er wirklich Gottes Sohn?

Es sind auch welche da, die Jesus einst begegnet sind
und heimlich um ihn trauern.
Die fangen in der Menge an zu jubeln.
Sie loben Gott und fallen in den Ruf der Jünger ein:
Er ist wahrhaftig auferstanden. Jesus Christus!

Dann sehen sich die Fremden plötzlich an.
Bist du nicht Meder? Ich aber aus Judäa –
und hab dich doch verstanden!
Bin ich nicht Grieche, fern aus Kreta?
Und hab es doch gehört, als diese Männer riefen:
Er ist wahrhaftig auferstanden, Jesus Christus!

Die Verwirrung wird noch größer. Der Jubel auch.
Hört, wir verstehen uns wieder!

Meder und Perser, Leute aus dem Zweistromland,
Elamiter, Kappadozier, Araber,
Mongolen, Afrikaner, Phrygier,
Pamphylier, Griechen und Römer –
wir hören auf denselben Ruf: Jesus Christus,
Gottes Sohn! Das Leben hat ihn wieder!

Manche fangen vor Freude an zu weinen.
So muss es einst gewesen sein,
bevor die Menschen auseinander liefen.
Damals, in Babylon, als sie der Turm
nicht ruhen ließ.
Jetzt ist es wieder gut!
Die Zeit des Irrens ist vorbei.
Das Leben hat uns wieder!

Ein junger Pharisäer steht von fern.
Jesus, brummt er ärgerlich. Ist es denn noch nicht aus?

Er ist zwar Jesus nie begegnet und doch weiß er Bescheid.
Im Unterricht hat er von ihm gehört.
Höre, wenn du wissen willst, was es bedeutet: Gott verachten –
nimm Jesus und sein Ende!

Jesus, der Lügner, der frech sagte, er sei Gottes Sohn!
Der Gott zu nahe trat und ihn verletzte.
Der Gott verhöhnte und verlachte.
Der *Papa* zu ihm sagte!

Jesus! Ist es nicht am Kreuz bewiesen, dass Gott ihn straft,
dass Gott von ihm nichts wissen will und keinen Finger hebt
zu seiner Rettung?

Unsinn!, ruft er in die Menge. Hört nicht auf sie.
Sie haben zu viel Wein getrunken!

Petrus spricht von Gottes gutem Geist

Da hat er beinah Recht, ruft Petrus von der Tür.
Es ist, als würfe er ein unsichtbares Netz,
das sich auf alle senkt, die sich da drängen.
Sie wenden sich ihm zu und hören, was er sagt.

Er hat fast Recht, ruft er. Es ist so wie ein Rausch.
Es kommt von außen über uns, wir können nichts dafür.
Doch Wein, ihr Leute, ist es nicht.

Es ist, was Gott durch die Propheten
vor Zeiten uns versprach: Es kommt die Zeit,
da macht mein Atem meine Kinder neu.

Gottes Atem ist's, der Leben schafft.
Ihr könnt auch sagen, heiliger Geist.
Nur er hat unsere Angst besiegt
und lässt uns klar die Wahrheit sehen.
Das Grab des Todes hat sich aufgetan,
der Gottessohn ist unter uns
und über uns und überall, wo wir ihn suchen werden.

An Gottes Seite steht sein Thron. Jedoch vergesst nicht:
Mehr als alles ist Jesus, was sein Name sagt:
Gott-bei-uns,
Sohn des Gottes, der uns sagt:
Ich bin, der ich bin, und ich bin für euch da!

Und ich will euch ein neues Herz und einen neuen Geist in euch geben und will das steinerne Herz aus eurem Fleisch nehmen und euch ein fleischernes Herz geben.
Ich will meinen Geist in euch geben und will solche Leute aus euch machen,
die in meinen Geboten wandeln und meine Rechte halten und danach tun.

Ezechiel 36, Verse 26 + 27

Und alle feiern mit

Ich seh ihn schon, ruft plötzlich einer. Herr, Jesus,
oben in den Wolken! Er kommt, er kommt zu uns!
Ach, seht doch auf und breitet ihm die Arme aus.

Ich seh das Blut an seinen Händen, sagt eine Frau.
Wie konnten Menschen nur so grausam sein?

Menschen?, fragt ein alter Mann. Wir alle haben das getan!
Mein Gott, wird er uns je verzeihen?
Er lächelt, sagt sein Enkel. Er lädt uns wieder ein:
Versucht es neu. Beim nächsten Mal macht's besser.

Macht's besser, murmelt da ein Reicher. Er ist in Samt und
Seide. Und legt auf einmal alles ab. In einem Leinenhemd
steht er und ruft ein Bettelmädchen: Nimm!

Ja, rufen andre, die es sehen. So will es Jesus. So hat er
es vorgemacht: die Nächsten lieben, alles teilen und
miteinander freundlich sein!

Beim nächsten Mal macht's besser –
und nicht nur gegenüber Gott. Nein, auch gleich jetzt und hier!

Auf einmal laufen sie nach Hause. Sie holen Brot und Käse.
Sie holen Kleider, Schmuck und Geld und werfen alles
in die Mitte. Wer etwas braucht, der nehme sich!

Komm, Jesus Christus, singen sie, komm, Herr, und sieh:
Wir sind bereit, dich besser zu empfangen! Wenn du
jetzt wiederkommst, wirst du dich freuen!

Sie klatschen, als sie singen, in die Hände und tanzen um
den Berg, den sie aus ihrem Hab und Gut fast haushoch
aufgeschichtet haben. Das alles brauchen wir nicht mehr.
Wir haben einen Schatz, der ist viel reicher.

Als es längst dunkel ist, sind sie noch immer beieinander.
Sie essen, trinken Wein und hören, was die Jünger sagen
von Jesus, der zum Feiern lud grad die, die keine Gaben hatten.

Wir wollen stets wie Christus sein, versprechen sie einander.
Nie soll uns jemand *anders* finden als freundlich, offen
und barmherzig.

Bevor sie sich, erschöpft vom Feiern, in dieser Nacht
zur Ruhe legen, befühlen sie befremdet ihre Hände.
Es ist, als wären Bänder an den Fingerspitzen.
Die reichen zwischen ihnen hin und her und außerdem
zum Himmel.

Die Menge der Gläubigen aber war ein Herz und eine Seele.

Apostelgeschichte 4, Vers 32

Das Netz hält

Am Morgen fühlt sich Petrus matt. Verschlafen reibt er sich die Augen. Er hat geträumt, er steht am See, die Netze überm Arm, und Jesus kommt und sagt: Wir wollen's mal versuchen …

Er streckt den Arm nach seinem Bruder aus. Andreas schläft sonst neben ihm. Wo ist er? Ist er fortgegangen? Petrus besinnt sich auf das Fest. Der Heilige Geist … ich hab geredet … und alle haben zugehört.

Er schließt die Augen wieder. Sie haben nicht nur zugehört. Sie haben ja gesungen und getanzt und haben alle ihre Habe zu einem großen Schatzberg aufgehäuft. Und dann die Rufe: Jesus kommt! Er zürnt uns nicht. Er breitet seine Arme aus.

Petrus seufzt. Ach, war das schön! Doch war das alles nur geträumt? Da hört er leises Murmeln, das langsam lauter wird. Wie eine große Menge Menschen, die nach und nach vom Schlaf erwacht. Da blickt sich Petrus staunend um.

Die Menschen, gestern, von dem Fest, sie sind noch alle da. Sie liegen nahe beieinander wie Fische in des Fischers Netz. Doch nein, sagt Petrus leise, anders. Meister, wie du sagtest: Sie sollen nicht ihr Leben lassen. Vielmehr: Sie kriegen es geschenkt.

Du staunst?, fragt hinter ihm Andreas. Er lacht und schüttelt nasse Haare. Ich hab gebadet. Es war herrlich. Ich fühle mich wie neugeboren. Warum sind sie denn alle hier geblieben?, fragt Petrus seinen Bruder. Sie müssen doch nach Haus zu ihren Leuten.

Wir sind jetzt ihre Leute, Petrus, und alle, die auf Christus trauen. Sie wollen stets zusammenbleiben, bis Jesus Christus wiederkommt. Sie wollen nichts verpassen. Und außerdem – weißt du es nicht? Ein Band verbindet sie und uns. Seit gestern hält es fest.

Sein Bruder nickt. Ein Netz, sagt er. Ein Netz mit einem Band zum Himmel.

Alle aber, die gläubig geworden waren, waren beieinander und hatten alle Dinge gemeinsam.

Apostelgeschichte 2, Vers 44

Die erste Gemeinde: Taufe, Kreuz und Abendmahl

Ich frage mich, sagt Korinna nachdenklich: Warum trauten sie Jesus *nach* seinem Tod mehr als vorher?

Weil er nach seinem Tod noch lebendiger wurde, Korinna.

Simon packt rasch seine Sachen. Kommt ihr mit mir?, fragt er
die Mutter und Maria, seine Schwester. Wohin denn?
Rut sieht ihn verwundert an. Ziehen wir um, mein Sohn?

Wir ziehen aus, sagt er. Aus diesem dunklen, allzu festen Haus.
Ich kann hier drinnen gar nicht spüren, was draußen
auf mich wartet. Die Schwester öffnet schnell die Tür.
Und wo, mein Bruder?, fragt sie.

Ich weiß jetzt, was ich immer suchte, sagt Simon voller Eifer.
Gott-bei-uns, das ist Jesus.
Jesus ist auferstanden, Christus.
Und ich bin jetzt ein Christ.

Die Mutter hat den Mund geöffnet. Was soll das?,
will sie fragen. Heut ist ein Tag wie jeder andere.
Doch Simon spricht schon weiter.
Was für ein wunderbarer Tag ist heute!, ruft er
und tanzt mit seiner Schwester. Heut ist mir alles neu!

Ich spüre Leben, Mutter! Das Wasser, oh, wie nahm es mir
den Atem! Ich starb, ertrank, dann aber: Licht und Luft
und eine Stimme sagte: So spricht Gott:
Ich rufe dich bei deinem Namen. Sei nun mein.

Worüber sprichst du?, fragt Maria. Von meiner Taufe.
Simon strahlt. Die will ich nie vergessen.

Und jetzt?, fragt Rut. Was ist jetzt anders?
Mit allen Christen in Jerusalem gehör ich jetzt zusammen.
Als wärn wir Teile eines großen Körpers. Wir können
uns nicht trennen und warten auf das Herz.

Ihr wartet, Simon? Und auf wen?, fragt wieder seine Mutter.
Auf Christus, erklärt Simon, und darauf, dass er wiederkommt.
Wann wird das sein?, fragt Rut.
Wer weiß?

Simon hat sein Bündel zugeschnürt. Er sieht die Mutter und
die Schwester fragend an.
Sind Frauen denn willkommen?, fragt Maria.

Die Christen machen keinen Unterschied, sagt Simon,
zwischen Groß, Klein, Arm und Reich,
noch zwischen Mann und Frau,
noch ob ich einen mag.
Was zählt, ist Gott – und Gott mag alle.

Da holt Maria ihre Sachen.

Elisa hat gepackt, nicht viel. Es soll ja niemand sagen,
dass er stiehlt. Das Haus des Onkels wird er heute Nacht
verlassen. Er muss nicht bleiben. Er hat jetzt endlich
ein Zuhause. Dort liebt man ihn und keiner sagt:
ein Faulpelz und ein Fresser!

Heimlich schleicht er sich zur Tür. Elisa? Bist du da?
Zu dumm, der Onkel ist erwacht. Ich gehe fort,
sagt ihm Elisa. Ich weiß ja längst, du willst mich nicht.

Und wer, du Nichtsnutz, sollte dich wohl wollen?
Der Onkel tappt verschlafen auf die Schwelle.

Elisa lässt den Mut nicht sinken. Ich hab sie gestern
aufgespürt, sagt er und seine Augen glänzen.
Die Leute, die ein Kreuz in ihrer Mitte haben,
als Zeichen Jesu, der den Tod besiegt.

Den Tod! Der Onkel ist ganz Hohn und Spott.
Und all die kleinen Tode, sagt Elisa, die so ein
kleiner Junge stirbt, den man nur auslacht, schilt
und schubst und dem man sagt: Welch eine Last!

Hier ist nicht Jude noch Grieche, hier ist nicht Sklave noch Freier, hier ist nicht Mann noch Frau; denn ihr seid allesamt einer in Christus.

Galater 3, Vers 28

Der Onkel blinzelt. Du meinst dich und mich?
Hör mal, als dein Vater starb – wer hat dich denn
da aufgenommen und großgezogen und sich abgemüht …?

Da hast du's, sagt Elisa traurig. Du sagst es:
abgemüht. Die Christen aber sagen: Ein jeder Mensch
ist liebenswert und ist wie eine gute Gabe.
Sie heißen mich willkommen, wie ich bin.

Der Onkel schluckt. Das geht nicht lange gut,
sagt er. Das kann ja gar nicht gehen …
Doch als Elisa in der Dunkelheit verschwindet,
sieht er ihm nach und wankt.
Wie wäre das, geliebt zu werden
mit all den Schwächen, die man hat?

Marta steht draußen vor der Tür.
Von drinnen hört sie Stimmen,
Leises Murmeln, Klappern, Füßescharren.
Sie denkt: Da wird der Tisch gedeckt.

Marta leckt sich ihre Lippen. Ein wenig Brot
nach diesem langen Tag. Ob ich es wagen darf,
zu fragen?

Sie sieht an sich hinunter:
Schmutzig grau ihr grober Kittel, die Füße
staubig, bloß.

Sie hebt die Hand und klopft,
doch große Hoffnung hat sie nicht.
Die Tür springt von allein weit auf
und da sieht sie sie sitzen.

So viele und so bunt gemischt! Männer,
Frauen, Kinder, Alt und Jung, so wie sie selbst
in groben, lang getragnen Stoffen.

Doch elend sind sie nicht.
Sie haben ja zu essen. Und mehr noch:
Sie sind froh! Marta hört das Lachen und
sieht auf den Gesichtern Glanz.

Da nimmt ein Mann ein großes Brot und
stellt sich in die Mitte. Jesus Christus, sagt er,
denkt an ihn! Er brach das Brot und sprach zu uns:
Wie Brot, so braucht ihr mich zum Leben,
den Hüter und den Heiler; Gott hat ihn euch gesandt.

Der Mann zerbricht das Brot und gibt es weiter
und alle, die es nehmen, sagen Amen.

Da nimmt derselbe Mann den Krug mit Wein
und hebt ihn über alle. Jesus Christus, sagt er,
denkt an ihn! Er gab uns Wein und sprach zu uns:
Wie Reben an dem Weinstock, so sollt ihr an mir
wachsen, denn unsere Wurzeln sind bei Gott.

Er reicht den Wein dem Nachbarn.
Dann geht der Krug von Hand zu Hand, und alle,
die ihn nehmen, sagen Amen.

Wie feierlich, wie heilig, denkt Marta voller Scheu.
Sie weiß, sie sollte besser gehen,
doch bringt sie es nicht fertig.

Ihr ist, als könnte sie nicht leben,
nicht ohne dieses Brot und diesen Wein.
Ein Bissen nur, denkt sie, ein kleiner Schluck,
die würden alles ändern.

Da steht der Mann vor ihr, der grad geredet hat.
Er reicht ihr einen Brocken Brot.
Am Tisch, sagt er, musst du es essen.
Denn wenn du es mit andern isst,
bekommt es dir viel besser.

Er zieht sie von der Schwelle fort
und führt sie zu den andern. Warum seid ihr
so fröhlich?, fragt sie scheu.

Der Mann zeigt auf den freien Platz am Tisch,
inmitten aller andren. Der Herr ist da,
sagt er. Wie sollten wir nicht fröhlich sein?

Da steht ein kleines Kreuz, gleich neben Brot und Wein.

Jesus, der gestorben war, ist auferstanden – Christus.

Sie beißt ins Brot und trinkt den Wein
und sagt ganz leise: Amen.

Auf Jesu Spuren: Petrus tastet sich vor

Vater, das klingt wunderbar, sagt Korinna.
Der Heilige Geist wirkt solche Wunder, sagt Lukas.
Wie einst Jesaja sagte:

Gottes Wort ist wie Regen.
Es fällt nicht wirkungslos zu Boden.
Sondern so spricht Gott: Wie der Regen die Erde feuchtet
und frisches Gras sprießen lässt,
so bringt mein Wort Werke hervor, wie ich es sage und will.
So ist es seit der Schöpfung: Ich sprach – und es war.
So wird es sein.

Aber für Petrus, schätz ich, war es trotzdem schwere Arbeit …

Einst machte Jesus fünfmal Tausend Menschen satt
und hatte nur fünf Brote, zwei Fische und den Segen.
Fünf Worte und zwei Namen sind es nun: Die Jünger
streuen sie wie Weizenkörner und wer sie schmeckt,
dem stillen sie den Hunger seines Herzens.

Jesus, der gestorben war, ist auferstanden – Christus.

Und doch: Je mehr die Zeit vergeht nach jenem
Fest des Heiligen Geistes, je mehr erfahren Petrus und
die Zwölf: Im Leben reicht die Hoffnung nicht allein.

Petrus, du siehst müde aus, sagt Johannes eines Abends.
Ist denn nicht alles, wie es soll? Es gab heut wieder
fünfzig Taufen. Petrus spielt mit einem Stock im Feuer.
Wie schön, sagt er. Es klingt, als ob er seufzt.

Und wie, mein Freund, soll's weitergehen?
Wo find ich Raum und Brot für diese Leute?
Was sage ich Herodes und dem Hohepriester,
die uns vertreiben oder töten wollen?
Wie, Bruder, schlaf ich abends ein?

Wieso? Johannes nimmt den Stock aus Petrus' Hand.
Wir müssen uns nicht sorgen. Vergisst du Jesu Worte:
Seht die Vögel – fröhlich ziehen sie ihre Kreise,
und Nahrung, die sie brauchen, finden sie im Nu?
Wir warten einfach, bis er wiederkommt.
Dann wird sich alles finden.

Wann wird das sein?, fragt Petrus ernst.
Wer weiß … Johannes gibt den Stock zurück. Ich weiß es nicht.
Bis dahin werde ich mich sorgen, sagt Petrus
und wirft den Stock ins Feuer.

Petrus überwindet Starre

Vor dem Tempel sitzt ein Mann, der bettelt.
Er sitzt da immer, Tag für Tag. Er kann sich nicht bewegen.
Verwandte bringen ihn am Morgen hin
und holen ihn erst abends wieder ab.

Petrus und Johannes sehen ihn auf ihrem Weg zum Tempel.
Sie bleiben stehen und Petrus beugt sich über ihn.
Er sieht ihn lange an.

Herr, gib mir eine milde Gabe, sagt der Mann,
nur eine Kleinigkeit. Und Gott wird es dir danken.

Wir haben weder Gold noch Geld, sagt da Johannes,
voll Mitleid mit dem Mann. Doch Petrus hebt die Hand.
Ich glaub auch nicht, dass das genügen würde.

Sag, warum gehst du nicht mit uns?, wendet sich Petrus an den Mann.
Johannes schüttelt stumm den Kopf.
Herr, siehst du nicht?, sagt vorwurfsvoll der Bettler.
Ich kann mich nicht bewegen.

Sag, warum gehst du nicht mit uns?, will Petrus wieder wissen.
Johannes stößt ihn an. Hörst du denn nicht,
was soll das, Petrus? Merkst du nicht, du tust ihm weh!

Sag, warum gehst du nicht mit uns?, fragt Petrus noch ein drittes Mal.
Herr, sagt der Bettler da. Ich bin daran gewöhnt zu sitzen,
so dass ich starr geworden bin. Ich fürchte fast …

Er spricht nicht weiter. Er lässt die Blicke wandern
und Petrus sieht, wovon er träumt: zu laufen
wie der Wind, zu springen wie ein Lamm.
Zu gehn, wohin die Füße tragen,
sich fallen lassen, aufstehen, nach Belieben.

Im Namen Jesu Christi, sagt Petrus, fürcht dich nicht.
Du kannst es, wenn du willst. Gott wartet ja auf dich
und Jesus Christus reicht dir seine Hand.

Da springt er auf und wirft den Bettlermantel ab.
Wie Recht du hast, ruft er. Wie gern geh ich mit euch!

Johannes zupft an Petrus' Mantel.
Wie hast du das gemacht?, fragt er.
Wie wusstest du, dass du es konntest?

Und Petrus lächelt. Ich dachte an den Lahmen,
damals in Kapernaum. Übers Dach kam er zu Jesus.
Und Jesus sah, er hatte Angst. Da machte er ihm Mut.

Mir schien: Mit diesem Bettler ist es ähnlich.
Ich handelte und sprach wie Jesus.

Johannes nickt. Es schien mir auch,
dass Jesus uns ganz nahe war.

Petrus und Johannes werden verhaftet und verhört

Als Petrus und Johannes im Kreis der Christen sitzen
– und alle danken Gott für den geheilten Bettler –,
da öffnet sich die Tür und Tempeldiener treten ein.

Petrus und Johannes, ihr kommt mit!, befehlen sie
mit scharfer Stimme. Wir müssen euch verhaften.

Johannes fragt: Warum? Weil wir was Gutes taten?

Der Älteste von ihnen sieht ihn drohend an.
Ihr redet und ihr heilt im Namen eines Mannes, der verurteilt ist!
Das heißt, ihr seid wie er. Euch droht die gleiche Strafe.

Petrus sitzt versteinert da. Er ist zu Tod erschrocken.
Wie Jesus gesprochen, wie Jesus geheilt,
gequält wie Jesus und dann … ans Kreuz?
Er schaudert. Am liebsten will er sich verstecken.

Dann merkt er: Aller Augen sehen ihn fragend an.
Kannst du, was Jesus kann?

Da ist er wieder auf dem See und geht zu Jesus
auf dem Wasser. Mein Gott, denkt er.
Auf einmal weiß er's wieder: Solange er in Jesu
Richtung geht, ist immer eine Hand bereit,
nach der er greifen, die ihn retten kann.

Da steht er auf und stellt sich seinen Gegnern.
Leben wir, so leben wir mit Jesus Christus,
sagt er. Und wenn wir sterben, sterben wir mit ihm.
Tut, was ihr wollt. Ihr trennt uns nicht von Christus.

Und alle, die ihn hören, sagen Amen.

Leben wir,
so leben wir dem Herrn;
sterben wir,
so sterben wir dem Herrn.
Darum: wir leben oder
sterben, so sind wir des Herrn.

Römer 14, Vers 8

Die Nacht verbringen Petrus und Johannes
in einer finstren Zelle. Am Morgen werden sie verhört.
Was ist, fragt sie der Hohepriester, geschehen
mit dem Bettler dort am Tempel?

Den habe ich geheilt, sagt Petrus, im Namen Jesu Christi.

Ich will den Namen Jesus nie mehr hören,
ruft da der Hohepriester.
Wir haben ihn verurteilt und getötet.
Seitdem soll er vergessen sein.

Wie könnten wir ihn je vergessen?, sagt Petrus.
Er ist ja alle Tage bei uns und will,
dass wir in seinem Namen wirken.
Denn das ist Gottes Wille.

Was Gott will, sagt der Hohepriester,
das weiß ich selbst am besten!
Auf keinen Fall den Aufruhr,
der hier von euch verursacht wird!

Ihr konntet Jesus töten, sagt Petrus voller Trotz.
Jedoch dass er nun auferstanden ist,
dagegen könnt ihr gar nichts tun.
Und dass wir davon reden, das schulden wir dem Gott,
der Leben will und nicht den Tod.

Ich lass euch gehn, erklärt der Hohepriester,
wenn ihr versprecht,
den Namen Jesus Christus
nie mehr im Mund zu führen.

Das können wir euch nicht versprechen,
entgegnen Petrus und Johannes wie aus einem Mund.
Wir sind zu glücklich um zu schweigen.
Der Tod ist tot und Jesus Christus lebt!

Wie ist Petrus mutig geworden!, sagt Korinna.
Doch klug ist er nicht.
Die Gegner sind viel mächtiger.
Und glauben werden sie ihm nie.

In keinem andern ist das Heil,
ist auch kein andrer Name
unter dem Himmel den
Menschen gegeben, darin wir
sollen selig werden.

Apostelgeschichte 3, Vers 12

Die Gefahr für die Jünger wächst

Als draußen in den Straßen die Menschen immer lauter
nach Petrus und Johannes rufen, geben
voller Widerwillen die Priester die Gefangenen frei.
Hütet euch, sagen sie drohend.
Wir hüten uns, sagt Petrus –
und draußen spricht er zu der Menge, als sei ihm nichts geschehen.

Die Heilung des Gelähmten war die erste Wundertat.
Von da an folgen viele. Die Jünger tun, was Jesus tat,
und tun's so gut, dass sich ihr Ruf
wie Feuerbrand verbreitet.
Kranke kommen von überallher,
damit die Jünger sie berühren
im Namen des Gekreuzigten.

Den Priestern wird es dabei Angst.
Wir glaubten doch, so sagen sie,
ist Jesus erst mal tot, dann wär der Spuk vorbei!
Nun aber wirkt er weiter.

Gottes guter Geist auf Erden …?
Wer's glaubt, soll Gottes Nähe spüren?
Ach, Unsinn! Sperrt sie alle ein!

Die ersten Christen haben Angst. Sie müssen sich verstecken.
Einer von ihnen ist schon tot und viele sind gefangen.
Da fliehen sie, so weit es geht und kehren nicht mehr um.

Doch wo ihr Fuß das Land betritt, sagt ihre Zunge laut:

Jesus, der gestorben war, ist auferstanden – Christus.

Bis weit ins Land die Nachricht weht und Ohren findet,
die ihr traun.

Da begann auch Paulus zu predigen, sagt Lukas.
Der Feind wurde zum Freund, weil Christus es so wollte.

Er muss viel klüger gepredigt haben als Petrus, meint Korinna.
Er war ein Schriftgelehrter – und Petrus bloß ein Fischer …

Korinna, sagt Lukas, du vergisst den Heiligen Geist …

Petrus löst Fesseln

Petrus hat nicht viel zu sagen, wenn Gottes Geist
nicht dazu drängt. Was Petrus sagt, ist klar und einfach.
Er weiß es selbst im Schlaf, wie eine Formel:

Jesus, der gestorben war, ist auferstanden – Christus.

Wir sollen können, was Jesus kann – wenn wir ihm nur vertrauen.
Das ist, woran er festhält, wann immer er sich wieder fühlt,
als wandle er auf Wasser.

Auch er bleibt nicht in Davids Stadt, doch kehrt er immer wieder.
Er wandert gern von Dorf zu Dorf, wie er es einst von Jesus lernte,
und dann geschieht es oft, dass er das Gleiche tut wie früher.

In Lydda liegt ein Mann, den haben die Verwandten
zur Sicherheit ans Bett gebunden. Er kann nicht gehen, sagen sie –
wozu soll er noch sitzen?

Wie lieblos, sagt da Petrus. Seid ihr denn so bequem
und achtet nicht auf seine Schmerzen? Er bindet ihn rasch los.
Da lacht der Mann und reckt sich. Ich fühl mich
stark genug, um Bäume auszureißen!

Es ist nicht nötig Bäume auszureißen, sagt Petrus ihm,
zu pflanzen und zu pflegen, das wär gut!

Als Petrus wieder mal nach Lydda kommt, hüpft
der Gelähmte ihm auf Krücken flink entgegen.

Ich bin jetzt Gärtner, Petrus!, ruft er. Sieh meinen Garten,
wie es wächst! Ach ja – und Christen sind wir auch!
Freunde des Gottes, der das Leben liebt,
und seines Sohns, von dem die Schriften sagen:

Mein Hüter ist wie ich. Er reißt nichts aus, er lässt es wachsen.

Petrus strahlt ihn an: Komm, zeig mir deinen Garten.
Da kommen Christen aus dem Nachbarort
und rufen laut um Hilfe.

Petrus weckt Leben

Petrus, du Freund Jesu, bist du da? So komm mit uns!
Es war ein Unglück, ganz gewiss nicht Gottes Wille,
dass unsere liebste Schwester so früh und rasch
gestorben ist! Das Leben hat den Glanz verloren,
als sie die hellen Augen schloss.

Eine Tote soll ich wecken? Meister, denkt Petrus,
das kann ich nicht. Du solltest können, was ich kann,
hört er da wieder Jesu Stimme, wenn du mir ganz vertraust.

Zaudernd geht Petrus mit nach Joppe.
Die Tote heißt Tabita und war noch gar nicht alt
und immer fröhlich, sagen die Geschwister.
Und herzensgut war sie und lebte schrecklich gern.

Petrus schließt die Augen. … lebte schrecklich gern …
Meister, da war einmal ein Mädchen, von ihr
sagte man dir ganz dasselbe. Da hast du sie, die tot war, aufgeweckt.

Da liegt Tabita und um sie kauern klagend Frauen.
Gott schenkt Leben, sagt Petrus. Er kann es auch nehmen.
Warum trauert ihr? Dankt doch für das, was sie euch war!

Eine alte Frau steht langsam auf und zieht an seiner Hand.
Wir sind ihr dankbar, sagt sie, auch ohne deine Mahnung.
Wir weinen nicht um uns, sondern um ihretwillen.
Weißt du: Sie lebte schrecklich gern. Sie hat
ein kleines Kind. Sie wollte noch erleben, wie's schreiben lernt und lesen.

Sie hat uns viel geholfen, fällt eine andere ein.
Wir sind ja arme Witwen. Wäre Tabita nicht gewesen –
wir hätten kaum was anzuziehen.

Petrus hört und sieht kaum hin, als sie ihm ihre Kleider zeigen.
Tabita hat sie liebevoll genäht. Er hat das kleine Kind entdeckt
und nimmt es auf den Arm.
Und deine Mama, sagt er, will dich schreiben lehren?

Entschlossen tritt er an das Totenbett und sieht Tabita an.
Sie lebt ja schrecklich gern … Dann komm, sagt er.
Steh endlich auf – sie haben Angst um dich.

Petrus geht durch Mauern

Tabita lebt. Da lassen ihre Leute den Retter
nicht davon. Bleib bei uns, bitten sie.
Mit dir ist Gottes guter Geist zu uns gekommen.

Und Petrus wäre gern geblieben – das Dorf gefällt ihm sehr –
wär da nicht dieser Traum gewesen …

Er sieht sich mitten zwischen andren Christen
und alle zerren an ihm. Zu uns gehörst du,
uns allein. Wir lassen dich nicht fort!
Nur einer nimmt ihn bei der Hand und sagt zu ihm:
Komm weiter.

Warum?, fragt er. Wohin? Ich darf nicht weg.
Der Fremde spricht nicht. Die Hand ist warm und fest.
Er löst ihn aus der Menge und führt ihn aus der Stadt.
Wohin?, fragt er. Warum? Die kurze Antwort ist:
Komm weiter.

Der Fremde führt ihn durch die Wüste. Da liegt
im Dunst ein Schloss. Petrus sieht nur feste, hohe Mauern.
Es gibt, so scheint es, keine Türen.
Was jetzt?, fragt er. Es geht nicht weiter.

Komm weiter, sagt der Fremde nur
und führt ihn geradewegs zur Mauer. Er bleibt nicht
stehen. Er geht hindurch, als wär da nichts als Luft.
Doch Petrus prallt zurück. Ich wäre ja verrückt, sagt er,
wenn ich durch Mauern ginge!

So schwach, wie du dich stellst,
bist du schon längst nicht mehr, sagt da der Mann von innen.
Du kannst ja, was ich kann, du hast es längst bewiesen.
Was zögerst du? Komm nach!

Meister … Petrus weiß auf einmal, wessen Hand ihn hält.
Er hält die Luft an und mit einem großen Schritt
geht er durch Stein und Mauerwerk.

Wie reibt er sich die Augen! Denn auf der andren Seite
ist eine heitre, offne Stadt. Nur da, wo Petrus
angehalten hat, ragt ein Stück hohe Mauer.

Benommen erwacht Petrus aus dem Schlaf.
Was war das für ein Traum?
Durch welche Mauer muss ich gehen?
Und warum nicht drum rum?

Bevor er sich besonnen hat, sind Boten vor der Tür.
Erstaunt erkennt er, dass sie Söldner sind im Römerheer
von Cäsarea. Kornelius, unser Hauptmann, sendet Grüße,
sagen sie. Er bittet, dass du zu ihm kommst.

Was kann ein Römer von mir wollen? … will Petrus gerade denken.
Kein Kind Israels darf eines Römers Haus betreten.

Stattdessen denkt er an den Traum.
An Mauern, die so undurchdringlich schienen –
doch Jesus wollte: Geh hindurch.
Es wäre besser, nicht zu gehen.

Er denkt auch an Kapernaum, an jenen Hauptmann,
der zu Jesus sagen ließ: Komm nicht herein.
Du kannst von draußen heilen.
Es wäre wirklich besser, nicht zu gehen …

Doch Jesus hat darauf bestanden.
Er hat die Türen weit gemacht und frischen Wind
hineingeblasen und mit dem fremden Römer
das Brot gebrochen und den Wein geteilt.

Gut, sagt Petrus den Gesandten,
ich komme gleich und komme gern.

Kornelius, der Hauptmann, ist großzügig und freundlich.
Er fragt nach Gott, sagen die Priester, als sei er uns verwandt.
Zu dumm bloß, dass er Römer ist!

Als Petrus in sein Haus tritt, neigt Kornelius sich zu Boden.
Dass du zu mir kommst, Freund des Gottessohns,
sagt er, macht mich verlegen und sehr froh.

Ach, lass doch, sagt da Petrus. Ich tue, was der Meister tat.
Nun sag: Warum willst du mich sehen?

Ich sah im Traum, wie du durch Wände gingst, erzählt
Kornelius, und Gottes Stimme sprach:
Mein Fischer ist der Rechte.
Sag ihm von mir, ich will: Er soll dich taufen.

Taufen?, fragt Petrus überrascht.
Was weißt denn du von Jesus?

Da sagt Kornelius schlicht, was Petrus immer sagt:

Jesus, der gestorben war, ist auferstanden – Christus.

Und Petrus nickt und drückt ihn an sein Herz.

Petrus aber tat seinen Mund auf und sprach:

Nun erfahre ich in Wahrheit, dass Gott die Person nicht ansieht; sondern in jedem Volk, wer ihn fürchtet und recht tut, ist ihm angenehm.

Apostelgeschichte 10, Verse 34 + 35

Petrus muss sich verteidigen

Die Sache mit Kornelius macht eine Menge Ärger –
in Cäsarea nicht, wohl aber in Jerusalem.
Als Petrus die elf Jünger trifft, sind sie nicht gut
auf ihn zu sprechen.

Was hast du da gemacht?, fragt ihn Jakobus. Du
tauftest einen, der kein Jude war? Kein Jude, nein,
ein Römer, sagt Petrus, doch er kannte Gott. Und
was noch mehr ist: Gott kennt ihn!

Die andern sehn ihn zweifelnd an. Und das Gesetz
des Mose?, fragt Matthäus. Bist du gewiss, dass er
die Regeln alle hält? Ich bin gewiss, dass er es ehrlich
meint, sagt Petrus. Und dass er weiß, was zählt:
Sei achtsam mit allem, was lebt.

Da lassen sie die Sache fallen.

Petrus, hast du von Paulus schon gehört?
Von Paulus, unserm ärgsten Feind, der heute
Christus predigt wie kein Zweiter?

Er ist jetzt in Antiochia, erzählt Andreas. Und mitten zwischen
Griechen, Römern und was weiß ich noch – tut er
wie du das Gleiche: Tauft jeden, der auf Christus traut,
sei er nun Jude oder nicht.

Da lächelt Petrus endlich. Na seht ihr! So ist's recht.

Korinna atmet auf. Da bin ich aber froh. Ich glaubte schon,
sie schüchtern Petrus ein.
Warum regst du dich auf, Korinna?
Ich bitte dich!, ruft sie. Es wär doch blöd: Sie bauen neue Mauern,
wenn alte endlich fallen!

Nachricht von Paulus und Barnabas

Antiochia ist eine Hafenstadt, voll Leben
und von großer Weite. Da gibt es nicht nur Kinder Israels,
auch Griechen aus Athen, Korinth, Philippi
und fern aus Westen ein paar Römer.

Als Stephanus getötet wurde, sind Christen
nach Antiochia geflohen. Sie leben da
wie in Jerusalem, geschwisterlich, an einem Tisch,
das Kreuz in ihrer Mitte. Und wer sie fragt,
was sie da tun, dem sprechen sie von Jesus.

Jesus, der gestorben war, ist auferstanden – Christus.

So kommt's, dass die Gemeinde wächst. Das Senfkorn,
von dem Jesus sprach – so schreiben sie in einem Brief den Zwölfen –
ist herrlich aufgegangen und wird, eh wir es uns versehen,
ein großer, schöner Baum.

Aus Jerusalem kommt Barnabas, ein mutiger
und kluger Mann, der viel von Jesus weiß.
Er freut sich über alle neuen Christen, die jüdischen,
die griechischen, und sagt: Wir sind Geschwister.

Die Griechen haben viele Fragen. Sie brauchen gute Lehrer.
Meist haben sie noch nie von Gott gehört
und glaubten vorher: Es gibt viele Götter.
Zeus und Apollon, Herakles, Athene.

Ach, dass es so viel Unheil gibt!, stöhnt Barnabas,
ganz so wie damals Jesus. Es ist zu viel, ich schaff es nicht,
nicht jedenfalls allein. Ich werde Paulus fragen.
Und Paulus kommt von Tarsus nach Antiochia
und fängt in einem Netz von Worten, wie Petrus, viele Herzen ein.

Sie können sich glücklich schätzen, dass sie fern von Jerusalem sind,
sagt Lukas düster.
Den Christen in Jerusalem ergeht es übel. Es sieht aus, als sollten, Schritt
für Schritt, die Jünger Jesu den gleichen Weg wie Jesus gehen …

Jakobus wird ermordet und Petrus gefangen

Der König Herodes ist viel mehr noch als die Priester
von Jesu Tod enttäuscht. Ich habe doch gedacht, sagt er:
Ist er erst tot, dann ist er tot. Und ich hätt meine Ruhe.

Was hör ich da stattdessen? Er wäre wieder auferstanden
und ginge um und lehre seine Jünger? Und diese
sammeln wiederum noch mehr, die solchen Unsinn glauben?

Wenn das der Kaiser hört – und hört, dass ich es dulde –,
der lacht sich tot, und wenn er damit fertig ist,
dann nimmt er mir die Krone.

Doch wartet nur: So weit lass ich's nicht kommen.
Wenn ich ein paar von diesen Jüngern schnappe –
es wäre doch gelacht – wenn diesem Übel nicht zu wehren wär …!

Zuerst verhaftet er Jakobus, den Bruder des Johannes.
Herodes sperrt ihn ein und droht ihm mit dem Schwert.
Sag auf der Stelle, die Auferstehung Jesu sei Betrug!
Dann kannst du wieder heim. Sagst du es nicht,
so kostet's dich den Kopf.

König Herodes, sagt Jakobus, was nützte mir mein Kopf,
wenn ich mein Herz verlöre? Ich sage nichts, als nur die
Wahrheit: Er ist wahrhaftig auferstanden, Jesus Christus.

Da holt Herodes aus und köpft ihn eigenhändig.
Hier kommt der Nächste, sagt ein Diener, als noch
der König blutbesudelt vor dem Toten steht.
Er führt in Ketten Petrus.

Ich kann, was Jesus kann, sagt Petrus. Mit Schaudern
sieht er seinen Freund. Wenn du mich tötest, Mörder,
werd ich auferstehen. Und dann, du Scheusal, wehe dir!

Herodes schreckt vor ihm zurück. Dann aber fasst er sich.
Um dich, du Wicht, will ich mich morgen kümmern,
sagt er. Die Nacht im Kerker tut dir sicher gut.
Schlaf süß und träum von mir. Denn morgen ist es aus.

Allein in seiner dunklen Zelle verlässt den Fischer
rasch der Mut. Verzeih mir, Meister, betet er. Das
von der Rache und der Auferstehung – ich hab's nicht
so gemeint.

Ja, sagt ihm da ein Engel, das mit der Rache,
das war schlimm! Du weißt, es ist euch aufgetragen:
Lieb sogar den, der dir nur schadet …

Ach das, sagt Petrus, ja, gewiss … doch schlimmer
scheint mir, dass ich sagte, ich kann wie Jesus auferstehn.

Der Engel hebt die Schultern. Du kannst,
was Jesus kann. Du musst ihm nur vertrauen.

Auch auferstehen? Da stammelt Petrus.
Mein lieber Petrus, sagt der Engel und seine Stimme
klingt wie Jesus: Gott hat den Tod besiegt.
Ja, glaubst du, nur für Jesus?

Der Meister ist vorangegangen. Die Jünger folgen nach.

Petrus ist still und staunt. Der Engel aber drängt.
Nun aber: Komm! Du musst ja fort von hier,
bevor die Sonne wieder scheint.

Der Engel geht voran und Petrus folgt.
Dass sie das erste und das zweite Tor durchschreiten
und dann sogar das streng bewachte Festungstor,
verwundert ihn nicht mehr.

Zu sehr beschäftigt ihn die nie geahnte Hoffnung,
dass Menschen einst wie Jesus auferstehen.
Bei dir, Herr, und an deiner Seite lass mich sein
sagt er, und dort für immer bleiben.

Petrus kommt davon

Der Engel hat Petrus an ein Haus geführt, das einsam
da im Dunklen liegt. Doch drinnen brennt ein Licht
und leise Stimmen wehen nach draußen.

Klopf an, dann wird geöffnet, sagt der Engel.
Ich geh. Ich will mich hier nicht sehen lassen.
Und Petrus tut, was ihm der Engel sagt.

Sogleich kommt eine Magd gelaufen und macht
die Tür um einen Spalt breit auf.

Petrus, ruft sie, welch eine Freude! Gelobt sei Gott,
gelobt! Wir dachten, du seist tot!
Sie schlägt die Tür aus lauter Freude wieder zu
und rennt ins Haus zurück.

Da steht der Fischer Petrus vor der Tür, ruft sie
und alle, die es hören, werden still.
Ein Geist, ein Engel, flüstern sie. Wir wissen:
Petrus ist gefangen.

Inzwischen klopft es draußen wieder.
Ein Engel käme durch die Wand, sagt da die Herrin
jenes Hauses. Ein wenig ängstlich geht sie hin
und öffnet selbst die Tür.

Da sehn sie alle Petrus stehen, gehüllt
in einen dunklen Mantel.

Ich muss gleich weiter, flüstert er.
Ich will nur, dass ihr wisst: Ich lebe.
Und trauert um Jakobus nicht. Auch er,
spricht Gott, wird leben.

Denn wenn wir glauben,
dass Jesus gestorben und
auferstanden ist,
so wird Gott auch,
die da entschlafen sind,
durch Jesus mit ihm
einherführen.

1 Thessalonicher 4, Vers 14

Neue Wege: Paulus bricht auf

Vater, was war mit Paulus? Er blieb ja, wenn ich's richtig weiß, nicht stets in Antiochia? Korinnas Vater nickt.

Des Paulus Wege wurden immer weiter.
Atalia, Lystra, Derbe in Kleinasien, Philippi, Thessalonich und Korinth,
Kreta, Malta, Syrakus und Rom – er hat das halbe Mittelmeer bereist.
Wo er auch war, Gemeinden sind entstanden, die ihn als ihren Lehrer sahn.

Vater, kannst du mir davon erzählen?
Ich habe hier, sagt Lukas, einige Briefe von Silas und von Barnabas.
Sie waren beide mit Paulus auf dem Weg.

Ihr lieben Brüder und Schwestern in Jerusalem,

ihr wisst, wie Paulus ist, voll Feuer stets und ruhelos.
Er sagt mir gestern: In Antiochia ist Jesus Christus nun
bekannt. Man braucht uns hier nicht länger. Ich möchte
gern nach Westen ziehen. Was meinst du? Kommst du mit?
Ich habe ihm gesagt: Lass uns die Jünger fragen. Er aber,
voller Eifer: Gott hat es mir im Traum gesagt. Ich weiß,
wir müssen los.
Ich kann euch sagen: Es gab kein Besinnen. Per Schiff,
von Seleukia, segeln wir nach Zypern und Pisidien.
Ich sage euch das Wichtigste, es tat schon richtig weh:
Die Juden hörten Paulus staunend zu, als er
von Jesus Christus sprach – dann aber kehrten sie zurück
zu ihren alten Regeln und wandten uns den Rücken.
Gut, hat da Paulus ärgerlich geschrien. Es ist, als lade ich
zum Fest. Die Freunde sagen ab. Sie sind schon satt.
Die Fremden von den Straßen aber kommen gern und schätzen meine Gaben.
Ihr ahnt schon, was er tat? Er ließ das Bethaus hinter sich,
betrat es nie mehr wieder. Im Schatten eines Göttertempels
lehrt er die Heiden nun, wer Gott ist und wer Jesus.

Ich weiß noch nicht, wie's weitergeht. Ich meld mich später wieder.
Bis dahin, Gott mit euch und freut euch über Christus.

Grüße von Paulus und von eurem Barnabas

Ihr lieben Brüder und Schwestern in Jerusalem,

die Heiden sind noch nicht die reine Freude. Mit ihrer
Göttergläubigkeit können sie uns schier zum Wahnsinn treiben.
Da macht mein Paulus diesen dummen Fehler – heilt einen
fast gelähmten Mann – und prompt glauben die Heiden:
Wir sind Götter! Als Sterbliche verkleidet hier zu Gast!
Zeus sagen sie zu mir und fallen auf die Knie. Paulus ist
Hermes, Göttersohn und Bote.
Da hättet ihr ihn sehen sollen! Er riss sein Kleid vom Körper.
Seht, rief er, Fleisch und Blut! Nicht ich bin Gott, das sag
ich euch. Ich bin sein schwächster Bote. Habt ihr mir
denn nicht zugehört? Ich sagte doch: Es gibt nicht Götter.
Nur einer ist's, dem alle Macht gehört. Der Schöpfer und
Bewahrer, Jesu Vater.
Mit Mühe haben wir verhindert, dass sie uns Opfergaben brachten.
Ich weiß nicht recht, mir scheint, es ist ein weiter Weg,
bis diese Menschen Christen sind.

Wir reisten bald weiter. Aber Paulus sagt: Wir kommen wieder …

Betet für uns, in Christus euer Barnabas

Ihr lieben Brüder und Schwestern in Jerusalem,

was für ein Ergebnis unserer Reise: Wir sind beleidigt, verleumdet,
hinausgeworfen worden, verfolgt, gesteinigt und gequält.
Doch Paulus sagt: Das muss so sein – und schwärmt
von seinen Heidenchristen. Beruft sich auf Prophetenworte.
Und selbstverständlich plant er schon die nächste Reise.

Müde und voll Staunen

Euer Barnabas

Ich habe dich den Heiden
zum Licht gesetzt,
dass du das Heil seiest bis
an das Ende der Erde.

Apostelgeschichte 13,
Vers 47; Jes 49, Vers 6

Paulus macht weiter

Gesteinigt, Vater … wie Stephanus! Korinna flüstert.
Die Gute Nachricht ist unheimlich gefährlich, für jeden,
der sie weiterträgt! Woher nur nahmen sie den Mut?

Korinna, du weißt, was ich antworte, sagt Lukas.

Ihr lieben Brüder und Schwestern in Jerusalem,

in Paulus' Haut will ich nicht stecken. Er sorgt sich unentwegt.
Hat denn nicht Jesus uns das Sorgen überhaupt verboten?
Doch Paulus sorgt sich um die Menschen, die wir auf unsrer Fahrt zu
Christus führten. Er sorgt sich: Werden sie es schaffen, allein und ohne Lehrer,
das Leben der Gemeinde lebendig zu erhalten?
Werden diese neuen Christen, wie ihr, so friedlich, freigebig und dankbar
beieinander sein? Gibt's Streitereien, Zweifel, Ungeduld?
Haben sie die Gute Nachricht von Jesu Leben recht verstanden?
Dass er den Weg zu Gott für sie gefunden hat?
Ich muss zu ihnen, murmelt Paulus, des Nachts noch, schlaflos auf dem Lager.
Schreib ihnen Briefe, sage ich. Seitdem hat er zu tun. Ich seh ihn nur noch
mit der Feder, wann immer er nicht gerade predigt. Und wunderbare Worte
bringt er zu Papier.

Ihr seid wie Glieder eines Körpers; ein jeder trägt sein Teil zum Ganzen bei.

Ihr seid der Brief, den Gott an seine Kinder schreibt;
die Tinte ist aus Jesu Blut, der Atem, der sie trocknete,
war Gottes Heiliger Geist.

Ihr seid nicht Sklaven, sondern frei;
wählt selbst, was ihr aus eurem Leben macht.
Doch denkt daran: Ihr habt's geschenkt bekommen.

So wähle ich heute, in meiner Freiheit: Ich gehe schwimmen!
Und ich lobe Gott, dass er das klare Wasser so kühl und frisch
vor unsre Stadt gegossen hat …

Ich schreibe bald wieder.
Lebt mit Gottes Lächeln. Barnabas

Es sind verschiedene Gaben,
aber es ist ein Geist.
Und es sind verschiedene
Ämter, aber es ist ein Herr.
Und es sind verschiedene
Kräfte, aber es ist ein Gott,
der da wirkt, alles in allem.

1 Korinther 12, Verse 4 bis 6

Ihr lieben Brüder und Schwestern in Jerusalem,

da hat er sich verrechnet! Doch soll ich euch was sagen?
Es tut mir herzlich Leid. Es war ein dummer, eitler Streit,
der unter Christen nichts zu suchen hat: Ob wir Johannes Markus,
meinen Freund, mitnehmen auf die nächste Reise.
Ich wollte, Paulus wollte nicht. Er sagte: Er ist nicht verlässlich.
Er hat uns mal im Stich gelassen. Ich aber gab nicht nach.
Ich sagte: Gib ihm eine zweite Chance.
Sonst bist du nicht wie Christus.
Das hätt ich wohl nicht sagen sollen. Er ging und ließ
mich stehen. Und nun ist er mit Silas unterwegs und
ich bin hier mit Johannes Markus, meinem Freund,
und fühl mich ziemlich mies.
Bloß Silas war zum Abschied richtig nett. Versprach,
recht bald zu schreiben …

Das war's. Von Paulus hab ich nun nichts mehr zu melden.

In Christus euer Bruder Barnabas

Liebe Brüder, liebe Schwestern in Jerusalem,

ich weiß nicht recht, wie ich beginnen soll. Es ist zu groß und neu.
Tarsus, Lystra, Derbe – das war für Paulus wie Nach-Hause-Kommen.
Er ist dort gut bekannt und es gibt Christen, die ihn ihren
Vater nennen. Ich aber bin noch nie so weit gereist, ich gebe zu,
ich bin verwirrt. Und dann … in Troas! Ich dachte: Weiter
westlich geht's nicht mehr.
Doch Paulus weckt mich, früh am Morgen, und sagt, er hat geträumt.
Er sagt, der Herr erwartet uns in Griechenland.
Philippi, Thessaloniki, am Ende auch Athen.
So geht die Reise weiter, viel weiter als ich je gedacht.
Was werden diese Griechen mit uns tun? Sie sind ja so ganz anders.
Paulus sagt, sie sind sehr klug.
Dem Geheimnis des Lebens seien sie nach Kräften auf der Spur.
Das liegt bei Gott verborgen, sage ich.
Wie werden sie sich freuen, das zu hören!, meint Paulus zuversichtlich.
Darf ich dennoch Zweifel haben?
Denn, seht, die Griechen haben große Tempel mit Götterbildern drin.
Die Götter sehen wie Menschen aus und haben viele Namen.
Wenn wir nun kommen und verkünden: Es gibt nur einen Gott!
Ein Bild von ihm darfst du nicht machen!
Ich glaube nicht, dass sie es gern hören.
Was werden sie uns tun?
Was Gott will, sagt mir Paulus. Und außerdem, ich bin gewiss:
Die Marmorgötter sind den Griechen schon lange eine Last.
Wir werden sie befreien.

Mir schwant nichts Gutes, betet für mich. Euer Silas

Meine lieben Brüder und Schwestern in Jerusalem,

wie ich befürchtet habe: Jetzt ist es zum Schlimmsten gekommen!
Ich kann mich vor Schmerzen kaum noch rühren. Und könnte ich es,
so würde es doch nichts nützen. Denn meine Füße sind in Ketten.
Und wären sie es nicht – Gefängnistüren halten uns
in dieser dunklen Kammer.
Paulus liegt neben mir. Ihm geht es auch nicht besser.
Aber auch er schreibt einen Brief.
Geschlagen, gefesselt, eingesperrt … und soll ich euch was sagen?
Die Furcht davor war schlimmer als die Sache selbst. Denn als
die Peitsche knallte, da hab ich etwas Wichtiges entdeckt:
Wir leiden, weil wir Gutes wollen.
Die, die uns schlagen, irren.
So ist es Jesus auch ergangen, hat Paulus mir gesagt.
Das ist das Eine.
Aber trotzdem hat es wehgetan.
Philippi. Wie sah es anfangs freundlich aus!
Paulus begann gleich seine Predigt und die Philipper hörten zu.
Ich hoffte, dass sie ihm vertrauen.
Dann aber war da diese Sklavin …
Sie konnte in die Zukunft sehen. Ihr Herr verdiente Geld damit.
Sobald sie nun uns beide sah, fing sie zu schreien an:
Die da, Diener sind sie des allerhöchsten Gottes!
Sie wälzte sich am Boden wie unter großem Schmerz.
Es war entsetzlich anzusehen.
Und Paulus kniete neben ihr und sah, wie sie sich quälte.
Befrei mich, schluchzte sie.
Da hat er seine Hände um ihren Kopf gelegt
und ihr gesagt: Sei still. Du musst nie mehr nach morgen sehen.
Siehst du das Heute, ist's genug.
Da steht sie auf und lächelt und sagt: Du hast mich heil gemacht.
Ihr Herr aber, nicht etwa, dass er Paulus dankt!
Wenn sie nicht wahrsagt, kann ich nichts verdienen – ihr haftet
für den Schaden!
Ist Gold dir wichtiger als Menschenleben?, fährt Paulus ihn da an.
Gott aber spricht:
Viel eher passt ein höckriges Kamel
durch einer Nadel schmale Öse,
als dass ein Reicher Einlass findet
an meinem Himmeltor.

Wir müssen durch viele Bedrängnisse in das Reich Gottes eingehen.

Apostelgeschichte 14, Vers 22

Da ist der Herr vor Zorn so weiß geworden wie ein Leichentuch.
Was redet ihr von Gott? Was wollt ihr hier? Wir haben nichts zu schaffen mit eurem so genannten Gott!
Paulus verschränkte seine Arme und hörte lächelnd zu.
Du irrst dich, sagte er. Du irrst dich sehr.
Es geht dir nicht um Gott, nicht wahr? Es geht nur um dein Geld.

So ruhig bleibt Paulus auch, als sich die Stimmung dreht.
Auf einmal hören alle auf den Mann und keiner mehr auf Paulus.
Fremde, rufen sie, mit falschen Sitten und Gebräuchen!
Ihr habt hier nichts zu suchen, nichts zu sagen!
Ihr hättet gar nicht kommen dürfen!
Am Ende dann – bin ich am Anfang meines Briefs:
Sie haben uns geschlagen und gefesselt und gefangen.
Ich frag mich … Paulus sieht mich an. Er lächelt.
Silas, lass uns beten …

Nun gut, dann mache ich hier Schluss.
Ob ihr wohl wieder von uns hört?

Paulus hat Recht. Wir müssen beten. Euer Silas

Liebe Brüder und Schwestern in Jerusalem,

ein Wunder ist geschehen – und damit meine ich
in erster Linie nicht das rätselhafte Beben,
das uns die Türen des Verlieses sprengte!
Gewiss, auch das war wunderbar.
Wir beteten und aus den Zellen neben uns
kam dumpf das Echo andrer Stimmen.
Es waren weitere Gefangene. Die hörten unsre Worte.
Beim Amen hörten wir ein Dröhnen und ein Poltern,
dann wackelte die Erde und alle Türen sprangen auf.
Sogar die Ketten lösten sich von unsren Füßen.
Wir waren frei und Paulus dankte Gott.
Die andren waren zu erschrocken um zu jubeln.
Herr, riefen sie, wie hast du das gemacht?
Das war nicht ich, sagt Paulus. Das war der Herr,
der uns gesandt hat. Wir sind allein in seiner Hand.

Und dann das Wunder: Keiner dachte dran,
zu fliehen, sondern sie setzten sich zu Paulus' Füßen
und fragten ihn nach Gott.
Es war so sonderbar, ich spürte: Es war richtig!
Sie fragten nach dem Leben, das mehr sein soll als Flucht.
Und Paulus hat gepredigt und gepredigt, von Abraham und
Mose, von König David, den Propheten,
bis er dann zu Jesus kam.

Auf einmal aber unterbrach er sich und lauschte.
Nein, rief er laut. Verzweifle nicht! Wir sind noch alle da!
Ich sah ihn fragend an. Der Kerkermeister, sagte er,
er fürchtet schwere Strafe, wenn die Gefangenen entflohen wärn.
Darum will er sich gerade selber töten.
Da kam der Kerkermeister schon hereingestürzt.
Ihr seid noch da?, ruft er verdutzt. Warum?
Die Türen sind ja offen …
Der Fremde hat zu uns gesprochen, rief ein Gefangener.
So blieben wir und hörten zu.
Der Kerkermeister schüttelte den Kopf und wollte es nicht glauben.
Den Rest der Nacht verbrachten wir in seinem Haus
und Paulus hat auch ihm gepredigt.
Wir haben alle Gott gelobt und laut zu ihm gesungen.
Dann kamen Boten aus der Burg und sagten: Gib die Fremden frei.
Lass sie in Frieden ziehen.
Das tu ich gern, sagte der Kerkermeister.
Doch eines bitt ich noch: Zuvor sollt ihr mich taufen.
Ich glaube, damit, dass wir dageblieben sind,
haben wir mehr von Gott erzählt als Paulus' längste Predigt.

Es grüßt euch aus der Freiheit euer Silas

**Der Herr ist treu;
der wird euch stärken
und bewahren vor
dem Bösen.**

2 Thessalonicher 3, Vers 3

Liebe Geschwister in Jerusalem,

in Thessalonich war es besser und schlimmer zugleich.
Juden und Griechen haben uns zugehört und gern mit uns geredet.
Die Schriftgelehrten haben in den Schriften die Zeichen entdeckt,
die sagen: Jesus ist der Christus. Für Paulus war es eine große Freude,
den Griechen von der Schöpfung zu erzählen und von dem Gott,
der seine Kinder sucht.
Dann aber waren da auch Gegner. Die wollten gar nichts Neues hören.
Sie taten sich zusammen und hetzten gegen uns. Am Ende musste
Jason, der, in dessen Haus wir waren, vor ihnen schwören,
dass wir den Mund von da an halten würden.
Wir reisten nachts noch weiter, doch unsre Gegner sind gefolgt.
Die Lage ist gefährlich. Noch heute Abend wird nun Paulus heimlich
ein Schiff besteigen. Das bringt ihn nach Athen. Ich aber reise später.
Vielleicht, so hoffen wir, verwischt sich dabei unsere Spur …

Betet für mich – und besonders für Paulus!

Es grüßt euch euer Bruder Silas

Liebe Brüder und Schwestern in Davids schöner Stadt,

erst hier in Korinth habe ich Paulus wieder getroffen.
Wir wohnen im Haus von Aquila und Priscilla, und Paulus
ist von früh bis spät dabei zu predigen.
Was er in Athen getan hat, weiß ich nur aus dem, was er erzählt.
Er hat sich umgeschaut, sagt er. Hat sich die Tempel
angeschaut. Mit Gelehrten hat er sich gestritten,
mit Philosophen, er sagt: über die Welt und Gott.
Und dann verlangten sie, er solle eine Rede halten,
mitten auf dem größten Platz. Darauf hat Paulus nur gewartet.
Er hatte ja so viel zu sagen. Er hat es oft genug geübt.

Ich sehe, sagt er ihnen, dass ihr euch um die Götter sorgt.
Ihr habt für jeden einen Tempel
und einen auch für den, der keinen Namen hat.
Ich hab gelesen, dass da steht: dem unbekannten Gott.
Und deshalb, meine Freunde, bin ich hier.
Ich will euch sagen, wer er ist,
der unbekannte Gott.
Denn uns, in König Davids Land, hat er sich offenbart.
Er ist der Gott, der Leben liebt. Was lebt, ist sein Geschöpf.
Er ist der Vater ganz verschiedener Kinder, auch euer Vater
– nur: Ihr wusstet's nicht.
Er hat in diesen Tagen den Christus in die Welt geschickt,
von dem die Seher sagten: Er weist den Weg zu Gott.
Er kam und wurde missverstanden und starb von unsrer Hand.
Gott aber ließ ihn nicht im Tod. Er hat ihn auferweckt.
So ist der Christus Herr geworden des Todes und des Lebens.
Und wer, wie ich, auf Christus traut, der wird,
auch wenn er stirbt, für immer leben.
Ihr fragt, was die Athener zu Paulus' Rede sagten?
Als ich ihn fragte, grinste er. Sie waren förmlich überwältigt.
Abwehrend hoben sie die Hände: Das ist uns alles neu.
Für heut ist es genug. Wir bitten dich, sprich morgen weiter.

Liebe Geschwister, dasselbe will ich auch beachten.
Ihr habt genug für heut gelesen. Ich schreibe später wieder.

Seid mir gegrüßt in Christus Jesus! Euer Silas

Meine lieben Geschwister im schönen Jerusalem,

wir kehren heim nach Antiochia! Spürt ihr, wie ich mich freue?
Gewiss war diese Reise gut und wichtig und viele Menschen hörten
Gottes Wort – jedoch ein Ende der Strapazen ist mir jetzt
hoch willkommen.
Auch in Korinth nun wieder war es das Gewohnte:
Wir trafen viele gute Leute, die uns gern hörten und sich taufen ließen,
und andererseits die Starren, die uns den Mund verbieten wollen.
Zum Glück für uns ist in Korinth ein Richter, der lieber Mörder
und Betrüger richtet als Gottes Prediger zu quälen.
So sehr es auch die Gegner wollten – es ließ uns nicht mal schlagen.
Wir reisen über Ephesus und Cäsarea und kommen auch zu euch.
Ich freu mich so – doch Paulus ist schon wieder rastlos.
Briefe entwirft er für Korinth und Thessalonich – und Pläne für …
die nächste Reise. Der Aufenthalt in Ephesus, sagt er, war viel zu kurz …

So Gott will, sehen wir uns in Jerusalem. Bis bald. Euer Silas

Paulus geht … zu weit?

Korinna, du siehst müde aus …

Na, Vater, wie auch nicht? Allein zu hören von den Mühen.
Paulus hat einmal gesagt, die Ernte könne immer nur so reich sein wie die Saat.

Und darum säte er dann reichlich …

Meine lieben Freunde in Jerusalem,

ihr fragt, ob Paulus Ruhe gibt? Oh nein, er ist wie eh und je.
Ich war sehr froh darüber, ihn zu sehen, und lud ihn in mein Haus.
Der alte Streit ist endlich überwunden, doch hat er, wie ich höre,
mit euch inzwischen Streit. Habt ihr ihm wirklich vorgeworfen,
dass er die Heiden allzu leicht zu Christen macht?
Er jedenfalls erzählt mir Tag und Nacht:
Wer glaubt, dass Jesus Christus lebt, der braucht den ganzen Mose nicht!
Und wenn ich's wage und ihm sage: Moses Gebote seien gut – dann
nickt er grimmig: Ja, gottlob!
Wer aber Jesus Christus liebt, der hält sie von allein.
Wenn Paulus nicht von Petrus spricht, so schreibt er wieder Briefe.

An die Korinther schrieb er gestern, sie sollten sich nicht streiten.
Das schreib doch auch dir selbst, bemerkte ich.
Da zeigte er mir wunderbare Worte:
Und bist du noch so klug, so gut, so freigebig –
wenn dir nicht Liebe deine Hände führt, bist du wie eine leere Vase.
Er zwinkerte und sagte: Doch wenn es Liebe ist, die dich bestimmt,
dann darfst du ruhig auch mal schelten.

Na ja, so ist er und ich hab ihn gern.
Doch glaub ich nicht, dass ich je
wieder mit ihm reisen will.

Friede euch und uns, Euer Barnabas

Wenn ich mit Menschen- und Engelszungen redete und hätte die Liebe nicht, so wäre ich ein tönendes Erz und eine klingende Schelle. Und wenn ich prophetisch reden könnte und wüsste alle Geheimnisse und alle Erkenntnis und hätte die Liebe nicht, so wäre ich nichts. Und wenn ich all meine Habe den Armen gäbe und ließe meinen Leib verbrennen und hätte die Liebe nicht, so wäre mir's nichts nütze.

1 Korinther 13, Verse 1 bis 3

Liebe Brüder und Schwestern in Jerusalem,

Groß ist die Diana von Ephesus!

Ihr wundert euch über den Satz?
Um ehrlich zu sein, ich kann ihn kaum ertragen.
Er klingt mir in den Ohren, bis ich schreien will.
Und auch wenn Paulus es nicht sagt, ich weiß:
Ihm geht's genauso.
Ich fang mal mit dem Anfang an.
Es ließ sich nicht vermeiden. Wir sind jetzt wieder unterwegs.
Barnabas hat sich geweigert, so traf es mich zum zweiten Mal,
Silas den Ängstlichen.
Paulus hat ja stets gesagt, in Ephesus sei er zu kurz gewesen.
So fuhren wir sofort nach Ephesus
und die Gemeinde freute sich und bat uns, dass wir blieben.
Dass die Gemeinde dadurch wuchs und wuchs,
war gut für uns – und schlecht.
Denn jetzt geht's um Diana.

Diana hat hier einen hoch berühmten Tempel.
Die Menschen reisen von weither, nur um Diana anzubeten.
Demetrius, der Silberschmied, verkauft am Tempel Silberbilder
der Göttin und des Tempels. Die nehmen viele gern als Andenken mit heim
und er verdient damit nicht schlecht.
Dieser Demetrius bekam es mit der Angst.
Denn Paulus predigte ganz klar:
Die kleinen Götterbilder sind in Wahrheit wertlos.
Wie könnte wohl ein Gott euch schützen, den ihr euch selbst gefertigt habt?
Wenn sie ihm glauben, dachte sich Demetrius, kann ich nichts mehr verkaufen.
Er suchte sich Verbündete und zog mit ihnen durch die Gassen.

Groß ist die Diana von Ephesus!, schrien sie
und sie behaupteten, dass wir der Göttin spotten.
Groß ist die Diana von Ephesus!
Sie schrien und nahmen uns gefangen.
Groß ist die Diana von Ephesus!
Sie schrien und ließen Ketten klirren.
Groß ist die Diana von Ephesus!

Trotz allem kamen wir davon und reisen weiter nach Philippi.
Demetrius fand einfach keinen Richter gegen uns.
Jedoch noch immer klingt es unauslöschlich mir im Ohr:

Groß ist die Diana von Ephesus!

Auf einmal wird mir klar: Das ist die Macht der alten Götter:
Nicht dass sie wahrhaft wirken – doch ihre Namen klingen nach.
Wann werden wir sie je vertreiben?

Es sendet Grüße, auch von Paulus, euer Silas

Ihr lieben Geschwister in Christus,

aus Troas gibt es eine kleine Sache zu berichten,
die fast ein wenig lustig ist.
Mal wieder hatte Paulus keine Ruhe. Wir kamen zwar erst abends an,
doch wollten wir am nächsten Morgen weiter.
Kommt, sagte Paulus, lasst uns keine Zeit verlieren.
Ich trag jetzt alles gleich auf einmal vor,
was ich mir vorgenommen hab zu sagen.
Passt nur gut auf – es geht um ewiges Leben.
Die Rede war sehr lang und schwer,
die Frage hieß: Wer kann vom Tod zum Leben auferstehen?
Bei Menschen, sagte Paulus, sind solche Wunder
wohl nicht möglich. Doch wenn Gott will,
wird auch das Wunderbarste wahr.
Auf einmal poltert es und kracht, als ob da eine Last zu Boden fällt.
Es ist ein junger Mann, der auf dem Fensterbrett gesessen hat.
Er mag wohl eingeschlafen sein
und stürzte rücklings auf die Straße.
Der Schrecken war zunächst sehr groß.
Er lag wie tot auf harten Steinen.
Dann sagte Paulus: Trauert nicht. Es ist ihm nichts geschehen.
Er legte eine Hand auf seine Stirn und rief den Jungen:
Nun steh auf!
Da ist der Junge langsam hochgekommen und ist ins Haus zurückgekehrt.
Soll niemand sagen, meinte später Paulus, dass meine Predigt tödlich wär.

Ich weiß: Die Christen reden nun, dass Paulus von den Toten weckt.
Ich aber denke: Wenn's ein Wunder war, dann war's das Wunder der Bewahrung.

Möge auch euch ein Engel Gottes fangen,
wenn ihr vor Schläfrigkeit einst stürzt.
In Christus, euer Bruder Silas

Ihr lieben Geschwister in Christus,

wir kommen heim und ich kann mich nicht freuen.
Die Zeichen stehen allzu schlecht.
Paulus ist ja immer felsenfest entschlossen – und so entschlossen
ist er nun, dass er Jerusalem besuchen muss.
Ich möchte beinahe fragen: Was werdet ihr ihm tun?
Natürlich weiß ich: Ihr doch nicht. Wenn, hat er andre Gegner …
Schon auf der ganzen Reise war Paulus wie gehetzt.
So ernst, so still, ihr würdet euch verwundern.
Und seit Philippi drängte er, er müsse unbedingt
zum Fest des Geistes bei euch sein.
Dann kam, was mir noch mehr zu denken gab:
Er nahm sich nicht mal Zeit für seine Lieblingsstadt!
Ephesus ließ er links liegen und bat nur die Gemeindeältesten,
ihn in Milet zu treffen.
Und wisst ihr, was er ihnen sagte?
Ich werde euch nicht wiedersehen, sagte er unumwunden.
Ihr müsst mit Gottes Segen aus eigner Kraft zu Christus stehen.
Warum?, hab ich ihn sorgenvoll gefragt. Warum nie mehr
nach Ephesus? – Ach, weißt du, Silas, es gibt andre Orte …
Ich hörte, er war nicht ganz ehrlich.
Paulus, was geschieht, wenn wir Jerusalem betreten?
Ja, glaubst du, ich kann hellsehen?, entgegnete er spöttisch.
Ich nehme an, das Gleiche, was uns auf unsren Reisen stets geschieht.
Wir ernten Spott und Ärger, erdulden Fesseln, Schläge, Ketten.
Wenn du nicht mit willst, Silas …
Ach, Unsinn, Paulus, darum geht es nicht.
Ich hab ihm wieder nicht geglaubt. Ich spürte: Er weiß mehr.

Und dann in Cäsarea, vielleicht hat es Philippus schon erzählt.
Wir waren seine Gäste und fanden's angenehm.
Da kam ein Mann von dort, wohin wir wollten,
und blieb vor Paulus stehen.
Er sah ihm lange ins Gesicht und streckte dann die Arme aus.
Komm, gib mir deinen Gürtel, verlangte er von Paulus.
Er hat sich mit dem Gürtel die Hände selbst gefesselt
und sich ein Stück entfernt.

Dann sprach er feierlich die fürchterlichen Worte:
Juden werden ihn binden,
Heiden werden ihn richten –
den Mann, dem dieser Gurt gehört –
wenn er Jerusalem betritt.
Der Fremde war ein Seher.

Ihr könnt euch denken: Wir wurden alle blass. Nur Paulus nicht.
Der schien mir sehr gefasst.
Paulus, riefen wir, geh nicht in Davids Stadt!
Meine Lieben, sprach er streng. Ich geh, wohin der Geist mich treibt.
Ihr solltet mich nicht hindern. Auch Jesus ging den schweren Weg –
glaubt ihr, ich mach's mir leichter?
Und später sagte er zu mir: Ob leben oder sterben,
sei ihm einerlei, wenn's nur dem Leben diene.

Ich sag euch: Mir ist's gar nicht einerlei! Ich bete, dass er lebt!

Betet mit mir, meine Geschwister in Gottes Namen, Euer Silas

Lieber Barnabas,

es ist geschehen! All das Schreckliche, vor dem mir graute –
es ist wahr geworden!
Unbeirrt ging Paulus nach Jerusalem,
unbeirrt reizte er Priester und Gelehrte,
unbeirrt ließ er sich fangen!
Ja, wirklich, ich meine es ernst: Er ließ sich fangen
und hätte doch entkommen können.
Die Anklage war falsch und albern:
Paulus führt die Heiden in den Tempel!
Und er beleidigt Gott.
Er ist der größte Frevler weit und breit.

Ich weiß nicht, wer zuerst die Worte rief. Doch schließlich riefen alle:
Fort mit ihm, nur fort!
Kreuzige, klang es stattdessen mir im Ohr,
kreuzige, kreuzige ihn.
So muss es wohl geklungen haben,
damals, als Jesus selbst sich fangen ließ …
Die Kläger waren aufgebracht und zornig.
Der Richter aber sah den Grund der Klage nicht.
Er wollte Paulus retten.
Paulus aber, ach, er hatte einfach keine Angst!
Er bat, er wolle reden – und er tat's. Und wie …

Wir wissen aber, dass denen, die Gott lieben, alle Dinge zum Besten dienen.

Römer 8, Vers 28

Er sagte, dass er sich geirrt hat. Dass er ein Pharisäer war
und ein Verfolger aller Christen. Dass Christus selbst ihn
eines Besseren belehrte. So dass er nun die Wahrheit kennt.
Ich glaub, sie hörten aber auch, was er nur dachte:
Dass er die Wahrheit kennt – sie aber nicht.
Du kannst dir denken, diese Rede wirkte nur das Eine:
Sie wurden noch viel zorniger und schrien immer mehr:
Fort mit ihm, nur fort …
Kreuzige, kreuzige ihn …
Ach, ich hab's gar nicht mehr ertragen.
Er aber, Barnabas, wie soll ich sagen:
Er zeigte ein Gesicht, als sei ihm alles recht …

Während ich dir diese Worte schreibe, sitzt Paulus im Gefängnis.

Ich bete … und ich zweifle, ob es nützt, Dein Silas

Lieber Silas,

du kennst doch Paulus besser, als du denkst.
Ich kann dir Hoffnung machen, denn
es ist ihm wirklich recht.
Gefangen zu werden?, hör ich dich erschrocken fragen.
Verleumdet, verspottet, verurteilt zum Tod?
Nein, das nicht. Noch nicht.
Doch was dahinter steckt …
In einer Nacht in Antiochia hat er es mir verraten:
Ja, wenn ich's so weit treiben könnte, dass ganz Jerusalem laut schreit:
So tötet, tötet ihn! – so sprach er beinah lächelnd – Dann könnte ich
darauf bestehen: Ein Bürger Roms wie ich darf nur in Rom
sein Urteil finden. Im Angesicht des Kaisers selbst.
Ich hab ihn damals ausgelacht. In Rom, vorm Kaiser,
willst du sprechen?

Das ist mein kühnstes Ziel, sprach Paulus,
die schwerste Pflicht, die Gott mir auferlegt.
Bin ich nicht berufen, den Heiden zu sagen, wer Christus ist?
Ist nicht der Kaiser der größte und mächtigste unter den Heiden?
Ja, Barnabas, ich muss nach Rom.
Und wie?
Ich glaub: in Ketten …

Also, mein Freund, beruhige dich – und traue den Gebeten.
Denn was die Gebete von Paulus betrifft,
die werden ganz gewiss erhört.

Dein Barnabas

Mein lieber Barnabas,

wie Recht du hattest! Denn Paulus *hat*
darauf bestanden, nach Rom gebracht zu werden.
Ich sah ihn noch, bevor er aufbrach, gefangen und gebunden.
Ich sah ihn noch – und sah ihn lächeln.
Was für ein wild entschlossner Mann!
Und weißt du, als er ging, gefangen und gebunden,
da schien er mir der allerfreiste Mensch!

Barnabas – er hat ja nichts zu fürchten!
Wie er mir einmal sagte: Wenn Gott auf meiner Seite ist –
was soll mir dann gefährlich werden?

Er kennt ja keine Grenzen.
Er will die Welt erreichen – und erreicht sie.
Er hat ja keine Wünsche offen.
Er sagt es oft: An Jesu Seite fehlt ihm nichts.

Auf einmal sah ich ihn, an Bord des Schiffes,
Richtung Rom. Er stand ganz vorn am Bug
und sang ein lautes Lied des Lobs:

Zur Freiheit hat uns Christus befreit!

Galater 5, Vers 1

Das Lied der wahren Liebe

Gottes Liebe hat ein großes Herz
und einen langen Atem,
Gottes Liebe ist nicht gierig und ungeduldig,
sie spielt sich nicht auf
und sie spielt nicht mit dir.

Gottes Liebe musst du nicht prüfen,
sie will dich nicht locken und täuschen.

Gottes Liebe wird nicht bitter und hart,
sondern vergisst, was nicht gut war.
Sie hat keine Freude an Unrecht und Strafe,
sondern freut sich allein an der Wahrheit.

Alles deckt sie zu mit einem Mantel aus Samt,
alles glaubt sie, alles hofft sie.
Und sie wird bleiben,
was immer geschieht.

Und er gebot den Winden,
so wie es einmal Jesus konnte,
und rief den Winden fröhlich zu:
Tragt nun die Gute Botschaft
der Liebe, die den Tod besiegt,
an aller Welten Enden –
aus meinem schwachen Mund!
Ich glaube, er wird's schaffen … Dein Silas

Vater, sag mir: Hat er es geschafft?

Er kam nach Rom, oh ja, und die Gute Nachricht wandert durch die Welt. Jedoch nicht gar so schnell, wie Paulus hoffte.
Wie sang einst Mose: Tausend Jahre sind vor Gott wie ein Tag?

Bis dahin, Vater, lass uns festhalten, was wir von Petrus und Paulus wissen.

Worte des Gott-bei-uns

Am Anfang und am Ende ist Gott

Am Anfang
sprach Gott:
Ich will nicht mehr
allein sein.

Und wie er es sagte,
geschah es.

Sein Wort wurde Welt:
Himmel, Sonne, Mond und Sterne.

Sein Wort wurde Erde:
Berge und Seen, Pflanzen und Tiere.

Sein Wort wurde Mensch:
Mann und Frau und viele Kinder.

Sein Wort wurde der eine Sohn,
der aus Liebe den Tod besiegt.

Am Ende kehrt
das Wort zu Gott zurück
und bringt ihm,
was geworden ist.

Himmel, Sonne, Mond und Sterne,
Berge, Seen, Pflanzen, Tiere,
Mann und Frau und alle Kinder –
und Liebe.

Welche Fülle!

Am Anfang war das Wort,
und das Wort war bei Gott,
und Gott war das Wort.

In ihm war das Leben,
und das Leben war das Licht
der Menschen.

Johannes 1, Verse 1 + 4

Fürchte dich nicht! Ich bin der Erste und
der Letzte und der Lebendige.
Ich war tot, und siehe, ich bin lebendig von
Ewigkeit zu Ewigkeit und habe die Schlüssel
des Todes und der Hölle.

Offenbarung 1, Vers 18

Johannes lehrt: Wie Gott sich den Menschen zeigt

Johannes, der Lehrer, ist noch nicht lange Christ.
Er bewundert die Philosophie, die schweren Gedanken über den Kern und den Sinn des Lebens.
Am meisten liebt er Geheimnisse, Dinge, die außen anders aussehen, als sie innen sind.
Er ist Christ geworden, als er merkte: Jesus Christus ist so ein Geheimnis.
Sein Erdenleben war ein Rätsel, sein Sterben unvernünftig, sein ewiges Leben aber – das größte Geheimnis aller Zeiten.

Nach seiner Taufe haben die Ältesten der Gemeinde beschlossen:
Johannes soll Lehrer sein.
Er soll den Kindern von Jesus erzählen.
Warum gerade ich?, sagt Johannes. Ich bin sehr gebildet. Ich kann sogar die Klügsten und Weisesten unter euch lehren. Ja, sagt der Erste der Alten. Darum.

Malt Jesus als Lamm.

Als Lamm? Wir haben gelernt: Er ist Hirte.

Er ist auch das Lamm.

Du meinst: *wie* ein Lamm. So freundlich und geduldig
wie ein Lamm, ganz ohne Klauen und Zähne.
Mit einem warmen, weichen Pelz.

Das ist noch nicht alles.
Sagt, was macht man denn mit einem Lamm?

Streicheln?
Auf die Schultern legen und heim tragen?

Was macht man mit einem Lamm, wenn man Hunger hat?
Schlachten, braten, essen – oder nicht?

Ich würd mich lieber anschmiegen …
Aus der Wolle kann man einen Mantel machen –
das tut dem Lamm nicht weh!

Siehe, das ist Gottes Lamm,
welches der Welt Sünde trägt.

Johannes 1, Vers 28

Das Wort vom Brot

Wie können wir Jesus sonst noch malen?

Als Brot. Jesus hat gesagt: Er ist das Brot.

Brot ist gewöhnlich, wie alle Tage.

Stellt euch vor, ihr hättet den ganzen Tag nichts gegessen,
ihr hättet Unterricht gehabt, von morgens bis abends.
Stellt euch vor, ich wäre mit euch an einen einsamen Ort
gegangen und hätte dort zu euch gesprochen.
Ihr habt vergessen, Essen mitzunehmen. Jetzt ist Abend …

Das kann ich mir kaum vorstellen, an Brot denk ich immer …

Ihr habt aber nicht daran gedacht!!

Na gut … dann würd ich jetzt machen, dass ich nach Hause
komme. Da ist Mutter und hat ein frisches, warmes Brot für mich.

Es ist zu weit. Stellt euch vor, es ist zu weit.
Ihr seid auch schon viel zu hungrig um zu laufen.

Dann warte ich, bis Vater kommt und mich holt.
Er weiß ja, wo ich bin und dass ich Hunger habe. Mutter wird ihm
Brot für mich mitgeben.

Nein! Sondern der Lehrer, der euch gelehrt hat –
der hat ein wenig Brot dabei …

Wirklich? Warum hast du das nicht gleich gesagt?

Er hat ein wenig Brot dabei, aber es ist zu
wenig für euch alle. Was macht er?

Teilen? Er könnte es teilen …

Das würde nichts nützen. Also, gewöhnliches Teilen
würde nichts nützen. Aber er segnet das
Brot und dankt Gott dafür – und da, auf einmal
reicht es für alle! Und es bleibt sogar noch etwas übrig!

Na siehst du … und jetzt malen wir ein
ganz alltägliches Brot. Dass Jesus für uns sorgt,
das ist ja schließlich auch alltäglich …

Jesus Christus spricht:
Ich bin das Brot des Lebens.
Wer zu mir kommt,
den wird nicht hungern.

Johannes 6, Vers 35

Das Zeichen des Weins

Sollen wir wieder ein Bild malen?

Heute geht es nicht um ein Bild von Jesus.
Heute geht es darum: Was passiert, wenn Jesus bei uns ist?

Dann sind alle fröhlicher …

Hört erst mal zu, was ich erzählen will. Stellt
euch eine Hochzeit vor. Alle sind fröhlich …
Es gibt gutes Essen. Und Wein.

Was hat das mit Jesus zu tun?

Jesus ist auch da.

Oh!

Ja, Jesus ist auch da. Und nun stellt euch vor:
Als das Fest am schönsten ist – da flüstern auf
einmal die Diener dem Gastgeber zu:
Herr, so ein Unglück … der Wein ist alle.

Na, die kriegen Ärger …

Sie haben Glück: Zufällig steht Maria, Jesu Mutter,
in der Nähe und hört von der peinlichen Lage.
Macht euch keine Sorgen, sagt sie munter. Ich hole meinen Sohn.
Der bekommt das schon hin!

Also, wenn ich Jesus wär: Ich würd den Leuten sagen:
Man kann auch ohne Wein fröhlich sein.
Ja, ich würde ihnen sagen: Seht doch, ich bin bei euch.
Was braucht ihr noch mehr?
Ich würde ihnen einen Krug mit Wasser hinstellen und sagen:
Wer wirklich Durst hat, der kann Wasser trinken.

Ich hab gesagt, ihr sollt zuhören! Lasst mich weiter erzählen.
Maria läuft also zu Jesus und sagt: Komm, mein Junge, es ist Zeit;
nun zeig mal, was du kannst. Jesus erschrickt. Wisst ihr,
er hat noch niemandem erzählt, dass er Gottes Sohn ist.
Nur seine Mutter weiß Bescheid. Glaubst du wirklich,
es ist Zeit, Mutter?, fragt er sorgenvoll. Und wenn –
müsste ich nicht etwas Größeres tun als Wein heranzuschaffen?
Maria versteht ihn nicht. Ich wüsste nicht, womit du ihnen
eine größere Freude machen könntest. Tu es. Und was macht Jesus?

Ich bin immer noch dafür, einfach ein paar Krüge Wasser
hinzustellen.

Jesus zeigt den Dienern die Wasserfässer und sagt:
Schenkt davon aus.

Siehst du!

Aber, jetzt passt auf: Als sie das Wasser probierten,
war es wunderbarer Wein.

Ja, klar. Weil Jesus dabei war!
Wo Jesus ist, ist Freude. Da ist es doch kein Wunder,
wenn das Wasser plötzlich wie Wein schmeckt!

Das Wort vom Wasser des Lebens

Meine Mutter meint, dass Wasser besser zu Jesus passt als Wein. Hier, sieh mal: Ich habe Jesus als Quelle gemalt. Aber so klar und so wahr, wie er wirklich ist, kann ich ihn natürlich nicht malen. Du musst dir das alles noch viel schöner vorstellen. Du musst dir einfach vorstellen: Du siehst durch ihn hindurch bis in Gottes Herz.

Was wisst ihr schon von Gottes Herzen?
Das mit dem Wasser ist ja nicht verkehrt …
Jesus ist einmal durch Samarien gereist, Samarien,
ihr wisst schon – die Leute da beten nicht im Tempel,
sondern auf einem Berg und deshalb halten wir uns lieber von ihnen fern.
Jedenfalls: Jesus reiste durch Samarien und kam an einen Brunnen.
Er hatte Durst, aber er hatte nichts zum Schöpfen. Da kam eine Frau
aus dem Dorf, mit einem Krug. Die wollte Wasser schöpfen.

So ein Glück! Da konnte sie ihm gleich was abgeben!

Habt ihr nicht zugehört? Ich sagte: Samarien.
Darf ein Jude aus dem Krug einer Samaritanerin trinken?

Es kommt auf das Wasser an, nicht auf den Krug, oder?

Jesus bat die Frau tatsächlich um Wasser. Sie aber wunderte sich
und fragte: Willst du wirklich aus meinem Krug trinken?
Und Jesus sah sie an und sagte: Frau, wenn du wüsstest,
wer der ist, der dich um Wasser bittet, du wüsstest: In Wahrheit
musst du *ihn* um Wasser bitten.

Willst du noch mal mein Bild von Jesus als Quelle sehen?

Lenk nicht ab! Die Frau hat genau überlegt, bevor sie antwortete.
Sie merkte wohl, dass Jesus weise war. Herr, fragte sie vorsichtig,
dieser Brunnen ist heilig. Schon Jakob hat daraus getrunken.

Wie kommt sie jetzt auf Jakob? Sie hat doch Jesus nicht erkannt.

Hat Jesus ihr dann endlich reinen Wein eingeschenkt – also:
Wasser, mein ich?

Jesus sagte: Wer aus Jakobs Brunnen trinkt, wird wieder durstig werden.
Wer aber das Wasser trinkt, das ich ihm gebe, der hat für immer genug.
Dann hat Jesus die Frau angesehen und ihr auf den Kopf zugesagt,
dass sie in ihrem Leben viele falsche Wege gegangen ist
und dass sie nicht mit sich im Reinen ist.
Und da wusste die Frau, dass er Christus ist, Gottes Hüter und Heiler.

Irgendwas in ihrem Leben war trübe …
Vielleicht wäre es besser, nicht nur an der Quelle zu trinken,
sondern auch zu baden.

Das Märchen vom Heilwasser

Wir haben neulich über Wasser gesprochen, nicht wahr?
Wasser, durch das man heil werden kann.
Es geht aber auch ohne Wasser.

Manchmal, wenn es mir schlecht geht, genügt es, wenn Mutter ein Lied singt. Dann geht es mir gleich wieder gut.
Oder wenn ich mein Knie aufgeschlagen habe: Dann pustet Mama und summt. Und schon fliegen die Schmerzen davon.

Stellt euch vor: Es gibt einen Teich, Betesda.
Man sagt, dass ab und zu ein Engel vorübergeht
und das Wasser des Teichs berührt. Wer dann zuerst hineinsteigt,
wird von all seinen Gebrechen geheilt. Ihr könnt euch denken,
dass alle Kranken, die keine andere Hoffnung auf
Heilung hatten, am Ufer des Teiches warteten und hofften …

Ganz schön ungerecht. Die, die nicht schnell laufen können,
haben ja gar keine Chance …
Überhaupt … was muss das für ein Gedrängel geben!
Ich wette, da ist jeder sich selbst der Nächste.

Einer von denen, die da am Ufer liegen und warten,
ist schon achtunddreißig Jahre krank.
Und beinahe genauso lange liegt er und wartet.
Wie ihr sagt: Er hat gar keine Chance. Denn
niemand hilft ihm, rechtzeitig ins Wasser zu kommen.

Das ist keine schöne Geschichte. Erzähl uns lieber von Jesus.

Wartet doch ab! Einmal also kommt Jesus an den Teich Betesda.
Und er sieht den Kranken da liegen.

Ausgerechnet diesen einen?
Wahrscheinlich, weil er so hoffnungslos aussieht …

Er fragt ihn: Willst du gesund werden?

Siehst du? Das fragt er, weil er so hoffnungslos aussieht.
Darum spricht Jesus ihn an.

Und der Mann sagt: Ja, Herr, natürlich. Aber wenn keiner mir hilft …
Na, mach schon, sagt Jesus zu ihm. Steh auf, nimm dein Bett und geh.
Da ist der Mann gesund. Den Teich braucht er nicht mehr.

Es geht auch ohne Wasser.

Das Wort vom Licht

Habt ihr schon einmal in einem richtig finsteren Loch gesessen,
in einer Höhle vielleicht oder in einem Raum ohne Fenster?

In Höhlen ist es nicht finster. Da ist es bloß dunkel.
Ich klettere gern in Höhlen.
oder ich bau mir welche. Da bin ich ganz für mich.
So wie unter der Bettdecke. Da bin ich geborgen.

Dann denkt an Nacht, finstere schwarze Nacht.
Kein Stern ist am Himmel. Ihr seht nicht
mehr, wohin ihr geht. Ihr verirrt euch.

Finster ist was anderes. Finster ist ein Gefühl. Wenn ich mich
verstecke und keiner sucht mich – das ist finster.
Oder wenn ich aus lauter Übermut einen Stein werfe und der
Stein verletzt jemanden – das ist finster.
Am finstersten ist, wenn ich das dann nicht zugeben kann.
Dann bin ich klein und hässlich und möcht mich verkriechen …

Jesus sagt: Er bringt Licht in finstere Löcher.
Er sagt sogar: Er *ist* das Licht der Welt.

Wahrscheinlich hat er nicht Helligkeit gemeint. Die blendet in
den Augen. Wahrscheinlich meint er Wärme, wie zum Beispiel,
wenn dich einer in den Arm nimmt.

Jesus Christus spricht:
Ich bin das Licht der Welt.

Wer mir nachfolgt,
der wird nicht wandeln
in der Finsternis,
sondern wird das Licht
des Lebens haben.

Johannes 8, Vers 12

Das Geschenk

Sieh mal: Das habe ich geschenkt bekommen.

Was ist das?

Siehst du nicht: Es ist wertvoll!

Ich sehe einen Stein. Einen Kiesel aus dem Fluss.
Gewiss, er hat eine schöne Farbe.

Siehst du nicht: Er ist wertvoll.

Die Wellen haben ihn glatt geschliffen. Er ist beinah rund.
Du hast wohl lange danach gesucht?

Nichts, was ich mir selbst suche, kann so wertvoll sein.

Ein anderer hat ihn gesucht?

Gesucht und gefunden und sehr geliebt
und dann mir geschenkt.
Das ist die Antwort auf die Frage nach seinem Wert.

Denn also hat Gott die Welt geliebt,
dass er seinen eingeborenen Sohn gab,
auf dass alle, die an ihn glauben,
nicht verloren werden,
sondern das ewige Leben haben.

Johannes 3, Vers 16

Ein Bild von Gott?

Ich habe ein neues Rätsel für euch.
Jesus hat einmal gesagt: Gott und ich – wir sind beide ganz gleich. Könnt ihr euch das vorstellen?

Sollen wir es malen? Sollen wir Jesus als Gott malen?

Geht das denn? Ist Gott denn nicht viel zu groß für ein Bild? Ich glaube, wenn man die ganze Erde, das Meer und den Himmel nähme, wäre das immer noch nicht genug Platz, um Gott darauf zu malen.

Außerdem ist es verboten. Mein Vater sagt, dass Mose verboten hat, sich Bilder von Gott zu machen.

Ihr seht: Das mit dem Malen ist keine gute Idee.
Wir müssen uns aufs Nachdenken beschränken.

Das ist schwer …
Warum malen wir Gott nicht als Brot und Wein, als Schaf – oder auch als guter Hirt?

So haben wir ja schon Jesus gemalt.

Genau! Wie du gesagt hast: Gott und Jesus sind gleich! – Wir könnten ihn auch als Heiler malen oder wie er die Kinder segnet.

Ihr wolltet Jesus als Gott malen.

Wir drehen es einfach um: Wir malen Gott als Jesus.
Sieh mal: Jetzt passt er sogar in meine Handfläche!
Gott, der wie Jesus ist. Ich kann ihn mit nach Hause nehmen und immer bei mir haben.

Jesus spricht:
Wer mich sieht, der sieht den Vater.

Johannes 14, Vers 9

Das Bild vom Engel

Was ist ein Engel?

Gestern rief mich meine Mutter und gab mir ein frisches Brot.
Sei ein Engel, sagte sie. Bring das aufs Feld zu Ben.
Das ist mein großer Bruder. Und als ich es ihm brachte, sagte er:
Du bist ein Engel.

Ein Engel ist ein Bote Gottes.
Er nimmt Gottes Worte und bringt sie zu den Menschen –
genauso, wie Gott sie ihm gesagt hat.
Er lässt nichts aus, verändert nichts und tut auch nichts dazu.

Das ist keine leichte Aufgabe. Ich musste weit laufen und
es war heiß. Und eigentlich hätte ich das Brot gern selbst gegessen.
Aber ich versichere dir, als ich es meinem Bruder gab,
hat nicht ein einziger Krümel gefehlt.

Ein Engel hat keinen eigenen Willen.
Er will vollkommen, was Gott will.
Er ist wie eine Vase, in die Gott seinen Willen hineinschüttet.

Ich habe natürlich gehofft, dass Ben mit mir teilt.
Aber er hat nicht daran gedacht. Ich wollte ihn bitten, aber dann
sah ich, wie hungrig und erschöpft er war. Er hat das ganze
Feld umgegraben, all die Steine abgesammelt. Und ich dachte:
Er hat das Brot viel nötiger als ich. Ich hab gar nichts gesagt
und bin nach Hause gelaufen.

Jesus sagt auch, er tut den Willen Gottes,
sonst nichts. Es gibt nur einen Unterschied.
Gott ist sein Vater.
Wisst ihr, was das bedeutet?

Als ich nach Hause kam, hatte Mutter noch einmal gebacken.
Kuchen diesmal, diese ganz kleinen, die ich am allerliebsten mag.
Für dich, sagte sie.

Eine Frage des Vertrauens

Stellt euch vor, ihr seid Schafe.
Schafe wissen nicht viel.
Ihr wisst, dass ihr gutes Gras fressen müsst.
Ihr wisst, dass es andere Lebewesen gibt, die euch fressen.
Mehr wisst ihr nicht.

Wir müssen immer dicht zusammen bleiben.
Dann können wir uns gegenseitig schützen.

Ihr wisst auch nicht, wo gutes Gras wächst.
Doch da kommt eines Tages ein Hirt.
Er hat einen weiten Mantel und einen Stab.
Er sagt: Kommt mit. Ich zeige euch gute Weide.

So ein Glück, wir gehen gern mit!

Ihr solltet aber vorsichtig sein. Woher wollt
ihr wissen, dass dieser Hirt es gut mit euch meint?

Du hast es selbst gesagt: Wir wissen nichts.
Wir müssen einfach trauen …

Worauf?

Er ist Hirt, nicht wahr?

Und wenn er sich verstellt?

Er hat einen Stab und einen Mantel, nicht wahr?

Und wenn er sich verkleidet hat?

Wir sind Schafe, nicht wahr?
Wir trauen lieber darauf, dass er ist, was er ist.

Warum?

Was sollen wir sonst machen?
Dableiben und verhungern?
Wir sind doch keine dummen Schafe!

Wer glaubt, hat das ewige Leben.

Johannes 6, Vers 47

Das Zeichen des Hirten

Mein Vater hat gesagt, Schafe sind gar nicht so dumm.
Sie kennen die Stimme ihres Hirten – und mit keinem anderen würden sie gehen.

Jesus hat gesagt, er sei ein solcher Hirte.
Die Schafe folgen ihm und vertrauen ihm
und er führt sie zur guten Weide.

Hinführen reicht nicht.

Wie bitte?

Hinführen kann ja gar nicht reichen.
Der Hirt muss da bleiben und die Schafe bewachen,
wenn sie fressen. Sonst kommen wilde Tiere
und fressen die Schafe.

Bewachen reicht auch nicht.
Jesus sagt: Er gibt sein Leben für die Schafe.

Also, wenn wilde Tiere kommen, dann kämpft er?

Nein, dass er für sie kämpft, hat er nicht gesagt.
Er hat gesagt: Er stirbt für sie.

Wenn er stirbt, sind sie allein. Das ist für alle schlecht.
Für ihn und für sie.

Sie dürfen auf der guten Weide bleiben.
Und der Hirt wacht besser über sie als je zuvor.

Wie? Obwohl er tot ist?
Gib's zu: Das Bild ist falsch.
Jesus ist mehr als ein Hirte.

Ich bin der gute Hirte. Der gute Hirte lässt sein Leben für die Schafe.
Ich bin der gute Hirte und kenne die Meinen und die Meinen kennen mich.

Johannes 10, Vers 11 + 14

Das Wort vom Sehen

Einmal hat Jesus einen jungen Mann sehend gemacht,
der sein Leben lang blind gewesen war.
Wer von euch kann sich vorstellen, wie das ist: blind sein?

Zum Beispiel im Dunklen. Du denkst, da ist der Weg.
Aber du rennst gegen eine Wand.
Oder wenn man was sucht: Du schaust und schaust und siehst
es nicht. Und dann kommt deine Schwester und sagt:
Guck mal, da ist es doch!
Oder die ganz kleinen Sachen – Staub oder Salz im Wasser.
Du siehst nichts davon, aber es ist doch da.

Ich spreche von *echter* Blindheit.

Viele Menschen sind blind für ihre eigenen Fehler.
Oder für die Sorgen der anderen.

Gut, also der junge Mann hat von Geburt an nie irgendwas
sehen können, weder Großes noch Kleines, weder Gutes noch
Schlechtes. Dann kam Jesus und hat ihm einen Brei aus Erde
über die Augen gestrichen und da konnte er auf einmal sehen.

Was hat er da gemacht?

Er ist nach Hause gegangen. Die Nachbarn sahen ihn kommen.
Sie sagten: Bist du der Blinde? Er sagte: Ich war blind, aber jetzt
kann ich sehen. Sie aber schüttelten die Köpfe und sagten:
Nein, du siehst nur so ähnlich aus wie der Blinde. Aber du bist es nicht.

Na, die sind ja selbst ganz schön blind!

Der junge Mann erzählte ihnen, was Jesus getan hatte. Sie
aber schüttelten die Köpfe und sagten: Das kann Jesus nicht.

Blind! Vollkommen blind!

Er hat's getan, sagte der junge Mann. Warum freut ihr euch nicht mit mir?
Jesus darf keine Wunder tun, sagten sie. Wunder tut nur Gott.
Aber er hat für mich ein Wunder getan, beharrte der Mann.
Vielleicht, dass er wirklich von Gott kommt?
Unsinn, rufen sie. Das würden wir ja *sehen!*
Wisst ihr, sagte Jesus später, als er von dem Streit erfuhr:
So geht es mir immer: Die einen mache ich sehend, aber viele andere blind.

Wenn er sich da nicht irrt!
Die *wollen* einfach nicht sehen!

Die Sache mit dem Tod

Was ist schlimmer als Kranksein?

Sterben.

Was ist schlimmer als Sterben?

Nichts, nichts ist schlimmer als Sterben.

Tot sein?

Nicht immer. Tot sein ist ja der Anfang von etwas Neuem.

Wie meint ihr das?

Ein Korn, zum Beispiel. Du tust es in die Erde.
Da liegt es, tot und begraben. Aber dann wächst eine neue Ähre.
Ein Blatt welkt und fällt. Da liegt es, tot und zerfallen.
Aber am Zweig wächst ein Neues.
Die Raupe macht sich selbst ein Grab. Da liegt sie, tot.
Aber dann schlüpft ein Schmetterling.

Jesus konnte mehr als das. Hört zu, ich erzähle euch, was er konnte.
Einmal hörte Jesus, dass Lazarus gestorben war.
Lazarus war ein guter Freund von ihm und Jesus eilte rasch
zu Lazarus' Haus, um die Schwestern zu trösten, die um ihn weinten.
Als Jesus ankam, war Lazarus schon vier Tage tot
und sie hatten ihn in ein Leichentuch eingewickelt und
in ein Felsengrab gelegt. Die Schwestern kamen Jesus weinend
entgegen und riefen: Ach, Jesus, wärst du da gewesen, dann hättest
du ihn retten können! Reicht denn Gottes Liebe nicht weiter
als bis an die Schwelle des Todes?, fragte Jesus. Und er stellte sich
vor das Grab und rief nach seinem Freund. Da kam Lazarus
wieder heraus. Das Leichentuch schleifte hinter ihm her, aber
er lachte und war so lebendig wie immer.

Ich wette: Er war sogar lebendiger!

Wie meinst du das?

Vor lauter Freude!
So wie ein frisches Blatt lebendiger ist als ein welkes,
eine Ähre reicher als ein Korn
und schöner als die Raupe der glänzende Schmetterling.

Ich bin die Auferstehung
und das Leben.
Wer an mich glaubt,
der wird leben,
ob er gleich stürbe.

Johannes 11, Vers 25

Das Zeichen des Königs

Woran erkennt ihr einen König?

Einen guten oder einen schlechten?

Ich meine: Was hat er an? Was trägt er?

Wenn ich an Herodes denke … Der hatte bestimmt seidene Kleider, einen Mantel aus Samt und an jedem Finger einen dicken, goldenen Ring.

Ihr habt noch etwas Wichtiges vergessen.

Herodes hatte natürlich auch eine Krone.
Schwer war die vor lauter Edelsteinen.

Betont doch nicht immer, dass ihr Herodes beschreibt. Andere Könige sehen ja genauso aus; auch Salomo, auch David.

David stelle ich mir immer in seinem zerrissenen Unterkleid vor. Wie er um seinen Sohn trauert oder um Jonatan, seinen besten Freund.

Aber woran erkennst du, dass er ein König ist?
Mit einem zerrissenen Unterkleid könnte ja jeder kommen.

Er hat eine Delle in den Haaren.
Da, wo sonst die Krone sitzt, sind seine Haare zerdrückt.

Also, das kommt mir reichlich fantastisch vor.

Ich erklär dir mal den Unterschied.
Die schlechten Könige, wie Herodes, die haben ihre Krone an den Kopf geklebt. Sie können sie überhaupt nicht mehr ablegen und auch die schönen Kleider nicht und nicht die goldenen Ringe.
Die guten Könige aber, wie David, die legen ihre Krone oft zur Seite.
Dann, nur dann solltest du ihnen trauen.

Dienen

Was tut ein Herr?

Er gibt Befehle.

Was ist das Gegenteil von einem Herrn?

Ein Diener.

Was tut ein Diener?

Er dient.

Was meint ihr: Einem anderen die Füße waschen –
ist das eine Arbeit für einen Herrn oder für einen Diener?

Einmal, als meine Mutter einen weiten Weg gelaufen war und müde und kaputt heimkam, da hat mein Vater sich vor sie hingekniet und ihr ganz sanft und behutsam die Füße gewaschen. Aus lauter Liebe.

Ich will etwas anderes erzählen.
Damals, als Jesus wusste, dass man ihn bald verhaften würde, da hat er ein letztes Mal mit seinen Jüngern zu Abend gegessen. Und auf einmal stand er auf, legte seinen Umhang ab und begann den Jüngern die Füße zu waschen.

Aus lauter Liebe.

Seid doch mal still! Petrus ist furchtbar erschrocken.
Nein, Meister, rief er. Das darfst du nicht tun.
Das ist die Arbeit eines Dieners! Er hat sich einfach geweigert, Jesus seine Füße hinzuhalten.
Aber Jesus hat ihn angeschaut und gesagt: Bitte, Petrus, lass es dir gefallen. Ich will dir etwas zeigen.
Wenn ich dir nicht die Füße wasche, wirst du mich nicht verstehen.
Dann wasch mich ganz, rief Petrus. Aber Jesus hat ihn angeschaut und gesagt: Darum geht's nicht, Petrus.

Und weiter?

Das ist alles. Jesus hat Petrus und den anderen die Füße gewaschen.
Und das ist alles.

Ein Beispiel habe ich euch gegeben, damit ihr tut, was ich euch getan habe.

Johannes 13, Vers 15

Das Wegzeichen

Stellt euch vor, ihr seid in der Wüste.
Ihr habt euch verirrt. Kein Weg weit und breit und, schlimmer, kein bisschen Wasser.

Wie spät ist es?

Die Sonne steht hoch am Himmel.
Sie brennt unbarmherzig auf euch herab.

Ich setze mich hin, ziehe meinen Umhang über den Kopf und warte.

Worauf?

Dass es dunkel wird. Ich wandere nur nachts.
Da ist es kühl. Manchmal fällt sogar Tau. Und ich kann klarer denken.

Du kommst an ein Wegzeichen.

An ein Wegzeichen? Mitten in der Wüste?

Es sind drei Pfeile. Der eine zeigt geradeaus.
Darauf steht mit großen roten Buchstaben: Gott.
Der zweite zeigt nach links. Darauf steht in großen goldenen Buchstaben: Gott.
Der dritte zeigt nach rechts. Darauf sind Felsen, Bäume und einige Hütten gemalt.

Ich geh nach rechts.

Warum?

Da sind Menschen! Die werden mir helfen.

Aber hast du denn nicht zugehört?
Auf den anderen beiden Pfeilen steht: Gott!

Die sind nur für Engel.

Wollt ihr denn nicht lieber zu Gott?

Weißt du: Auf dem rechten Pfeil, ganz klein, zwischen den Hütten, da steht ein altes, verwittertes Kreuz.

Ich bin der Weg, die Wahrheit und das Leben; niemand kommt zum Vater denn durch mich. Denn wenn ihr mich erkannt habt, werdet ihr auch den Vater erkennen.

Johannes 14, Vers 6

Das Bild vom Weinstock

Malt Jesus als Weinstock.

> Du meinst, weil er tiefe Wurzeln hat und
> nicht sehr hoch wächst?
> Weil er sich nicht selbst schützen kann
> und gute Pflege braucht?

Was redet ihr denn da?
Ich meine, weil er Reben hat.

> Reben wie Arme, die sich festhalten können
> und hochziehen.
> Reben wie Arme, die andere umarmen können.

Ich meine: Reben wie euch und wie mich.
Brüder und Schwestern, die von ihm abhängen.

> Sie haben Lebenssaft von seinem Lebenssaft.
> Aber woher bekommt er selbst seinen Lebenssaft?

Er hat ja Wurzeln.
Ihr malt also einen Weinstock mit Reben und Wurzeln,
meinetwegen. Was noch? Was müsst ihr noch malen?

> Trauben?

Trauben, ja. Wo wachsen die?

> Die wachsen an den Reben.

Seht ihr! Könnt ihr euch jetzt denken, warum Jesus gesagt hat:
Ich bin der Weinstock, ihr seid die Reben?

> Er braucht uns, nicht wahr?
> Er hätte gar keine Trauben, ohne uns …

Wer in mir bleibt und ich in ihm,
der bringt viel Frucht;
denn ohne mich könnt ihr
nichts tun.

Johannes 15, Vers 5b

Siehe, das ist dein Sohn!

Viele Menschen haben Jesus sehr lieb gehabt,
als er bei uns auf der Erde war.

Die haben ihn immer noch lieb.
Das hört doch nicht auf.
Bloß weil einer stirbt, muss man nicht aufhören, ihn zu lieben.

Aber es ist anders, nicht wahr?
Ich meine: Wenn einer tot ist, dann sieht
man ihn nicht mehr. Man kann nicht mehr
wie gewohnt mit ihm reden. Man kann ihn nicht anfassen …

Er ist aber auferstanden. Und dieser eine
Jünger, der es nicht glauben wollte, der durfte den
Auferstandenen ganz normal anfassen …

Davon erzähle ich später. Hört zu: Viele Menschen
haben Jesus sehr lieb gehabt. Und sie waren sehr traurig darüber,
dass er sterben musste.

Seine Mutter wohl, Maria. Meine Mutter wäre auch traurig.
Und seine Jünger. Die hatten ja alles aufgegeben,
nur um mit Jesus zusammen zu sein.
Das waren nicht nur Männer …

Sein bester Freund war Johannes.

Du heißt ja auch Johannes.

Ja … Johannes stand unter dem Kreuz und es kam ihm so vor,
als ob er starr und hart würde wie das Holz.
Er konnte den Arm nicht mehr heben und
seine Hand nicht mehr öffnen vor lauter Starrheit.

Er war bestimmt furchtbar allein.

Aber nein. Maria stand neben ihm, und auch noch andere Frauen.

Aber das hat er doch in dem Augenblick gar nicht gemerkt.
Er war einfach bloß allein.

Jesus tat es Leid, wie Johannes da stand und sich nicht mehr bewegte.
Und Maria stand daneben und ihre Hand war kalt und leer.

Wie zwei lose Enden …

Da sagte Jesus auf einmal zu Johannes:
Sieh mal, Johannes: Das ist jetzt deine Mutter.
Und zu Maria sagte er:
Sieh mal, Mutter, das ist dein Sohn.

Da hat er die beiden Enden zusammengeknüpft.
Und all die anderen losen Enden? Du hast doch gesagt:
Viele Menschen waren traurig, als Jesus sterben musste?

Jesus hat gesagt: Alle, die ihn lieben,
sollen sich untereinander auch lieben.

Das finde ich gut!
Da macht er aus allen losen Enden ein Netz.

Das ist mein Gebot,
dass ihr euch untereinander liebt,
wie ich euch liebe.

Johannes 15, Vers 12

Eine Frage des Glaubens

Was bedeutet: glauben?

So leben, als ob du Gottes Kind bist.
So leben, als ob Gott es gut mit dir meint.
So leben, als ob Gott dich auf jeden Fall beschützt.

Aber was hat das dann mit Sehen zu tun,
mit Anfassen, mit Prüfen?

Nichts, gar nichts. Wie kommt ihr denn darauf?

Wegen dieser Geschichte mit Thomas.
Vater hat mir davon erzählt.
Thomas, einer von den Jüngern, hörte,
dass Jesus auferstanden ist.
Aber er sagte: Das ist ja nicht zu glauben!
Das glaube ich nur, wenn ich es mit
eigenen Augen gesehen habe.
Das glaube ich nur, wenn ich meine Hände
auf seine Wunden gelegt habe.

Jesus hat ihm das erlaubt.
Und dann hat Thomas ihn angebetet.

Armer Thomas.

Warum?

Anbeten – das klingt so … kalt und so … ängstlich.
Stellt euch mal vor, er wäre Jesus
in die Arme gefallen, anstatt seine Wunden zu betasten …

Selig sind, die nicht sehen
und doch glauben.

Johannes 20, Vers 29

Das Schwerste

Was ist Liebe?

Wenn ich jemanden liebe – den lass ich nicht im Stich.
Den mach ich nicht schlecht. Den darf auch kein anderer schlecht machen. Für den tu ich alles. Da hab ich gar keine Angst.

Du meinst: Du wirst besser, wenn du liebst? Stärker? Klüger? Mutiger?

Warum nicht? Ich würde schon beweisen, was in mir steckt.

Glaubst du nicht, dass du dir zu viel vornimmst?

Ich wüsste nicht, was mir zu schwer sein sollte,
wenn ich wirklich liebe.

Siehst du, genauso ging es Petrus.
Er hat sich auch eingebildet, dass ihm nie was zu schwer wird.
So sehr hat er Jesus geliebt.
Aber dann, als Jesus verhaftet wurde, hat er Angst bekommen.
Er hat Jesus allein gelassen und gesagt: Nein, zu Jesus gehör ich nicht.

Aber dann ist Jesus wieder da, auferstanden.
Das Leben hat ihn wieder. Und Petrus?
Was meint ihr?
Liebt er Jesus noch?

Er schämt sich. Bestimmt ist es ihm furchtbar peinlich,
wie feige er sich benommen hat.
Bestimmt ist er traurig.
Bestimmt zweifelt er an der Kraft seiner Liebe.

Liebt er Jesus noch?

Ja, natürlich. Aber er traut sich nicht mehr.
Er denkt: Er wird mich auslachen …

Beantwortet meine Frage: Liebt er Jesus noch?

Eine Sache ist wohl doch zu schwer: zu Jesus hinzugehen
und zuzugeben: Meine Liebe ist zwar groß, aber ich bin schwach.
Kannst du trotzdem glauben, dass ich dich liebe?

Ich dich auch, sagt Jesus.

Ein Prophet träumt: Von Gottes Lamm und Gottes Liebe

Wisst ihr,
wie eine bessere Welt
aussieht?

Meint ihr,
da müsste es
Gold und Silber geben,
Edelsteine?

Süßigkeiten
ohne Ende,
Spiele, Schlaf
und Zeitvertreib?

Größere, festere
Häuser, Gärten mit
Mauern darum? Und Diener
nähmen euch die Arbeit ab?

Meint ihr, ihr
würdet dann weniger
streiten? Weniger traurig sein?
Häufiger lachen und
freundliche Dinge sagen?

Meint ihr, in so einer
reicheren Welt wäret ihr
liebevoller?

Gott träumt anders.
Vielleicht kleiner, vielleicht größer …
Jedenfalls: Gott würde wieder zelten.

Und ich sah einen neuen Himmel und eine neue Erde; denn der erste Himmel und die erste Erde sind vergangen, und das Meer ist nicht mehr.
Und ich hörte eine große Stimme von dem Thron her, die sprach:

Siehe da, die Hütte Gottes bei den Menschen! Und er wird bei ihnen wohnen und sie werden sein Volk sein und er selbst, Gott mit ihnen, wird ihr Gott sein.

Offenbarung 21, Vers 1 + 3

Mein Gott, fragte ich einmal im Schlaf,
wie lange noch?
Wie lange willst du diese
Welt noch halten?
Sie ist ja schon sehr alt.

Mein Gott, fragte ich einmal im Schlaf,
wie viel noch?
Wie viel lässt du dir noch gefallen?
Es ist gewiss sehr schwer,
die Bösen unter uns zu mögen.

Sieh mal, sprach Gott, ich zeig dir Bilder. Am Ende sage mir, wie alles werden soll.

Und ich wandte mich nach links und sah
die Bösen dieser Welt, die Gauner und Betrüger,
die allzu Starken und die Ungerechten.

Ich sah, wie sie zusammentraten, um
alle Guten zu besiegen. Sie wurden eins
in einem Drachen mit Klauen, Zähnen
und mit Dornen, der spie Feuer.

Die Guten erschraken und machten sich klein,
als sie den Drachen erblickten. Das nützt
euch nichts, schnaubte der Drache.

Da wussten die Guten sich keinen Rat
und machten's wie die Bösen. Sie schlüpften
in eine Panzerhaut mit Klauen und mit Dornen.
Sie suchten sich Waffen und Brände.

Kaum waren sie bereit, als schon der
Drache auf sie stürzte. Schwarz war er wie
der Tod. Ihr eigener Panzer war weiß.

Es entstand ein entsetzliches Ringen. Die
Drachen waren beide stark. Am Ende
jedoch zeigte sich: Der weiße kämpfte
härter. Er hatte mehr, um das es lohnte.

Der weiße Drache siegte. Der schwarze
unterlag. Tief stürzte er in sein Verderben,
um nie mehr wieder aufzustehen.

Der weiße Drache jubelte und ließ die
Waffen fallen. Er löschte seine Feuer.
Er wollte aus dem Panzer schlüpfen
und wieder weich sein wie zuvor.

So sehr er es versuchte – es misslang.
Der Panzer saß wie eine Haut
und nie mehr würde er sich lösen.

Nein, Gott, sagte ich schaudernd. Das ist kein gutes Ende.
Sieh weiter, sagte Gott.

Und ich wandte mich nach rechts und sah
die Bösen dieser Welt, die Gauner und Betrüger,
die allzu Starken und die Ungerechten.

Ich sah, wie sie zusammentraten, um
alle Guten zu besiegen. Sie wurden eins
in einem Drachen, mit Klauen, Zähnen
und mit Dornen. Der spie Feuer.

Die Guten erschraken und riefen um Hilfe.
Da erschien ein strahlender Engel. Er trat vor
den Drachen und hob hemmend die Arme.

Halt, rief er, weiter nicht. Ich will nicht, dass
ihr kämpft. Ich will euch aber richten.
Alle Bösen finden ihr Verderben. Die Guten
leben ewig in meiner und in Gottes Nähe.

Der Engel hielt das Buch des Lebens und prüfte,
Mensch für Mensch, ob er denn gut sei oder böse.
Höre, Engel, das liegt doch auf der Hand …

Halt, rief der Engel wieder. Nicht zu rasch!
Ich muss erst eure Hände sehen. Sind sie blutrot
und feucht von Tränen, so weiß ich, dass ihr
grausam wart und liebtet nur euch selbst.

Wie Schmutz klebten da Blut und Leid
den Bösen an den Händen. Was aber, dachte ich,
wenn sie sich dabei auch selbst verletzten?

Voll Hoffnung wandte ich den Kopf: Der
Guten Hände wären weiß und unbenetzt.
Doch was ist das? Ein Flecken Blut?
Ach, geh! Du bist gar nicht so gut …?

Der Engel sah auch meine Hände an. Sind sie
denn rein? Ich sah wie er den halb vergessnen
Fleck. Nein, gab ich zu, nicht ganz.

Was nun?, fragte zum Schluss der Engel,
als alle nahe beieinander standen
und waren alle, irgendwie, befleckt.
Dann gibt's in Wahrheit keine wirklich Guten?

Wie geht es weiter, fragte ich bang.
Müssen wir alle verderben?
Ich habe lange überlegt, sprach Gott.
Dann sandte ich mein Lamm …

Und ich wandte mich nach vorn und sah
ein Lamm mit einem strahlend weißen Fell.
Es trat mitten unter die Menschen.

Die Menschen standen weiter ungetrennt,
mit vorgestreckten Händen. Die Guten
quälten die Flecken wie Wunden.
Sie wünschten, sie könnten sich waschen.

Da trat das Lamm zu ihnen hin und sah sie
lange, wie einladend, an. Dann stand es und
senkte den Kopf und bot ihnen seinen Pelz.

Ich aber fühlte den sehnlichen Wunsch, die
Wolle des Lamms zu berühren. Zaghaft hob ich
die Hand und streichelte dankbar drauf los.
Da war mir, als sei ich getröstet.

Seht, riefen die andren, die um mich standen.
Und wirklich: Als ich die Hand zurückzog,
da war sie weiß wie Milch und makellos!

Auf einmal drängten alle um das Lamm.
Was für ein Wunder! Dieses weiße Fell –
es macht aus schmutzig sauber! Geb Gott,
dass wir's von nun an bleiben!

Und noch ein Wunder! Dass sogar die
Schlimmsten auf einmal gut sein wollten
und sich auf ein bessres Leben freuten!

Als alle Hände sauber waren, sah ich das
Lamm noch einmal an – und kannte es nicht wieder.
Es war in eine Hülle aus Blut und Tränen
eingeschlossen und atmete nicht mehr.

In Tränen fiel ich bei ihm nieder. Das Lamm
ist tot durch unsre Schuld, rief ich.
Doch wir, wir wurden frei!

Mein Gott, sagte ich, das ist ein allzu gutes Ende für die vielen.
Heillos aber für das eine … So scheint es, sagte Gott.
Doch sieh: Ich gebe ihn nicht auf!
Ich sah – und das Lamm war wieder da
und strahlte heller als zuvor.
Was wählst du?, fragte Gott. Härte, Gericht oder … Liebe?
Das fragst du noch …?, murmelte ich und streichelte das Lamm,
bis ich erwachte.

Und Gott wird abwischen alle Tränen von
ihren Augen, und der Tod wird nicht mehr sein,
noch Leid noch Geschrei noch Schmerz
wird mehr sein; denn das Erste ist vergangen.

Offenbarung 21, Vers 4

Wichtige Bibel-Wörter, über die man stolpern kann

Amen Ich sage Ja und Amen; das ist eine ernste, feierliche Zustimmung: Ja, so soll es sein.

Apostel Jesus sagt seinen Jüngern: Redet und heilt in meinem Namen. Ihr könnt, was ich kann. Da werden aus den Jüngern Apostel.

barmherzig Wenn ich sehe, dass du Not oder Kummer hast, kümmere ich mich um dich – ganz gleich, ob ich dich mag oder nicht, ob ich dich kenne oder nicht, ob ich Zeit habe oder ob wir vielleicht Streit haben.

beten Lieber Gott, ich seh dich zwar nicht, aber ich sag dir, was ich auf dem Herzen habe. Ich verlass mich darauf: Du hörst zu!

Christus Jesu zweiter Name für alle, die glauben: Jesus ist der gute, ewige König nach Gottes Herzen.

Christ Alle, die getauft sind und glauben: Jesus ist Christus.

Engel Boten Gottes. Weil sie Gottes Mund sind, müssen sie wohl vom Himmel kommen; darum stellen wir uns vor, sie hätten Flügel.

Gebot Das friedliche Miteinander von Menschen gelingt besser, wenn alle die gleichen Regeln beachten. Gott hat seinen Kindern Regeln gegeben, die ihnen helfen, gut zu leben. Das sind die Gebote, die er Mose mitgegeben hat auf dem Weg in die Freiheit.

Gemeinde Die Familie der Christen. Christen haben viel *gemein*sam; sie sind Gottes Kinder und Jesu Geschwister.

Gesetz Außer den Geboten gibt es im Alten Testament noch eine Menge anderer Regeln für ein friedliches Zusammenleben. Alle zusammen bezeichnen Juden als das *Gesetz*.

Gleichnis Jesus erzählt von Gott in Bildern aus dem Menschenleben. Und dann kannst du ver*gleich*en …

Gnade Du hast einen schlimmen Fehler gemacht? Gut, dass du es einsiehst! Du glaubst, es ist nicht wieder gutzumachen? Doch, fang neu an; versuch es besser!

Heiden Menschen, die den Gott, der Elia, Abraham und Mose begegnet ist, nicht kennen.

heilig Alles, was von Gott kommt, kann *heil* machen.

Heiliger Geist Gott meint es gut mit uns; wenn wir seinen Geist spüren, bekommen wir Freude, Mut und neue Kraft.

Herr Das sagen wir zu jemandem, vor dem wir Achtung haben. Manche sagen es zu Gott.

Himmel Himmel ist nicht bloß die blaue Luft über uns. Himmel bedeutet in der Bibel: Da, wo Gott ist; nahe bei Gott.

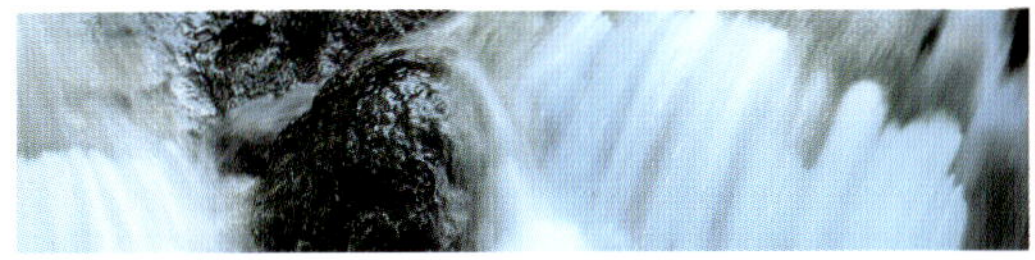

Israel
Gott gibt Jakob den Namen Israel. Alle seine Nachkommen heißen *Kinder Israels.*
Mose führt die Kinder Israels aus Ägypten nach Kanaan.
David ist König über *Israel und Juda.* In römischer Zeit ist das Land Kanaan in Provinzen eingeteilt: Galiläa, Samaria, Judäa.
Heute gibt es den *Staat Israel.*

Juda
Einer der zwölf Söhne Jakobs, einer der zwölf Stämme Israels; der Stamm, aus dem König David kommt. Nach König Salomos Tod entstehen aus einem Königreich zwei: *Israel* und *Juda.*

Juden
Die Leute aus Juda. Zur Zeit Jesu: Alle, die aus Israel und Juda kommen und den Gott kennen, der Elia, Abraham und Mose begegnet ist. Jesus war Jude.
Heute: Angehörige der jüdischen Religionsgemeinschaft: Menschen, die an Gott glauben, aber nicht glauben: Jesus ist Christus.

Jünger
Freunde Jesu, die mit ihm wandern und von ihm lernen, besonders „die Zwölf", die von Anfang bis Ende der Zeit, in der er gelehrt hat, bei ihm sind.

opfern
Ich gebe auf, woran mir liegt, weil mir an dir noch mehr liegt.

Pharisäer
Zur Zeit Jesu: Männer, die Gott fürchten und sich besonders darum bemühen, ihm alles recht zu machen.

predigen
Ich erkläre dir, worauf es im Leben ankommt; ich bin sicher, dass ich dir die Wahrheit sage.

Priester
Moses Bruder Aaron ist Priester. Er achtet darauf, dass Gott geachtet und gefeiert und dass seine Wohnung bei den Menschen in Ehren gehalten wird. Später dienen Priester Gott am Tempel und in den Gebetshäusern; heute in den Kirchen.

Prophet
Auge, Ohr und Mund für Gott. Gott wählt sich Boten und lässt sie seinen Willen sehen. Propheten brauchen viel Mut, denn oft müssen sie unangenehme Wahrheiten sagen. Manchmal ist es schwer zu unterscheiden, ob Propheten Gottes oder ihre eigene Meinung verkünden.

Richter
Die Kinder Israels brauchen Anführer, die ihnen die *Richt*ung sagen: wie sie leben, was sie planen, wie sie sich aus*richten* sollen. Richter entscheiden, was *recht* und was falsch ist – in Krieg und Frieden.
Wenn Matthäus sagt, Jesus sei als *Richter* auf die Welt gekommen, meint er, dass Jesus die Menschen auf die *richtige Spur* setzen will, damit sie mit Gott, den Mitmenschen und sich selbst gut *zurecht* kommen.

salben Samuel hat ein Ölhorn mit *Salböl.* Das leert er über Sauls Kopf zum Zeichen, dass Gott mit Sauls Königtum einverstanden ist.
Ein *gesalbter* König wird von Gott gehalten – er ist etwas Besonderes. Auf Hebräisch heißt er *Messias,* auf Griechisch *Christus.*

Segen Segen ist Gottes besondere Zustimmung: Ja, ich sehe dich. Ja, ich finde dich gut. Ja, ich will auf dich achten und bei dir sein. Segen ist aber kein Zauberbann gegen Schmerzen und Leid. Auch Menschen können *segnen:* Ich wünsche dir Gutes. Meine Gedanken begleiten dich. Ich bitte Gott, dass er auf dich achtet.

Taufe Johannes der *Täufer* taucht Menschen ins Wasser – als ein Zeichen, dass sie neu werden; Altes soll vergessen sein. Wie Gott sagt: Fang noch mal neu an. Mach's besser. Christen werden *getauft* als ein Zeichen, dass mit Jesu Auferstehung das Leben neu beginnt.

Tempel Gott hat Mose und die Kinder Israels durch die Wüste begleitet. Sie haben ihm ein Zelt gebaut, damit er bei ihnen sein kann. Darin werden auch die Steintafeln mit den Geboten aufbewahrt, die Mose von Gott erhalten hat. Später baut König Salomo Gott in Jerusalem ein schönes Haus, den Tempel.

Teufel Der Teufel denkt schlecht von den Menschen. Er stellt sie gern auf die Probe und will sie an sich binden. Für ihn gibt es nichts Wichtigeres als Essen und Trinken, Reichtum und Macht und das Gefühl, von allen bewundert, bedient und gefürchtet zu werden.

trauen (auf) Gott sagt: Ich meine es gut. Ver*trau* mir, verlass dich auf mich.
Ich bin immer auf deiner Seite, ich bin *treu*.

vergeben Du hast mir weh getan. Vielleicht sagst du: Tut mir Leid. Vielleicht auch nicht.
Ich sage: Ich will nicht mehr daran denken. Es soll nicht zwischen uns stehen.

versöhnen Da steht eine Menge zwischen uns. Aber wir räumen es weg und schauen uns wieder an. Wenn wir dann die Arme füreinander öffnen, ist das ein wunderbares Gefühl.

Wunder Was die menschliche Vernunft übersteigt.

Zöllner Zur Zeit Jesu: Im Auftrag des Kaisers in Rom kassieren Zöllner Gebühren für Handelswaren, die zum Markt gebracht werden. Je mehr die Zöllner einnehmen, desto mehr dürfen sie für sich selbst behalten. Kein Wunder, dass sie gern mehr als nötig verlangen.

Schnell Gefunden: Die Texte bei Luther

Das Evangelium nach Matthäus

Das Evangelium nach Markus

Das Evangelium nach Lukas

Das Evangelium nach Johannes

Die Apostelgeschichte des Lukas

Der Brief des Paulus an die Römer

Der erste Brief des Paulus an die Korinther

Der Brief des Paulus an die Galater

Der Brief des Paulus an die Philipper

Der erste Brief des Paulus an die Thessalonicher

Offenbarung

Für eine lebenslange, lebenswichtige Beziehung zu Gott

Martina Steinkühler

Feuer und Wind – Brot und Wein

Biblische Geschichten Kindern erzählt

Doppel-CD, je etwa 60 Minuten.
Gesprochen von Michael Jackenkroll.
ISBN 3-525-61588-4

Die Hörbibel versammelt die schönsten und wichtigsten Texte aus beiden Büchern:

Gott schafft aus Nichts eine Welt / Gott will die Menschen behüten, aber den Menschen ist Gottes Garten zu eng / Gott ist freundlich zu Abel und verliert Kain / Gott beendet den großen Regen und verbündet sich mit Noah / Abraham erhält ein Versprechen von Gott / Josef – der Eine unter den vielen / Mose wird gerettet / Mose begegnet Gott / David und Goliat / Die ersten Christen feiern Ostern / Timotheus erzählt, wie Jesus gefangen wurde und wie er starb / Markus erzählt, wie Jesus lebt und wirkt / Matthäus erzählt, wie Gottes Versprechen in Erfüllung geht / Lukas erzählt, wie Gott die Verlorenen erlöst / Johannes lehrt, wie Gott sich den Menschen zeigt.

Martina Steinkühler

Wie Feuer und Wind

Das Alte Testament Kindern erzählt

2005. 290 Seiten mit 49 farbigen Abb., gebunden. ISBN 3-525-61586-8

Martina Steinkühler

Wie Brot und Wein

Das Neue Testament Kindern erzählt

2005. 303 Seiten mit 49 farbigen Abb., gebunden. ISBN 3-525-61587-6

Beide Bände zusammen zum Vorzugspreis:
ISBN 3-525-61590-6

Wer jungen und sehr jungen Menschen die Bibel erschließen will, der findet in den von Martina Steinkühler erzählten Texten des Alten und Neuen Testaments eine Fülle von Zugangsmöglichkeiten.

V&R
Vandenhoeck & Ruprecht